U0655698

DIANWANG QIYE BANZU
QC HUODONG ZHINAN

电网企业班组
QC活动指南

2014版

国网河南省电力公司　组　编

王树炎　主　编

陈献伟　孙文光　副主编

中国电力出版社
CHINA ELECTRIC POWER PRESS

内 容 提 要

本书结合电网企业特点，共分三篇。第一、二篇系统阐释了 QC 小组活动的基本概念、活动程序和活动技巧，并在其中援引了大量电网企业典型案例，使知识点更加直观、易懂；第三篇选取了国网河南省电力公司 2013—2014 年多项优秀 QC 小组活动成果，整体呈现给各位读者，并邀请国内知名专家，逐项、逐环节进行评价。全书内容充实、特色鲜明，有助于启发员工运用质量管理理念，掌握分析问题、解决问题的方法和能力，做到科学思考、正确做事。

本书可作为国网河南省电力公司各级干部员工 QC 活动的自学教材或培训教材，也可作为其他电网企业开展 QC 培训的辅助教材，还可作为国家电网公司推进所属各单位开展 QC 活动的参考用书。

图书在版编目（CIP）数据

电网企业班组 QC 活动指南：2014 版/国网河南省电力公司组编. —北京：中国电力出版社，2015.3（2020.4 重印）
ISBN 978 - 7 - 5123 - 7238 - 2

Ⅰ.①电…　Ⅱ.①国…　Ⅲ.①电力工业－工业企业管理－班组管理－指南　Ⅳ.①F407.616.6－62

中国版本图书馆 CIP 数据核字（2015）第 032349 号

中国电力出版社出版、发行
（北京市东城区北京站西街 19 号　100005　http://www.cepp.sgcc.com.cn）
北京天宇星印刷厂印刷
各地新华书店经售
*
2015 年 3 月第一版　　2020 年 4 月北京第四次印刷
710 毫米×980 毫米　16 开本　19.5 印张　404 千字
印数 7501—8500 册　定价 56.00 元

编　委　会

组　　编　国网河南省电力公司

主　　编　王树炎

副 主 编　陈献伟　孙文光

编写成员　唐　昕　王海波　张法荣　周振良　陈秀云

　　　　　赵志永　杜春祥　孙　卉　戴　铮　王肖剑

　　　　　赵　锋　张庆伟　李　波　朱惠娣　刘　非

　　　　　孟　瑾　刘　平　李国光　程　满　张　申

　　　　　龙　洁　张玉琳

前　言

作为企业质量改进活动的一项有效方式，QC 小组自 20 世纪 70 年代末引入我国以来，已成为国内开展时间最长、覆盖领域最广、参与人数最多、取得效益最显著的群众性活动。电力行业作为 QC 小组活动起步较早的领域，自 20世纪 80 年代初以来，一直坚持普及和推进该项活动在企业内的开展，活动的参与人数、涉足专业、活动成果、取得效益等始终保持着良好的发展态势，成为员工参与企业经营管理、促进企业发展的有效途径，成为企业全心全意依靠广大员工办好企业的基础平台。

面对当前复杂多变的国内外经济环境，国家电网公司立足建设"一强三优"（即电网坚强、资产优良、服务优质、业绩优秀）现代企业，提升质量、创新创效已成为企业发展面临的紧迫而现实的任务。业内各 QC 小组积极适应新形势的发展，准确把握小组活动与企业、社会发展的结合点，在促进质量提升的同时，创造性地拓展活动范围与活动领域，活动内涵日益丰富、基础理论不断更新、工具运用更加灵活、活动形式更加多样，为企业创新发展注入了新的生命力。

为充分适应电网企业 QC 小组活动中这些积极而深刻的变化，满足电网企业员工扎实学习质量管理基本理论与方法、熟练掌握工具应用的需要，关注、借鉴和吸收先进优秀成果中展现出的新思维、新动向、新发展的需求，国网河南省电力公司邀请和组织有关专家编著了《电网企业班组 QC 活动指南（2014版）》。

本书结合电网企业特点，共分三篇。第一、二篇系统阐释了 QC 小组活动的基本概念、活动程序和活动技巧，并在其中援引了大量电网企业典型案例，使知识点更加直观、易懂；第三篇选取了国网河南省电力公司 2013—2014 年多项优秀 QC 小组活动成果，整体呈现给各位读者，并邀请国内知名专家，逐项、逐环节进行评价。全书内容充实、特色鲜明，有助于启发员工运用质量管理理念，掌握分析问题、解决问题的方法和能力，做到科学思考、正确做事。

由于编者的时间和水平所限，书中难免存在不妥之处，敬请读者指正。

国网河南省电力公司

二〇一四年九月

目　　录

第三篇 案例点评

第一篇

理 论 篇

1 QC 小组活动基础知识

1.1 QC小组活动概述

1.1.1 QC 小组定义

QC 小组是在生产或工作岗位上从事各种劳动的员工，围绕企业的经营战略、方针目标和现场存在的问题，以改进质量、降低消耗、提高人的素质和经济为目的组织起来，运用质量管理的理论和方法开展活动的小组。

QC 小组定义的四层含义：

• QC 小组具有全员性，参加人员不局限于某个人，不仅是班组长，也不仅是中层，而是所有的人都有资格成立 QC 小组。这说明 QC 小组的活动是广泛的，因为它是由在各个工作岗位上从事各种劳动的员工组成的。

• QC 小组活动的方向和企业发展方向是一致的，它是围绕着企业的方针目标和存在的问题而展开的，它急企业之所急、想企业之所想，因此，它必然会得到企业最大限度的支持和拥护。

• QC 小组的课题具有广泛性，涉及提高质量、降低消耗、提高经济效益和提高人的素质等企业管理的各个方面。

• 它不只是要组织起来开展活动，而且要用质量管理的手段、方法和工具，科学地开展活动。

1.1.2 QC 小组活动的宗旨

• 提高人员素质，激发员工的积极性和创造性。

• 改进质量，降低消耗，提高经济效益。

• 建立文明的、心情舒畅的生产、服务、工作现场。

1.1.3 QC 小组的特点

• 明显的自主性：QC 小组以员工自愿参加为基础，实行自主管理，自我教育，互相启发，共同提高，充分发挥小组成员的聪明才智和积极性、创造性。小组成员能够在活动中表现才能，获得对自己工作和价值的认可。因此，小组活动的开展不依赖于行政命令，而是注重引导、教育和激励，使成员的综合素质在活动中不断提高。

• 广泛的群众性：QC 小组是全员参与的活动，是以灵活的活动形式吸引广大员工积极参与质量管理的有效组织形式，不仅包括生产、经营、服务等一线员工，同时也需要各级领导、管理岗位、技术岗位人员的积极参与,上下结合、群策群力,分析问题、解决问题,将质量管理落实到基层。

• 高度的民主性:QC 小组自愿组成,小组组长民主推选,课题组长可轮流担任,有利于培养和发现管理人才。活动中,成员之间相互平等、民主决策,大家集思广益、相互启发、协作互助,确保实现活动目标。

• 严密的科学性:QC 小组遵循科学的活动程序,坚持用数据说明事实,用科学的方法分析与解决问题,防止在活动中"想当然"或凭个人经验行事。

1.1.4 QC 小组活动在电力行业的发展

质量是企业的生命,全面质量管理是企业发展的永恒主题。广泛开展质量管理小组活动是释放广大员工无穷聪明才智和创新潜能的一个有效途径。自 1978 年,我国引入全面质量管理和质量管理小组活动,使我国很多企业提升了产品服务质量和管理创新能力,增强了核心竞争力。30 年来,我国成功引进并发展了具有中国特色的群众性质量管理活动,经历了由点到面,由小到大,由弱到强的发展历程,全国 50 多个行业的质量管理小组注册数量破万,仅 2013 年一年全国共注册 QC 小组 158 万个,累计注册 3412 万个。多年来,广大企业中广泛开展了 QC 小组活动,已成为企业基层职工自发组织、自我管理的一种独具魅力的质量管理有效形式,已成为企业发展的动力和职工成长的平台。QC 小组活动在企业中深入持久健康的发展,已成为推动企业创新发展的有力武器。

自 1983 年以来,QC 小组活动在电力行业逐渐生根发芽、开花结果。随着电力行业的高速发展和新技术的不断应用,中国电力建立了以战略管理为指引、基础管理为核心、基层管理为依托的管理体系,打通了企业发展的主动脉。而企业战略与文化的落地、各项管理工作的落实推进,最终的落脚点还是基层班组;对于一个国家、整个行业、一个企业来讲,就是"班组强则企业强、企业强则行业强、行业强则国家强"。可以说,基层管理提升,将带动企业乃至整个行业整体水平的提升。基于此,国家电网公司积极开展"六型一化"(即安全型、学习型、技能型、节约型、创新型、和合型、标准化)班组建设,大力普及推广基层 QC 小组活动,以班组建设为切入点,实现集团公司锻造卓越组织的愿景。

近年来,国网河南省电力公司的广大员工积极热情地参与 QC 小组活动,一线员工成了 QC 小组活动的生力军。目前,参加 QC 小组活动的员工达到近 2 万人。QC 小组活动作为一项能够充分发挥广大员工积极性和创造性,促进创新和管理提升的群众性质量管理活动,对公司提升企业创新管理和基础管理发挥着重要的作用。公司已将 QC 小组作为基层员工自发组织、自我管理的一种独具魅力的有效形式,并与企业争创一流的发展战略进行了有机的结合。QC 小组活动坚持与岗位工作、与生产运营相结合,以"小、实、活、新"为原则,深入持久全面健康地开展,不断解决实际工作中的难点、热点问题,已经成为国网河南省电力公司推动企业发展的不懈动力。自 1988 年以来,公司每年都组织召开全省电力系统 QC 小组成果发布会，QC 小组的活动水平、成果质量连续多年不断提升。纵观近年来，公司获得国家级优秀 QC 小组的数量就从 2000 年初的 1～2 个，到 2010 年的 5 个，又攀升至 2014 年的 12 个，省部级优秀 QC 小组的数量也由起初的十余项，发展到现在的百余项。通过 QC 小组活动，激发了企业职工的创新活力，大家由"要我创新"变成"我要创新"，由"确保质量"变成"提升质量"，形成了良好的企业质量管理文化氛围。

QC 小组活动在电力行业的发展起步早、基础牢、形式多样、成果突出。因此，在国家电网公司提出创建"国际一流企业和国际一流电网"的新形势下，加强 QC 小组活动管理，让 QC 小组活动在电网企业管理中充分发挥作用，有着重大意义。

1.2 QC 小组的组建

1.2.1 QC 小组的组建原则

- 自愿参加，上下结合。
- 实事求是，灵活多样。

1.2.2 QC 小组的组建程序

- 自下而上：由同一班组的几个人（或一个人），根据想要选择的课题内容，推举一位组长（或邀请几位同事），共同商定是否组成一个 QC 小组，给小组取名字，确认组长人选，选择活动课题；QC 小组组长向所在单位申请注册登记，经主管部门审查认为具备建组条件后，即可发给小组注册登记表。组长按要求填好注册登记表，并交主管部门注册登记，该 QC 小组组建工作便告完成；这样组建的 QC 小组，成员的活动积极性、主动性很高，企业主管部门应给予支持和指导，包括对小组骨干成员的必要培训，以使 QC 小组活动能够持续有效地开展。

- 自上而下：企业质量管理部门与各业务部门领导协商组建小组，并提出组长人选，物色组员，确定选题，经审核登记注册成立。这类小组其活动课题往往是企业或部门急需解决的，有较大难度、涉及面较广的技术、管理、服务问题，而且其中很多课题都是由上级制定的综合性管理课题，需要企业或部门为小组活动提供一定的技术、资金等资源。这样组建的 QC 小组，紧密结合企业的方针目标，抓住并解决身边存在的问题，同时给企业带来了直接的经济效益。又由于有领导和技术人员的参与，活动可以得到人力、物力、财力和时间的保障，有利于取得成效。

- 上下结合：这种组建方式介于以上两者之间。通常由上级推荐课题范围，对课题感兴趣的员工自愿组合开展活动。经讨论认可，上下协商来组建。小组组长由成员推选或上级指定后，经小组讨论确定。这样组建的 QC 小组大家兴趣相同，主动性高，课题虽然由上级推荐，但也得到小组成员的主动认可，活动的积极性较高。通过小组的活动也解决了上级领导的难题。

1.2.3 QC 小组的名称、人数及注册登记

• QC 小组的名称：QC 小组组建后，小组成员应给自己的小组明确称谓，使小组拥有一个用以识别本小组团队的专门称呼。小组取名可以本着简明易记、亲切贴近、具有象征意义、挑战性和鼓舞士气的原则，使小组成员倍感亲切、更加自豪。

• QC 小组的人数：每个小组 3～10 人为宜；每个 QC 小组成员具体应该多少，应根据所选课题涉及的范围、难度等因素确定，不必强求一致。

• QC 小组的注册登记：QC 小组的登记每年一次；QC 小组活动前进行登记；小组注册登记时，应按要求填写 QC 小组注册登记表，写明小组的名称、组长、组员、所属单位、成立日期、活动课题、课题类型等；如果在年度注册登记时，小组上一年度的活动课题没有结束，或本年度将开展新课题活动，都应一一注明，以便主管部门掌握小组活动的状态并督促小组坚持开展活动；半年停止活动的小组应予以注销；活动周期根据实际需要而定，但宜控制在一年之内，最短不应少于三个月。

1.3 QC 小组活动与技巧

1.3.1 QC 小组活动的基本条件

• 领导对 QC 小组活动思想上重视，行动上支持。
• 员工对 QC 小组活动有认识，有要求。
• 有一批 QC 小组活动的骨干。
• 建立健全 QC 小组活动的规章制度。

1.3.2 活动基本要求

• 遵循 PDCA 循环。
• 以事实为依据，用数据说话。
• 应用统计方法和管理工具。

1.3.3 QC 小组活动技巧

活动目的要明确，课题选择尤重要；活动计划早制订，成员工作好安排；事前工作准备好，活动效率就提高；活动始末要准时，时间观念很重要；全体成员都发言，集思广益效果好；成员全体担任务，众人拾柴火焰高；活动全部留记录，总结改进少不了。

• 定期活动（30～60min 的活动）：规定每周或每月的定期活动日，如"每周一"、"每月第四周的周三"等；根据岗位、业务工作忙闲状况定日期；结合工作表、会议预定表确定活动日。

• 随机活动（5～10min 的活动）：班前、班后 10min 聚会，午餐小聚会，每种会议结束后小碰头，工作间隙、小休时间小聚会。

• 活动地点：会议室、办公室、试验室、营业厅、现场（解决现场问题时）、食堂等。

• 事前准备：全体成员了解活动的内容、主题，按计划完成分配的任务，安排好

工作、准时出席，明确每次活动的预期目标、提高效率和有效性。

• 讨论技巧：围绕讨论主题，请每一位组员都表明意见；点名提问，指定某人说出看法，其他人员补充，提出改进意见；对于小组成员提出的问题，请其他成员给出回答即解决方案；自解，请提出问题的成员自己先拿出解决的方案和答案。

• 注意事项：自由发言，即开放思路，不受约束，发表独到、创新的意见和看法；多提意见，即欢迎组员多谈想法，多提建议，从中发现有价值的信息；综合概括，即善于把所有人的点滴想法进行归纳、综合、总结，得以有效运用；切忌评判，即为获取多元化思路，鼓励大家说话，对发言内容不评价、不附和。

1.3.4 如何用好 QC 工具

运用 QC 工具，对数据和资料进行收集、整理和分析，把握客观实际，看清问题并做出正确判断。数据、资料包括"数值性数据"与"语言文字性资料"两种。

• 运用 QC 工具的好处：

（1）拨开云雾——对于混乱问题，能明晰其实质。

（2）抓住重点——凸显关键的少数，明确解决重点。

（3）集思广益——引导所有成员发挥创造性思维。

（4）减少遗漏——数据性和文字性资料工具互补，最大程度地减少遗漏。

• 常用的 QC 工具及主要功能：

（1）排列图——抓重点。

（2）散布图——看相关。

（3）因果图——追原因。

（4）控制图——找异常。

（5）直方图——显分布。

（6）调查表——集数据。

（7）分层法——示差异。

其他相关的 QC 工具：关联图、树图（系统图）、流程图、水平对比、亲和图、头脑风暴法、简易图表（折线图、柱状图、饼分图、雷达图）等。

1.4 QC 小组活动成果总结、发表与评审

1.4.1 QC 小组活动成果总结要领

数据运用充分、工具使用得当、逻辑论证严谨，是做好 QC 小组活动成果总结的必备条件。

具体来说，各步骤总结时应做到：开头引人入胜，选题准确可行，调查全面充分，目标先进有据，分析透彻严谨，要因识别到位，对策有效具体，实施完整有序，效果真实可信，巩固规范持久，结尾令人回味。

1.4.2　QC 小组活动成果报告的整理

• 由 QC 小组组长召集小组全体成员开会，认真回顾本课题活动全过程，总结分析活动的经验教训。如选题是否适宜，问题分析是否全面，原因分析是否透彻，措施是否有针对性等；确定活动记录收集、资料整理和成果报告编写的分工等事项安排。

• 小组活动的原始记录和资料应包括：小组集体活动会议记录，现状调查数据和记录，对策实施过程中试验、检测、分析数据和记录，活动前后对比资料，各种工具方法运用图表等。

• 由成果报告执笔人在掌握上述资料的基础上，综合小组成员的意见，按照 QC 小组活动的基本程序整理成果报告初稿。

• 将执笔人整理出的成果报告初稿提交小组成员全体会议讨论，由全体成员认真修改、补充、完善，最后由执笔人集中大家意见，修改完成成果报告。

QC 小组活动成果报告的整理如图 1-1 所示。

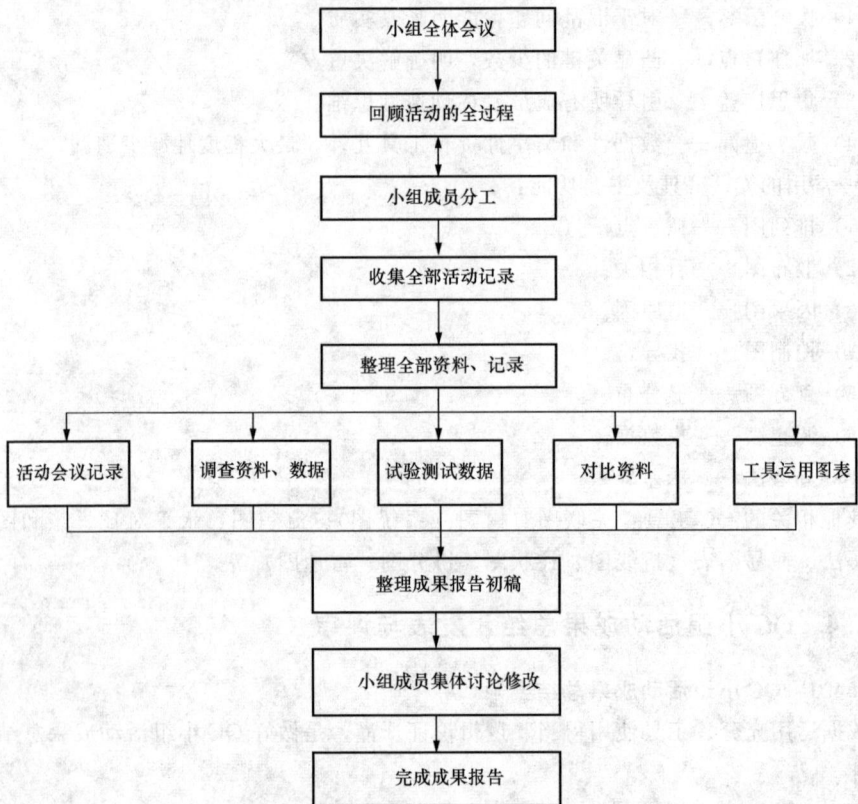

图 1-1　QC 小组活动成果报告的整理

1.4.3　总结、整理成果报告要注意的问题

- 严格按活动程序进行总结。QC 小组是按程序开展活动的，成果总结时，也应按活动程序逐个步骤地进行总结回顾。这样总结、整理出的成果报告，就有很强的逻辑性，一环扣一环，处处有交待，有助于别的小组从中得到启发。

- 将活动中化繁为简的思路、攻坚克难的过程、科学判断的方法总结到成果报告中去。例如，小组是如何对现状一层、一层地进行调查分析，从而找到问题症结的，如何寻找证据来确定主要原因的；在若干条可采取的对策中如何决定所采取的对策的；实施中又是如何千方百计去实现对策的等等，这样就能把成果内容总结、整理得生动、活泼、充实。

- 成果报告要以图、表、数据为主，配以少量的文字说明，尽量做到标题化、图表化、数据化，以使成果报告清晰、醒目。避免大段文字叙述，影响交流效果。

- 不要用专业技术性太强的名词术语，如无法避免，应用通俗易懂的语言进行必要的解释。因为成果发表的主要目的在于交流，其前提是要让与会的人听懂，突出成果价值，达到交流目的。

1.4.4　成果发表的作用

- 相互启发。
- 鼓舞士气。
- 现身说法。
- 公正评价。

1.4.5　发表的形式

- 单人讲述。
- 双人问答。
- 多人交流。
- 适当运用实物、模型、动画、录像等形式，使现场发表更为生动。

1.4.6　发表注意事项

- 做好准备，包括演示文稿、道具等。
- 提前预演。
- 简单介绍自己与搭档。
- 面向听众，注意目光交流。
- 用亲切、动听、清晰的语句、语音。
- 落落大方，自信、自然、自如。
- 掌握节奏，让听众有消化时间。
- 接受提问耐心、谦虚，听清问题是关键。
- 回答提问抓住重点、简洁明了。

1.4.7 QC小组活动成果评审的目的

QC小组活动取得成果之后，为了肯定取得的成绩，总结成功的经验，指出不足，以不断提高QC小组活动水平；同时为表彰先进、落实奖励，使QC小组活动扎扎实实地开展下去，就需要对QC小组活动成果进行客观的评价与审核。

1.4.8 评审的基本要求

- 有利于调动小组活动的积极性。
- 有利于提高QC小组的活动水平。
- 有利于相互交流和相互启发。

1.4.9 评审原则

- 从大处着眼，抓主要问题。
- 要客观评价并有依据。
- 避免在专业技术上钻牛角尖。
- 不能单纯以经济效益为依据评判成果优劣。

2 QC 小组活动统计方法应用

正确、灵活地运用管理工具和统计方法，准确地分析问题寻找根源、解决问题是有效开展 QC 小组活动、完成活动课题的保障，本章就 QC 小组活动中常用的统计方法做简要阐述，并结合实例说明方法的运用步骤和注意事项，以帮助小组成员提升活动质量和创新能力。

2.1 数据及调查表

2.1.1 数据定义

数据就是根据测量所得到的数值和资料等反映事实本质。

• 数据收集的重点

（1）收集正确的数据，防止出现统计的偏差。

（2）避免主观的判断，要用数据说话不是主观的判断。

（3）要把握事实真相，在统计中查找事物的本质。

（4）选择正确的取样方式和方法，防止出现误判。

（5）采取科学的测定方法与必需的设备。

• 数据整理时应注意事项

（1）做原因分析或采取对策时，须有数据作为依据。

（2）要清楚使用目的。

（3）注意改善前与改善后所具备条件要一致，便于正确比对。

（4）数据具有时效性，所以收集完后须马上使用。

（5）记录时要力求正确及清晰，数据准确，单位统一。

• 数据的种类

（1）定量数据。

计量值：如长度、时间、重量等连续性数据。

计数值：如缺点数、不良品数、人数等非连续性数据。

（2）定性数据。

如衣服的美感等以优先顺序、等级为依据的数据。

2.1.2 调查表

• 调查表定义：以简单的数据、用容易了解的方式做成图形或表格。表中记有查检的必要项目，只要记上检查记号，并加以统计整理，就可作为进一步分析或核对检查之用。

• 调查表类别

记录用调查表：又称改善型调查表，常用于不良原因和不良项目的记录。

点检用调查表：又称备忘调查表，常用于机械设备与活动作业的确认。

表 2-1 所示的为一类调查表。

表 2-1　　　　　　　　×××供电公司客户投诉处理满意率调查表

时　间	非常满意（件）	满意（件）	不满意（件）	非常满意率（%）	满意率（%）
2011 年 10 月	111	30	9	74.00	94.00
2011 年 11 月	115	32	3	76.67	98.00
2011 年 12 月	105	33	12	70.00	92.00
2012 年 1 月	110	29	11	73.33	92.67
2012 年 2 月	108	33	9	72.00	94.00
2012 年 3 月	104	38	8	69.33	94.67
合计	653	195	52	72.56	94.22

• 调查表用途说明

（1）日常管理。

（2）收集数据。

（3）改善管理。

调查表的用途为收集数据，调查/记录数据用于分析。

• 调查表制作步骤

（1）决定所要收集的数据及希望把握的项目。

（2）决定调查表的格式。

（3）决定记录形式。

（4）决定收集数据的方法。

• 调查表使用要诀

（1）调查收集完成的数据应马上使用。

（2）数据是否集中在某些项目或某些时段？是否因时间的经过而产生变化？周期性变化的特殊情形也要特别注意。

（3）如有异常，应马上追究原因，并采取必要的措施。

（4）迅速判断，即刻行动。

（5）是否随着改善而有变化？

（6）适当保留过去、现在及未来的记录，以便日后比较。

（7）可利用柏拉图加以整理，以便更进一步掌握问题的重心。

2.2　分层法

2.2.1　分层法定义

分层法是对观察到的现象或所收集到的数据，按照它们共同的特征加以分类、统计的一种分析方法。

分层法是容易观察，有效掌握事实的最有效、最简单的方法。

2.2.2 用途说明

- 发现问题，界定问题。
- 发掘问题的要因。
- 验证要因产生的影响。

2.2.3 分层的对象和项目

一般来说，可采用以下类别来进行分层分析：

- 人员：可按年龄、工级、性别、班组等分层。
- 设备：可按设备类型、新旧程度、不同的生产线和工装夹具类型等分层。
- 材料：可按产地、批号、制造厂、规格、成分等分层。
- 方法：可按不同的工艺要求、操作参数、操作方法、生产速度等分层。
- 测量：可按测量设备、测量方法、测量人员、测量取样方法和环境条件等分层。
- 时间：可按不同的班次、日期等分层。
- 环境：可按照明度、清洁度、温度、湿度等分层。
- 其他：可按地区、使用条件、缺陷部位、缺陷内容等分层。

分层方法很多，可根据具体情况灵活运用。

2.2.4 分层法使用步骤

- 确定目的。
- 掌握影响问题的因素及范围。
- 决定层别项目、收集使用表单。
- 层别观察事实并记录、分类与绘制应有的图表。
- 寻求差异点，找寻真因所在。
- 得出结论。

2.2.5 分层法注意事项

- 收集数据之前就应使用层别法。
- QC手法的运用应该特别注意层别法的使用。
- 管理工作上也应该活用层别法。

2.2.6 分层法举例（见表2-2和表2-3）

表2-2　　　　　　　　　　电能表检定步骤用时统计（一）

各装置用时（min）　工作步骤	3月20日	3月21日	3月22日	3月23日	3月24日	平均用时	所占百分比
电能表检定	228.00	235.00	227.00	226.00	224.00	228.00	68.59%

续表

各装置用时 (min) 工作步骤	3月20日	3月21日	3月22日	3月23日	3月24日	平均用时	所占百分比
编程清零清需量	23.50	26.50	24.50	25.50	24.50	24.90	7.49%
拆线落表	20.50	19.00	21.00	20.00	19.50	20.00	6.01%
挂表接线	19.50	21.50	18.00	19.00	20.00	19.60	5.90%
合格表计加封入库	16.50	14.00	14.00	15.50	15.00	15.00	4.50%
其他	24.00	25.00	25.00	24.50	26.50	25.00	7.51%
合计	331.50	341.00	329.50	330.50	329.50	332.40	100.00%

表2-3　　　　　　　　　　　　电能表检定步骤用时统计（二）

各装置用时 (min) 项　目	3月20日	3月21日	3月22日	3月23日	3月24日	平均用时	步骤说明
电能表信息录入	24.5	27.0	24.5	24.0	24.0	24.8	主观可控
核对表信息	5.5	5.5	5.0	5.0	5.0	5.2	主观可控
常规检表	150.0	150.0	150.0	150.0	150.0	150.0	固有程序 客观恒定
走字试验	35.0	38.0	35.0	35.0	34.0	35.4	主观可控
核对检后数据	9.5	10.5	9.0	8.0	7.0	8.8	主观可控
其他	3.5	4.0	3.5	4.0	4.0	3.8	主观可控
合计	228.0	235.0	227.0	226.0	224.0	228.0	
	78.0	85.0	77.0	76.0	74.0	78.0	

2.3　排列图

2.3.1　排列图定义

排列图又称重点管理图，根据所收集的数据，以不同区分标准加以整理、分类，计算出各分类项目所占的比例而按照大小顺序排列，再加上累积值的图形。

2.3.2　排列图的主要作用

抓重点，区别轻重缓急，以及改善效果的确认。

2.3.3　排列图制作步骤

• 决定不良（问题）的分类项目。

• 决定数据收集期间，并且按照分类项目收集数据。

- 记入图表纸。
- 计算累计比率。
- 标记代表意义。
- 记上累计值，并用线连接。
- 输入排列图的主题及相关资料。

2.3.4　排列图制作要诀

- 两个柏拉图必须并排，分为改善前与改善后。
- 收集数据的期间和对象必须一致。
- 季节性的变化应列入考虑。
- 对于改善项目以外的要素也要加以注意。

2.3.5　排列图举例

2012 年 1—3 月直线杆塔绝缘子更换各步骤用时排列图见图 2-1。

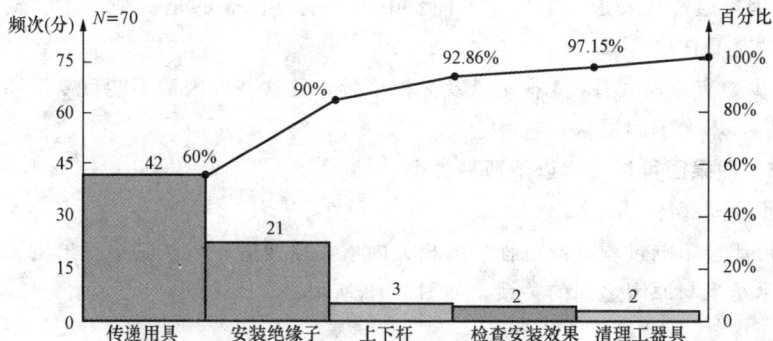

图 2-1　2012 年 1—3 月直线杆塔绝缘子更换各步骤用时排列图

2.4　因果图

2.4.1　因果图定义

当一个问题的特性（结果）受到一些要因（原因）影响时，将这些要因加以整理，成为有相互关系且有条理的图形，这个图形就称为因果图，又称为特性要因图。

因果图由于是由日本品质管理大师石川馨博士于 1952 年所发明，故又称为石川图。由于因果图其形状与鱼骨相似，故又常被称呼为鱼骨图，如图 2-2 所示。

2.4.2　因果图主要用途

整理问题、追查原因，寻找因果关系。

2.4.3　因果图制作步骤

- 决定问题或品质的特性的选择不能使用看起来很抽象或含混不清的主题。
- 决定大因素须是简单的完整句，且具有某些程度或是方向性。

13

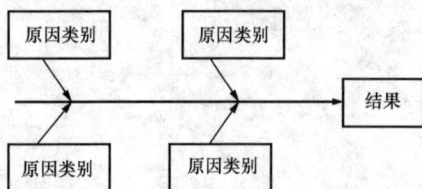

图 2-2　因果图

・决定中小因素。

・决定影响问题点的子因。

・填上制作目的、日期及制作者等资料。

2.4.4　制作因果图应注意的事项

・脑力激荡，充分运用头脑风暴法点燃智慧的火花。

・以事实为依据，就是要必须以客观存在为基础，不得想当然。

・无因果关系者，予以剔除，不予分类，防止杂乱无章。

・多利用过去收集的资料，依据人、机、料、法、环五个要素，展开分析。

・重点放在解决问题上，并依结果提出对策，依 5W2H 原则执行。

・依据特性，分别制作不同的特性要因图。

・大因素通常代表是一个具体方向。中因素通常代表的是一个概念、想法。子因通常代表的是具体事件。

・至少要有 4 根大骨、3 根中骨及 2 根小骨，且这些要因都不能重复，一般整个图不少于三层，不大于四层。

2.4.5　因果图可以分为以下两种类型

・原因追求型

列出可能会影响过程（或流程）的相关因素，以便进一步从其中找出主要原因，以此图形表示结果与原因之间的关系，如图 2-3 所示。

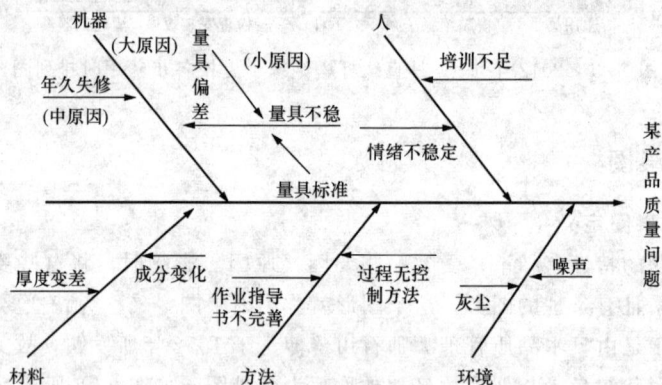

图 2-3　原因追求型

・对策追求型

此类型目的在于追寻问题点应该如何防止，目标结果应如何达成的对策，故以因果图表示期望效果（特性）与对策（要因）间的关系，如图 2-4 所示。

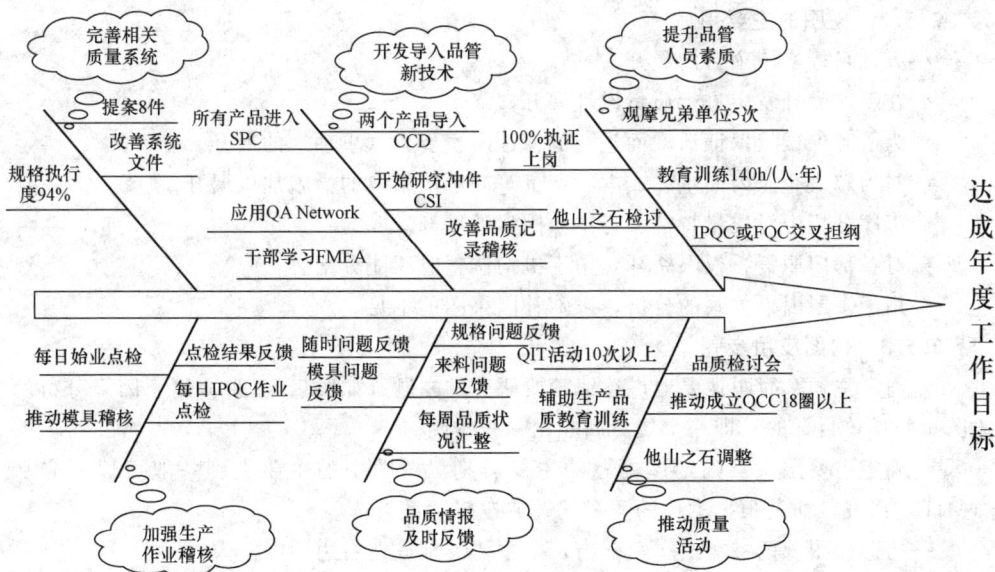

图 2-4 对策追求型

2.5 树图

2.5.1 树图定义

树图（Tree Diram）又称系统图。树图是表示某个质量问题与其组成要素之间的关系，从而明确问题的重点，寻求达到目的所应采取的最适当的手段和措施的一种树枝状图，如图 2-5 所示。

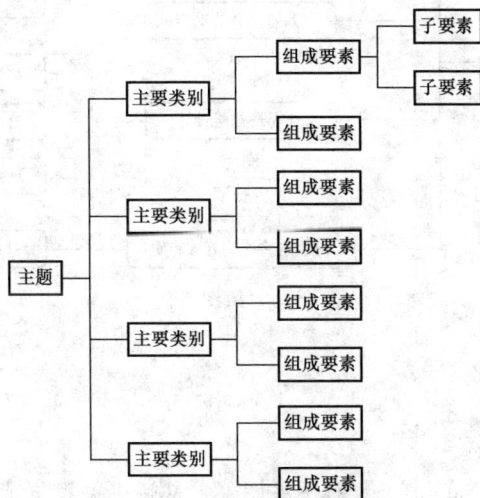

图 2-5 树图

2.5.2 树图的主要用途

- 方针目标实施项目的展开。
- 在新产品开发中进行质量设计展开。
- 为了确保质量保证活动而进行的保证质量要素（事项）的展开。
- 对为解决企业内质量、成本、产量等问题所采取的措施加以展开。
- 工序分析中对质量特征进行主导因素的展开。
- 对各部门职责、权限展开，用于机构调整时职能分配。
- 用于多层因果关系的分析，以弥补因果图的不足。

2.5.3 树图应用步骤

- 确定主题。简明扼要地讲述清楚要研究的主题（如质量问题），用于因果分析的树图一般是单目标的，即一个质量问题用一张树图。
- 确定主要层次。确定该主题的主要类别。树图中的主要类别一般可以不先从"5M1E"出发，而是根据具体的质量问题或逻辑关系去选取。
- 构造树图。把主题放在左框内，把主要类别放在右边的方框内。
- 针对这个主要类别确定其组成要素和子要素。
- 把针对每个主要类别的组成要素及其子要素放在主要类别右边相应的方框内。
- 评审画出的树图，确保无论在顺序上或逻辑上都没有差错和空当。

图 2-6 为树图举例。

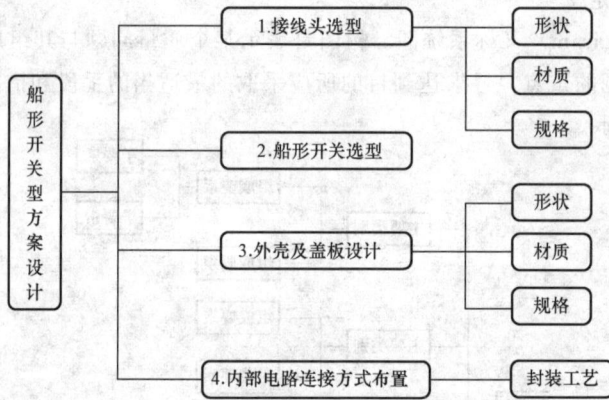

图 2-6　树图举例

2.6 关联图

2.6.1 关联图定义

关联图（Relation Diagram）又称关系图。它是解决关系复杂、因素之间又相互关联的原因与结果或目的与手段等单一或多个问题的图示技术，是根据逻辑关系理清复杂问题、整理语言文字资料的一种方法。

有时质量问题的因素是多种多样的，有的因素与因素之间相互影响，有的因素把两个性质不同的问题纠缠在一起，如果一个个分别分析原因必然会相互影响、牵涉或造成很多的重复分析，而且不易弄清。为解决因素之间的缠绕问题，关联图就应运而生了。

2.6.2 关联图的基本类型

• 中央集中型：把要分析的问题放在图的中央位置，把同"问题"发生关联的因素逐层排列在其周围，如图2-7所示。

• 单侧汇集型：把要分析的问题放在右（或左）侧，与其发生关联的因素从右（左）向左（右）逐层排列，如图2-8所示。

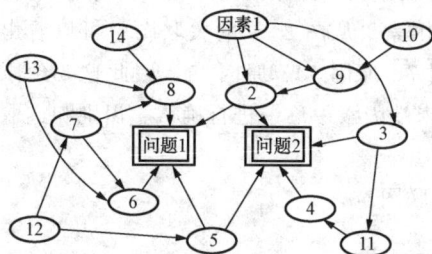

图2-7 中央集中型关联图　　　　图2-8 单侧汇集型关联图

2.6.3 关联图应用步骤

• 广泛提出可能影响问题的原因，并把提出的末端原因收集起来。

• 初步确认。初步分析，有不少原因是互相影响的，如前面提到的"欢乐"小组收集的12条原因中有很多原因相互关联，就可用关联图把它们的因果关系理出头绪来。

• 整理。把问题及每条原因都做成一个一个小卡片，并把问题的小卡片放在中间，把各原因的小卡片放置在它周围。

• 寻找关系并绘图。从原因1开始，逐条理出它们之间的因果关系。例如，原因1影响着原因3，原因3影响着原因2，原因2影响着问题，用箭头将其联系起来，即从原因1箭头指向原因3，从原因3箭头指向原因2，再从原因2指向问题。如果原因1同时又影响着原因12，原因12又直接影响着问题，则再把箭头从原因1指向原因12，原因12再把箭头指向问题。然后再看原因2，原因2除受原因3的影响和直接影响问题外，还影响着原因12，就用箭头从原因2指向原因12。这样把12条原因都理了一遍，关联图也就绘制完成了。绘制完成的图2-9，就是中央集中型关联图的基本图形。

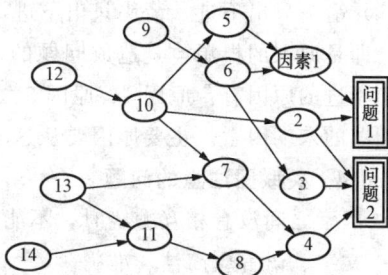

图2-9中，长方形表示问题，椭圆形表示原因。箭头指向为：原因→问题。由于位置紧凑，无论是问题还是原因，均要用简洁、明了的语言填入框中。

• 找到末端原因

关联图（见图2-9）中的各因素有以下三种情况：

17

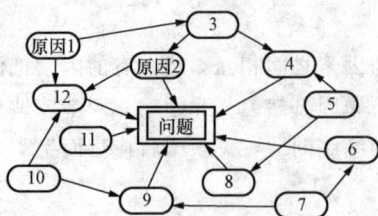

图 2-9　中央集中型关联图基本图形

（1）箭头只进不出。箭头只进不出，说明此因素只有别的因素影响它，而它不影响别的因素，这就是需要分析原因的问题。

（2）箭头有进有出。箭头既有进又有出，说明该因素既影响别的因素，同时又受到别的因素的影响，表明它不是具体的末端原因，只是一个中间原因。有的原因进、出的箭头很多，也只能说明是一个很重要的中间环节而已，不能把它作为末端原因。如图 2-9 中的原因 2、原因 3、原因 4、原因 6、原因 8、原因 9、原因 12。

（3）箭头只出不进。箭头只出不进，表明该因素只影响别的因素，而不受别的因素影响，即是原因的根源，是造成问题的末端因素。从图 2-9 的关联图中可以看出，箭头只出不进的原因有：原因 1、原因 5、原因 7、原因 10、原因 11，因此这 5 条原因是造成问题的末端因素。主要原因要从这 5 条末端因素中逐一进行确认、识别和选取。

2.6.4　关联图注意的问题

• 因素之间没有相互缠绕时，不能用关联图。

• 文字、语言应简洁、准确。

• 末端原因箭头只出不进。

• 要把所有末端原因再检查一遍，看其是否可直接采取对策的程度，如果不能采取对策，则要再展开分析下去，一直分析到可采取对策的程度为止。

2.6.5　关联图举例

图 2-10 为应用举例。

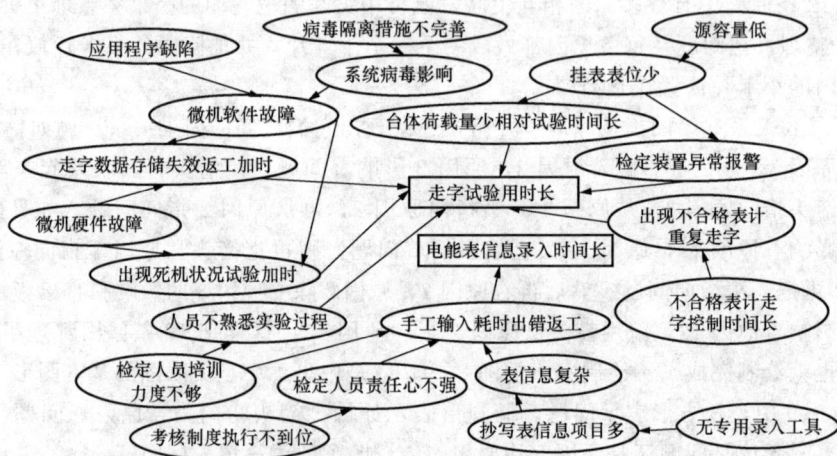

图 2-10　关联图应用举例

2.7 亲和图

2.7.1 亲和图定义

亲和图（Affinity Diagram）又称 A 型图解（见图 2 - 11），是 KJ 法的一种类型。它是把收集到的大量有关某一特定主题的意见、观点、想法和问题，按它们之间相互亲近程度加以归类、汇总的一种图。

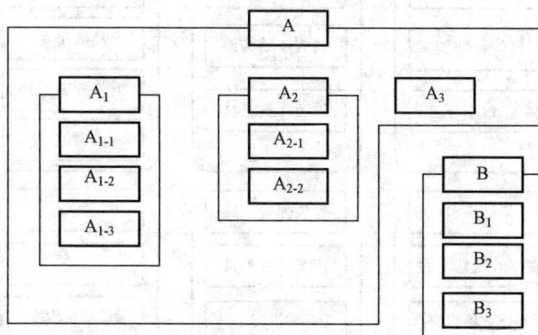

图 2 - 11 亲和图

亲和图常用于归纳、整理由头脑风暴法所产生的各种意见、观点和想法等语言资料，在 QC 小组活动中经常用到。

亲和图可以进行归纳问题、整理见解，对杂乱的问题进行归纳，提出明确的看法和见解；可以研究新情况、发现新问题，掌握尚未经历或认识的事实，寻找其内在关系；可以打破常规、构思新意，构成新的见解、思想和方法；可以用于既定目标的展开落实，通过决策层与员工共同讨论、研究，发挥集体智慧，贯彻展开措施；可以用于统一思想，通过将个人的不同意见汇总、归纳，发现意见分析原因，促进有效合作。

2.7.2 亲和图的步骤

• 确定主题。参加讨论的小组成员最多不应超过 10 人。小组的组织者应用通俗语言（非专业术语）讲明将要讨论研究的问题，并得到每位成员的确认，便于统一思想。

• 收集语言资料。采用集体讨论、面谈、阅览、独立思考、观察等方法收集语言资料。常见的头脑风暴法，也是比较有效的语言资料收集方法。

• 制作语言资料卡片。尽量做到每张卡片只记录一条意见、一个观点和一种想法。这样便可以形成许多卡片。

• 汇总、整理卡片。反复阅读卡片，把有关联的卡片归在一起。并找出或另写出一张能代表该组内容的主卡片，把主卡片放在最上面，进行标识分类。按类将卡片中的信息加以登记、汇总。

• 绘制亲和图。把分类卡片按照相互关系进行展开排列，使各类间位置能清晰地显示出相互关系，并用适当的记号、框线加以标识，绘制出亲和图。

· 报告结论。根据绘制的亲和图，写出书面分析报告，指明结论。

图 2-12 为亲和图举例。

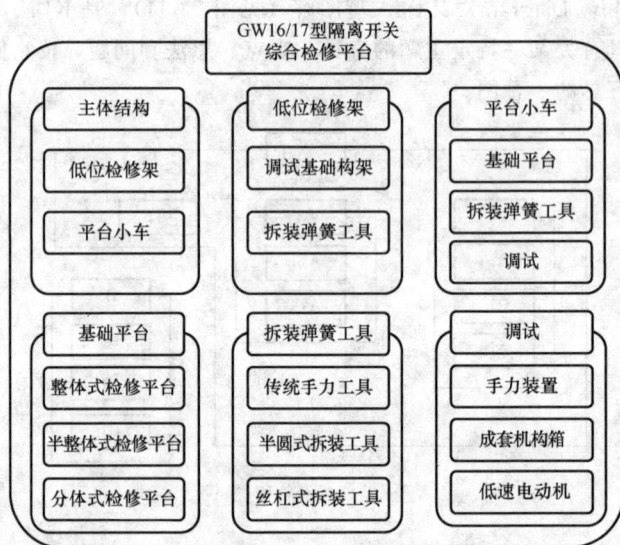

图 2-12 亲和图举例

2.8 简易图表

2.8.1 折线图

折线图也称波动图。它常用来表示质量特性数据随着时间推移而波动的状况。如某公司轿车销售量在一年内各个月的变化情况的折线图（见图 2-13）和 D4 变速箱缺陷率波动图（见图 2-14）。

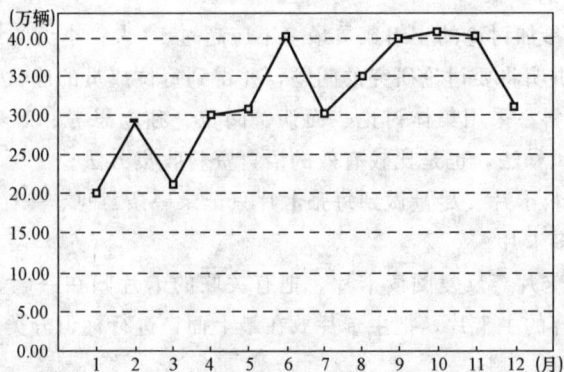

图 2-13 年度轿车销售量折线图

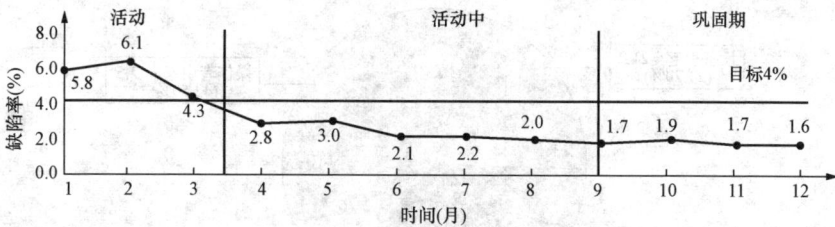

图 2-14 D4 变速箱缺陷率波动图

2.8.2 柱状图

柱状图用长方形的高低来表示数据大小，并对数据进行比较分析。如 QC 小组活动前后效果对比柱状图（见图 2-15）。

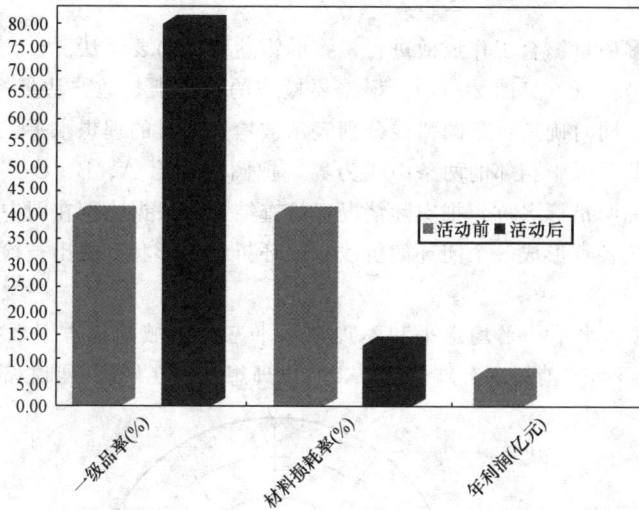

图 2-15 活动前后对比柱状图

2.8.3 饼分图

饼分图也称圆形图。它是把数据的构成按比例用扇形面积来表示的图形。各扇形面积表示的百分率加起来是 100%，即整个圆形面积。如某产品质量故障原因构成比例的饼分图（见图 2-16）。做饼分图时注意从图形的正上方 12 点位置起，将数据从大到小顺时针布置各扇形。很多小组成员没有掌握要点，图形的起始点很随意，扇形面积大小交错，这样难以准确展示各数据之间的比例关系和差异。

2.8.4 雷达图

雷达图是模仿电子雷达机图像形状的一种图形。它常用来检查（包括自我检查和他人检查）工作成效。

21

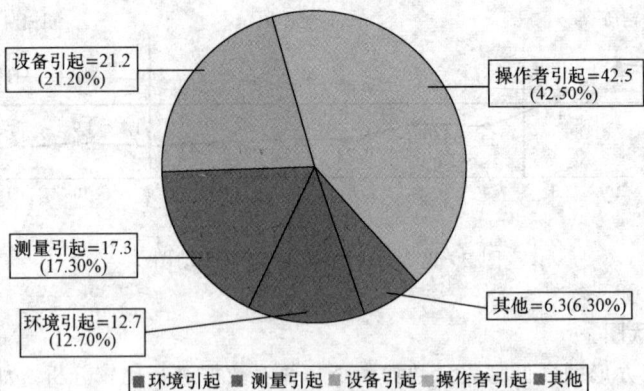

图 2-16　某产品质量故障原因饼分图

下面介绍对多项目综合工作成效进行检查的雷达图的简要画法。

一般可用极坐标纸（见图 2-17），根据要检查的若干项目数，从坐标原点（圆心）引出若干条射线，同时确定 3 条圆弧线分别表示被检查项目的理想水平、平均水平和不理想水平。以 3 条圆弧中相邻的两条中线为界，把圆内分出 A、B、C 三个区域。在圆心引出的射线上标明指标名称，把实际情况（检查结果）根据比例在图中坐标点上点出相应的点子，连接各点形成一个闭环的折线。闭环折线的形状反映出被检查项目的总状况和特点。

图 2-17 中理想水平、平均水平和不理想水平三个区域的标志因数据特点不同而异。如图 2-17 所示，"消耗率"越低越好，所以理想水平在最靠近圆心部位。

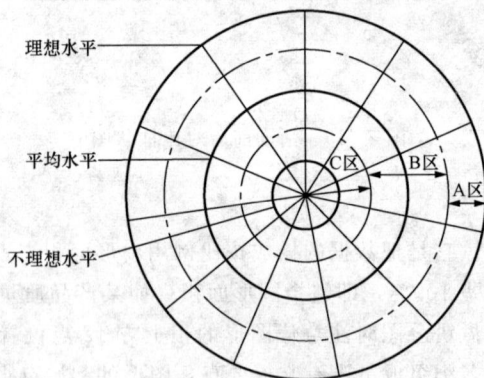

图 2-17　雷达图图形

第二篇

实 践 篇

3 QC 小组活动程序

PDCA 循环是全面质量管理的根本，是 QC 小组活动的基础。QC 小组活动应遵循 PDCA 规律，按照活动程序，有效地开展活动，达到预期目标。本章重点阐述 QC 小组活动的基本程序，并附以应用实例逐一加以剖析。

3.1 QC 小组基本活动程序概述

不断地进行质量改进和创新是 QC 小组活动的基本特征。要解决生产和服务现场存在的问题，一方面需要专业技术，即所属专业领域所用的技术；另一方面需要管理方法，即改进过程中所运用的程序、工具等。只有两者结合才能更有效地解决问题。

由于要解决的问题各不相同，因此小组活动所涉及的专业技术也不同，但管理原则包括程序方法则具有共性，每个 QC 小组都需要对其了解、掌握和应用。

管理即是那些为了持续、有条理、有效地完成工作并实现目标所必需的活动。管理一般包括以下步骤：准备计划——策划 P（Plan），完成计划——执行 D（Do），检查结果——检查 C（Check），跟踪改进——处置 A（Action）。这就是 PDCA 循环，即戴明循环，是 QC 小组解决问题应遵循的管理程序。

PDCA 循环有两个特点：一是循环前进，阶梯上升，见图 3-1，也就是按 PDCA 顺

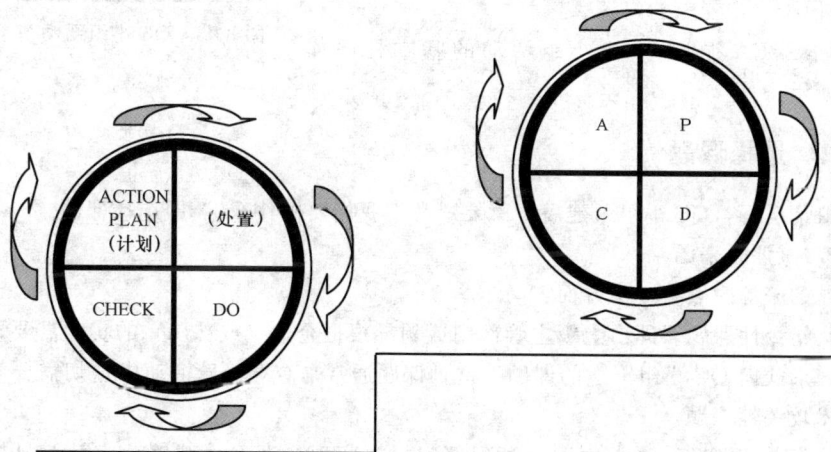

图 3-1　PDCA 循环前进示意图

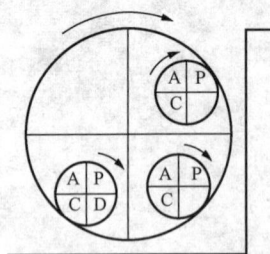

图 3-2 PDCA 大环套
小环示意图

序前进，每循环一次，产品、服务、工作质量就提高一步，达到一个新的水平，在新的水平上再进行 PDCA 循环就又可达到一个更高的水平。二是大环套小环，在不同阶段不同层次中存在各自的 PDCA 循环，大环推动小环，小环保证大环，见图 3-2。

QC 小组活动程序根据小组课题类型的不同而不同，本章主要针对"问题解决型"课题（包括现场型、攻关型、服务型和管理型）的步骤进行阐述。"创新型"课题 QC 小组是运用全新的思维和创新的方法研制、开发新的产品、工具或服务，它在立意、活动程序等方面与"问题解决型"课题有所不同。

QC 小组活动中，P 阶段通常包含六个步骤：一是选择课题；二是现状调查，查明问题症结；三是设定本次活动要达到的目标；四是分析导致症结产生的各种可能原因；五是确定主要原因；六是制订对策。D 阶段包含一个步骤，即按照制订的对策实施。C 阶段包含一个步骤，即检查活动取得的效果。A 阶段包含两个步骤：一是制订巩固措施，防止问题复发；二是对本次小组活动的得失进行总结，明确遗留问题，并提出下一步打算。这就是 QC 小组基本活动程序，即"四个阶段十个步骤"的内容。

遵循 PDCA 循环，QC 小组活动的基本程序如图 3-3 所示。

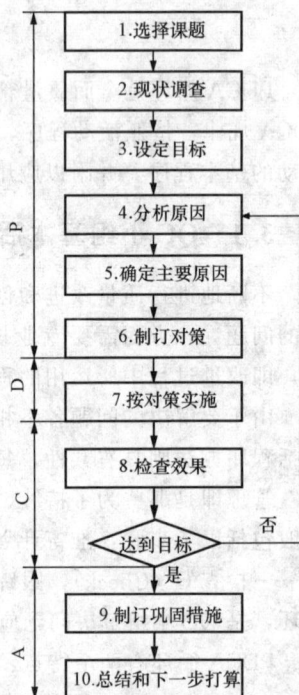

图 3-3 QC 小组活动基本程序

3.2 选择课题

一般情况下，QC 小组组建后，就要思考"我们要做什么？"即选择课题。

3.2.1 课题来源

课题的来源一般有 3 个方面：

（1）指令性课题。即由上级主管部门或领导根据企业（或部门）的实际需要，以行政指令的形式向 QC 小组下达的课题，这种课题通常是企业经营活动中迫切需要解决的重要技术攻关性课题。

（2）指导性课题。通常由质量管理部门根据实现企业经营战略、方针、目标的需要，推荐公布的供各 QC 小组选择的课题，每个小组则根据当前条件，选择力所能及的课题开展活动。这是一种上下结合的方式。

（3）自选课题。即由小组根据各部门、各班组乃至各岗位发现的实际问题，自己确定改善的方向和目标，开展活动。

前两类课题，是企业经营活动中迫切需要解决的问题。既然已经下达给 QC 小组，就应该发动小组成员共同努力去完成。而多数 QC 小组需要发动群众、集思广益，在生产、服务和工作现场，自己去寻找并选择活动课题。

QC 小组在自选课题时可以从以下三个方面来考虑：

（1）根据企业战略，针对上级方针、目标在本部门落实的关键点来选题。从这方面来选题，无疑是急部门之所急、想部门之所想，主动解决本部门面临的难题，有助于本部门方针、目标的实现，能更好地得到部门领导的全力支持和帮助，包括小组活动所需要的时间、物资、费用以及外部协调等。

（2）针对现场或小组本身存在的问题选题。由于生产、施工、服务现场或小组本身在管理、效率、质量、环境以及文明生产等方面均有问题存在，而这些大多是小组身边或自身的问题。如果小组选择这些问题，将其解决，自己解放自己，自己享受成果，能够切实提高成员们参加 QC 小组活动的积极性。

（3）针对客户（也包括协作工序）抱怨或投诉的问题选题。"客户是上帝"，把客户不满意的问题加以解决，就能更好地为客户服务，保证经营活动的正常进行。这也是全面质量管理"以客户为中心"核心思想的体现，更加有利于企业形象和市场地位的提升。因此，这一类选题很容易见到成效，并受到各方面的欢迎。

3.2.2 课题类型

根据 QC 小组活动课题的特点和活动内容，小组活动课题可分为"现场型"、"服务型"、"攻关型"、"管理型"和"创新型"五种类型。前四种课题类型可统称为"问题解决型"，这是相对于"创新型"课题而言的。

（1）现场型课题。这类课题通常是以稳定生产工序质量、改进产品质量、降低消耗、改善生产环境为选题范围，课题较小，活动周期短，难度不大，小组成员力所能及，较易出成果，经济效益不一定大。

（2）服务型课题。这类课题通常是以推动服务工作标准化、程序化、科学化、提高服务质量和效益为选题范围，课题较小，活动周期短、见效快。这类课题的成果虽然经济效益不一定大，但社会效益往往比较明显。

（3）攻关型课题。这类课题通常是以解决技术关键问题为选题范围，课题难度大，活动周期较长，需投入较多的资源，经济效益通常比较显著，或带来重大的技术更新换代。

（4）管理型课题。这类课题通常是以提高业务工作质量、解决管理中存在的问题、提高管理水平为选题范围，课题有大有小，如只涉及本部门具体管理业务、工作方法改进的课题，就小一些；而涉及多个部门协作的课题就大些。课题难度不尽相同，效果也有较大差异。

（5）创新型课题。这类课题通常是以 QC 小组成员运用新的思维方式、创新的方法，开发新产品（项目）、新方法，实现预期目标的课题。由于课题是以往不曾有过的，因此无现状可调查，但为实现预定的目标，需由小组成员运用创新思维，提出多种方案，并对各方案进行分析论证和评价，必要时进行模拟试验，选出最佳方案，然后付诸实施。因此，创新型课题与前述四类课题的活动程序有所不同。

将 QC 小组活动课题分为以上类型，是为了突出小组活动的广泛性、群众性，便于分类发表、交流，有利于调动各方面人员的积极性。如现场型和服务型课题，通常以生产和服务一线员工为主体开展活动，攻关型课题通常由领导干部、技术人员和操作人员三结合进行活动，管理型课题通常由管理人员参与活动，创新型课题则为科研人员、设计开发人员、技术人员、营销人员与管理人员共同合作。

各种课题类型给小组成员开展 QC 小组活动提供了更多的选择。只有把各部门、各层级的职工都发动起来，围绕客户、企业和职工所关心的各种问题，积极开展各种改进与创新活动，提高自身素质，保证工作质量，才能做到优质生产、优质经营、优质服务。

3.2.3 课题的选择

这一步骤通常会遇到两种情况：一是指令性、指导性课题，课题清楚，小组直接围绕课题开展活动即可。二是小组通过调查，或运用"头脑风暴法"，收集多个备选课题，而小组只能逐一解决，就必须做出选择。选择课题的基本要求是得到小组成员大多数人的认可，以利于更好地调动小组成员的积极性与创造性，促进活动过程的顺利进行，这也是 QC 小组具有"高度民主性"特点的具体体现。

一般常用以下两种方法来选定课题：全体成员简单举手表决选定，用评议、评价的方法来选定。

对备选课题从以下方面进行评议，或使用矩阵图、价值成本等方法量化评价。这些方面一般包括：是否符合上级方针、重要性、迫切性、经济性、预期效果、与小组全员的关系程度、时间性、推广性。

QC 小组应结合解决问题的实际需要来选择评价。

【例 3-1】 某小组收集了可供选择的三个课题，通过小组全体成员评价，最后选定"减少××线路跳闸次数"作为小组活动的课题，见表 3-1。

表 3-1　　　　　　　　　　　　小 组 备 选 课 题

评价项目 可选课题	迫切性	重要性	预期效果	可实施性	经济性	评价	选择
1. 减少××线路跳闸次数	6	6	7	6	7	32	√
2. 研制线夹安装专用工具	4	4	5	4	3	20	×
3. 缩短 10kV 悬瓶更换时间	5	5	6	5	4	25	×

注　每项满分为 7 分。

26

3.2.4 课题名称

课题名称是小组活动内容、解决问题的浓缩。因此，课题名称一定要简洁、明确、一目了然，直接针对所要解决的问题，避免抽象。

课题设定时要抓住三个要素，即对象、问题、结果。

（1）小组活动要解决的对象，如产品、工序、流程、作业的名称等。

（2）小组活动要解决的问题（特性），如成本、消耗、故障、差错等特性。

（3）小组活动要达到的结果，如提高或降低、增大或缩小、增加或减少、加长或缩短等。

如降低××线路线损率课题的三要素：

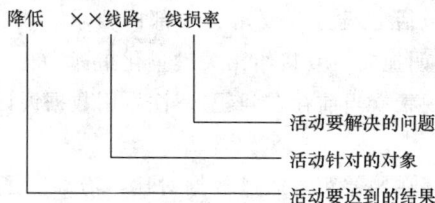

再如"减少××营业厅客户等候时间"、"提高××型高压断路器液压油试验合格率"、"缩短电采系统数据平均上传时间"等。

一些 QC 小组不能准确、恰当地设定课题名称，通常有如下两种情况：

第一种，课题名称"口号式"。小组为了让大家印象深刻和强调课题重要程度，而将课题"拔高"、抽象，并加上一些形容词，使课题名称大而空，让人不明白小组想要解决的是什么问题。如强化管理，增供降损；快速提高公司人才队伍建设水平。

第二种，课题名称为"手段＋目的"。小组将活动中采取的主要对策与方法放在所要解决问题之前。事实上，在选择课题这一步骤，小组尚未进行详细的现状调查，也还未分析原因并找出主要原因，怎么可能针对主要原因制订有效对策？把主要对策内容列入课题名称之中，会造成活动程序上的逻辑颠倒。

如果小组在选择课题时预设对策，就必然在活动的过程中，处处受这个主观方向的束缚，排斥更经济、更有效的对策，不利于充分发挥小组成员的智慧和创造性。

还有一些小组，通过活动解决了问题，取得了效果，在总结时，为了强调某一对策起了主导作用，而将其体现在课题名称中，造成程序倒置、总结不实的情况。

如"加强复核管理，降低电费单据审核差错率"、"优化图纸审核流程，缩短客户报装接电周期"、"改进六氟化硫充气工艺，减少充气损耗"。

3.2.5 注意的问题

（1）课题宜小不宜大。所谓小课题，就是将影响产品质量、生产效率或造成消耗、浪费的具体问题选为小组活动的课题。而大课题是指内容庞大复杂、涉及面广、目标多、需要多部门协作才能完成的课题。大课题一般头绪较多，一个小组很难将现状和问题分析透彻、准确。QC 小组活动提倡"小、实、活、新"，"小"指的就是要选择小课题。

选择小课题会给小组带来以下好处:一是易于弄清现状,找出问题的症结并取得成果,活动周期短,短期即可见效,有利于获取小组成员和上级领导的支持。

二是课题短小精悍,目标单一,针对性强,主要对策由小组成员即能实施,更能发挥小组成员的参与积极性和创造性。

三是小课题通常是在本小组的生产(工作)现场,是自己身边存在的问题,通过自己的努力,得到改进,取得的成果也是自己受益,能更好地调动小组成员的积极性。

(2)选题理由要充分且简明扼要。选题理由的任务,就是说明开展本次课题活动的目的和必要性。因此,选题理由的重点是:

1)应达到的目标,包括上级方针要求、本部门要求、规程(标准、制度)要求、客户需求等,此描述应简明扼要,直接给出关键量化指标。

2)充分描述本小组现状(当前存在问题),注意用数据说话,数据的选用周期宜近不宜远。

3)现状与目标之间存在的差距,通过数据对比,清晰明了地看出选此课题的目的性和必要性。

选题理由的关键点在于实际与目标差距有多大。小组在阐述选题理由时切不可为片面强调课题重要性,而做过度描述甚至夸大,从国际发展趋势讲到国内先进水平,从计划经济向市场经济的转变讲到市场经济的特点,甚至把各级领导的讲话、题词都作为选题理由,就是没有交代清楚小组选此课题的关键点——现状与目标差距有多大,使选题理由空而不实,导致问题描述不充分。

正确的 QC 小组选题理由如图 3-4 所示。

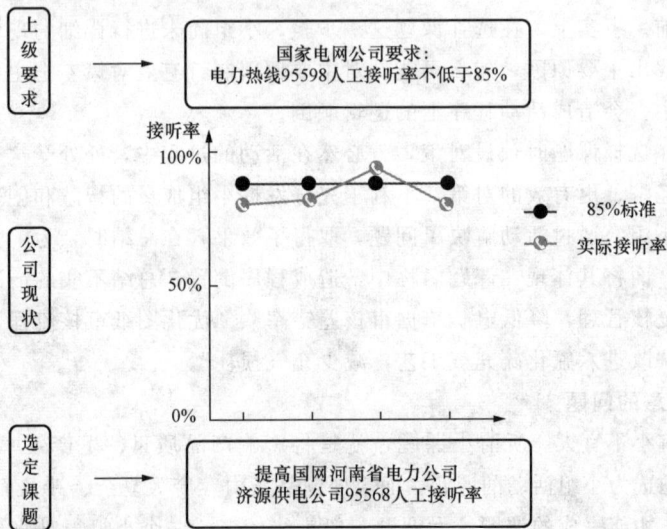

图 3-4 QC 小组选题理由图示

选择课题常用方法：调查表、简易图表、排列图、亲和图、头脑风暴法、水平对比、流程图、矩阵图等。

3.3 现状调查

课题选定之后，小组活动的下一步骤就是进行现状调查。

现状调查的基本任务有三个：一是要把握问题的现状，掌握问题的严重程度；二是要找出问题的症结（或关键点）所在；三是依据症结，确立正确的改进方向，并测算能够改进的程度，为目标值设定提供科学的依据。

因此，小组成员应对问题的现状进行认真调查，通过对收集的数据和信息进行分类、整理、分析，把症结找出来，以便下一步设定目标、分析原因，一步一步进行下去。仅仅依靠经验与感觉，往往做不出正确的判断。

充分、准确、有效的现状调查，能够缩小问题范围、锁定主攻方向，为最终解决问题打下扎实的基础。因此，现状调查是小组活动的一个重要环节，在整个活动程序中起着承上启下的作用。

3.3.1 把握问题现状

小组确定课题后要对现状进行全面、彻底地调查。如果在选题时已经掌握了总体情况，也应进一步分层（如按时间周期、地域、电压等级或批次等）将具体情况调查清楚，从中发现规律性的东西。

3.3.2 查找症结所在

所要解决的问题多是综合性问题。如要解决"电费审核差错率高"的问题，而审核流程包含若干工序，每一道工序都有可能产生差错，每道工序产生差错的类型也各不相同。要解决该问题，首先要找出症结，即要对每道工序所产生的差错数量详细统计，差错最多的工序就是问题的症结。接下来，针对症结来分析原因，将症结解决，则差错就可大幅降低。也就是说，找到了症结，就是找到了解决问题的着手点。

3.3.3 现状调查步骤

（1）从企业统计报表中进行调查。一般来说，企业都有完整的统计报表系统，如抄表卡、线损统计表、运行日志、安全生产统计表、物资消耗统计表、设备缺陷统计表、单位成本统计表等。可以从这些统计报表中收集数据，以把握问题的现状，查明问题严重到什么程度。

（2）到生产现场进行实地调查。在某些情况下，统计报表不能真正反映问题的全部情况。如某变电站 10kV 母线电压合格率低，统计报表的数据采集周期为 1 次/5min，统计报表并不能真实反映电压越限的全面情况。要弄清过程的实际状况，必须到生产现场实地调查，取得更充分的数据，才能彻底查明问题严重到什么程度。

3.3.4 注意的问题

（1）用数据说话。能准确地掌握实际情况，澄清问题，进一步了解现状，这一点非常重要。如果在选题时已收集了一些数据，可在此基础上再收集相关的数据，以便更详细、准确地掌握实际情况。

收集数据要注意以下四点：

一是收集的数据要有客观性。绝不可选择性地收集数据，只收集对自己有利的数据；或从已收集的数据中挑选对自己有利的数据，舍弃其他数据。

二是收集的数据要有可比性。不可比的数据无法真实反映小组改进前、后的变化程度，更无法证明小组活动和对策措施的有效性。

三是要收集近期数据，才能真实反映现状。因为情况是会随时间的变化而不断变化的，用较早时间的数据进行分析，可能会将活动引入歧途，也不利于效果检查时的对比。

四是收集数据要全面。不仅收集已有记录的数据，更需要亲自到现场去观察、测量、跟踪，掌握第一手资料，以弄清问题的全貌。

（2）对现状调查取得的数据要进行整理、分类，分层分析。对取得的客观数据，要从不同角度进行分类、整理、分析。如调查缺陷数量，从地域、电压等级角度分类，未发现缺陷数量的分布存在差异，就可把这些方面产生问题的可能性予以排除；而以管辖范围分类，缺陷数量集中分布在某集控中心辖区，就说明该集控中心存在问题。如果问题还不够明朗，则可以到现场做进一步的调查和分层分析，查一查不同的班次间缺陷数量是否存在差异等，直到找出症结为止。

（3）根据小组活动目标确定的方法不同，有两种情况在活动程序中不进行现状调查。

一是指令性目标课题。采用指令性目标课题的小组活动，是直接按照上级指令要求来设定目标，目标明确，不需要通过现状调查来为目标值的设定提供依据。但采用指令性目标的小组活动也需要查找症结、缩小问题范围、明确主攻方向，因此要对目标能否实现进行可行性分析。

二是创新型课题。创新型课题是 QC 小组以全新的思维，研制原来没有的产品、项目、软件、方法以及材料等，小组从未经历，自然无现状可以调查。

综上所述，现状调查是 QC 小组活动程序中很重要的一步，它的作用是为目标值的设定提供充分依据，同时为解决问题明确主攻方向和突破口，并为问题解决后检查改进的有效性提供可对比的原始依据。

现状调查常用方法：调查表、分层法、简易图表、排列图、直方图、控制图、散布图等。

3.4 设定目标

在查明问题现状后，小组应确定本次课题活动的目标，以明确要通过小组活动将问题解决到什么程度；同时，也为检查活动效果提供依据。

目标，是将人们的追求和努力明确化。不设定目标，干到哪儿算哪儿，这样的活动既不科学严谨，也缺乏自信。缺乏目标的约束作用，往往会导致活动浅尝辄止、遇难退缩，最终活动流于形式、草草收场。为避免活动的盲目性、随意性，小组活动目标必须明确。

3.4.1　目标的分类

（1）按来源划分，小组活动目标一般分为自定目标和指令性目标。自定目标是小组经过现状调查，确定了可改进程度而制订的目标。指令性目标则分为两种情况：一是上级以指令形式下达给小组的活动目标；二是小组直接选定上级考核指标。此种情况下，目标值应与考核指标完全一致。

通常情况下，小组活动目标是指令性目标的，其课题多为上级下达的指令性课题；但指令性课题活动的目标则不一定都是指令性目标，这要视具体情况而定。自选课题的活动目标也是自定的。因此，小组在选题和设定目标时要加以区分，因为指令性目标与自定目标的不同，决定着小组活动程序的不同。

【例 3 - 2】　某公司领导层给某小组下达了指令性课题，要求该小组减少某配电线路的接地跳闸次数，但没有给定次数上限。这是不含目标值的指令性课题，小组必须通过现状调查来设定科学合理的目标。

如果在下达课题的同时，公司领导层明确要求将某配电线路的接地跳闸次数由现状的 2 次/月减少到 0.1 次/月，"接地跳闸次数 0.1 次/月"即成为本次小组活动的指令性目标，此时小组课题则属于指令性目标课题，小组应将领导层指定的目标直接设定为活动目标，但必须就能否实现目标开展可行性分析。

指令性目标的 QC 小组活动程序如图 3 - 5 所示。

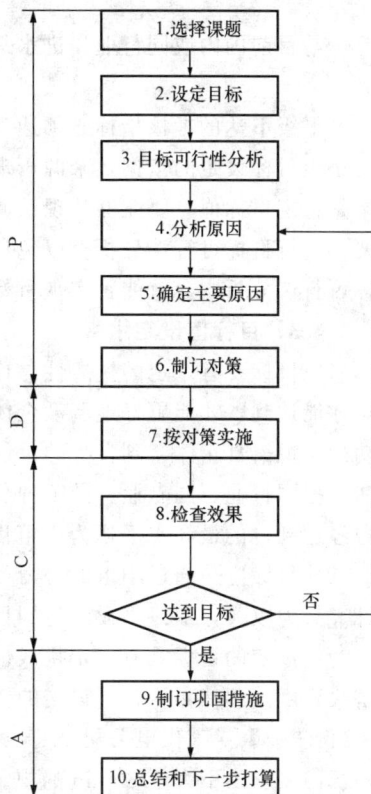

图 3 - 5　指令性目标 QC 小组活动程序

（2）按结果划分，小组活动目标可分为定性目标和定量目标。只确定小组活动目标的性质，而未具体量化，称为定性目标。如提高营业厅服务的规范化程度；加强设备管理水平。该例中的目标，经过小组活动后，改进的结果无法具体衡量，无法确认是否已达到预定目标。因此，QC 小组活动不提倡定性目标。

在确定目标性质的基础上，小组活动应具有明确的、量化的目标值，即定量目标。有了定量目标，小组活动后可以通过衡量目标值的变化，清晰地了解改进是否已达到既定目的。如输电线损率从 3％降低到 1％，设备维护单位成本从 65 元/台降低到 50 元/台，

31

"双师"率从 12% 提高到 25%。

3.4.2　目标值设定依据

小组活动目标的设定要有依据,要尽可能以事实为依据、用数据来说话,如:

·客户提出的要求必须予以满足。

·通过现状调查,预估问题能够解决的程度,测算出能达到的水平。

·历史上曾接近或达到过这个水平,现在条件得到了改善,应该能稳定达到这个水平。

·与目前国内或同行业先进水平比较,小组在设备、人员、环境等方面相近,理应达到。

·上级下达的考核指标必须达到等。

小组目标设定的依据,来源于现状调查或目标可行性分析(指令性目标)的过程。如果是自定目标值,要能够从现状调查中清楚地看到目标设定的依据。目标设定后,就不要再进行目标可行性分析,以免与现状调查内容重复;如果是指令性目标,则必须在目标可行性分析中,就能否实现目标做进一步的说明。

3.4.3　目标值设定水平

(1)目标要有一定的挑战性。目标要高于原有水平,需要小组成员努力攻关、克服困难才能达到,才能更好地调动全体成员的积极性和创造性,小组成员才能深切感受到成功的喜悦,真正体会到自身的价值,更好地鼓舞小组的士气。许多小组常运用水平对比法,把同行业、同专业、同工种所达到的先进水平作为小组的目标,或将本小组历史上曾经达到过的最高水平作为小组目标,以体现小组的必胜信念。

(2)目标应是通过小组的努力可以达到的。目标过高固然很有挑战性,但小组千方百计、努力攻关,最终仍无法达到目标,便会挫伤小组成员的积极性。

为使设定的目标既有一定挑战性,又是经小组努力可以达到的,许多小组常把对问题解决程度的预估作为目标设定的依据。

【例3-3】　某供电公司 10kV 高压设备工作票办理平均用时高达 58min,远超出了公司部门要求的不大于 30min 的规定。于是小组以"缩短 10kV 高压设备工作票办理时间"为题开展活动。在目标可行性分析中(该课题为指令性目标课题),通过对某年 1~3 月份 231 份工作票办理时间的各个流程进行的调查、统计及分层分析,发现工作票办理分为 2 个部分,即"工作票许可时间"为 54min,"工作票终结时间"为 4min,而"工作票许可时间"中"安措布置时间"为 42min,占"工作票许可时间"总用时的 77.78%(工作票许可时间中其他流程用时分别为 5、3、2、2),进而"安措布置时间"中,其"辅助安措布置时间"为 39min,占"安措布置时间"总用时的 93%,"主要安措布置时间"为 3min,只占"安措布置时间"总用时的 7%,所以"辅助安措布置时间长"是问题的主要症结所在。针对该项主要症结,小组成员通过开展"头脑风暴法"进行讨论及估算:$39 \times (1-80\%) + 3 + 5 + 3 + 2 + 2 + 4 = 26.8$(min),即只要解决主要症结的 80%，可以将工作票的办理时间缩短到 26.8min。

这样设定的目标是建立在实事求是、科学决策的基础上。既达到了上级考核要求，又具有挑战性，需要经过小组成员的共同努力才能够实现。这样设定的目标值是有充分依据且水平适宜的，同时也进一步彰显了现状调查为设定目标提供依据的作用。

3.4.4　应注意的问题

（1）目标设定不宜多。QC 小组选题应选择存在的具体问题作为课题，而目标又是针对问题设定的，因此，设定一个目标就可以了。如果设定两个或两个以上的目标，小组必然要分别以两个及以上的目标为中心进行活动，这会使解决问题的过程复杂起来，往往会造成整个活动的逻辑混乱。如果有多个性质不同的目标，应采用多个课题予以解决为好。

（2）目标要与问题相对应。设定目标是明确小组活动将问题解决的程度，因此必须针对所要解决的问题来设定目标。如，课题名称是"降低××设备的缺陷率"，现状已经调查清楚，所设定的目标应明确缺陷率由当前值降低到活动后的值。

设定目标通常可用柱状图等简易图表。

3.5　分析原因

通过现状调查，查明了问题的全貌和关键点，设定了目标，明确了问题要解决的程度，接下来就要分析是什么原因造成的这个问题，即小组活动程序中 P 阶段的第四个步骤——分析原因。通过对问题产生原因的分析，找出影响问题的关键所在。原因分析从程序上讲，只要能够针对现状调查所确定的问题症结，并正确、恰当地应用统计方法，这一步就是正确的。但在分析原因的过程中，小组成员常因考虑问题不全面或缺乏系统性，而影响到分析结果的正确性和有效性。

3.5.1　针对症结分析原因

是针对需要解决的问题来直接分析原因，还是针对问题的症结来分析原因呢？正确的做法是针对症结来分析原因。在现状调查时，如果已经分析出问题的症结所在，成功地缩小了问题范围，聚焦了改进重点，就应针对该症结分析原因。如果对已找到的症结弃之不管，再回到课题的总问题来分析原因，则会浪费现状调查阶段已取得的阶段性成果，出现逻辑上的混乱，且使原因分析的针对性不强。

【例 3-4】　某小组的活动课题是"降低 10kV××配电线路绝缘子损坏率"，经过现状调查，查明了绝缘子损坏率高的症结在于清扫次数少，但在原因分析时，小组却并未针对导致清扫次数少的原因来展开分析，而是仍针对课题提出的问题——绝缘子损坏率高来分析原因。这样的原因分析，无异于置现状调查的成效于不顾，查找出的症结失去了意义，无法起到缩小问题范围、明确主攻方向的作用。同时，又使得原因分析由于问题太大、太笼统，难以分析到可直接采取对策的末端原因。

【例 3-5】　某小组的活动课题是"提高××营业厅客户满意率"，小组通过现状调查找到了问题的症结——缴费方式少和等候时间长，原因分析就应针对"缴费方式少"

和"等候时间长"两个症结来进行。如果仅分析"缴费方式少",而置"等候时间长"于不顾,则现状调查的成效未得到充分应用,同时,原因分析以偏概全,之后的活动就无法全面、彻底地解决问题。

3.5.2 分析原因要彻底

原因分析要严格遵循因果逻辑关系,步步由"果"推"因",层层追根溯源,直至末端原因。而末端原因应该是具体的、能够确认并可以直接采取对策的。所谓"分析彻底"就是原因分析到可直接采取对策的具体因素为止。

【例3-6】 针对"接线端子接错"问题分析原因时,从环境这一角度分析,是因为"操作时看不清",再往下分析为什么看不清呢?是因为"光线太暗",再往下分析为什么光线暗呢?有两个可能的影响因素:一个是"灯少";另一个是"灯泡功率小"。分析到这里,原因就很具体了,而且已经到了可直接采取对策的程度。针对"灯少"的原因,对策可定为"安装灯";针对"灯泡功率小",对策即可定为"增大灯泡功率"。因此,原因分析彻底,才能使对策的制订做到简单、明确且针对性强。

有不少小组在分析原因时不彻底,有的甚至只分析到第一层原因,诸如将"电费审核流程不合理"、"无功补偿配置不均衡"、"人员素质差"等作为末端原因。这些原因包含的内容大且笼统,如果将其作为末端原因,制订对策就空泛而没有针对性,很难保证对策实施的有效性。

3.5.3 注意的问题

(1)应全面分析原因。分析原因要从各种角度,将有可能影响症结产生的原因都找出来,尽量避免遗漏。为此,可从"5M1E"即人(Man)、机器(Machine)、材料(Material)、方法(Method)、环境(Environment)、测量(Measurement)几个角度展开分析。如果要分析的是管理问题,则常从影响它的各个管理系统展开分析。

在原因分析的小组会上,组长应从展示症结产生的全貌入手,引导小组进行讨论,充分开阔小组成员的思路。对于小组成员提出的每一条可能影响症结的原因,不管它目前状态如何、是否真正影响,只要因果逻辑关系成立、有可能产生影响的,都应记录下来,以避免遗漏。

(2)要正确、恰当地应用统计方法。分析原因时常用的方法有因果图、树图与关联图。各小组在活动过程中,可根据所存在问题的情况以及对方法的熟悉、掌握的程度选用。这三种方法将在本书"工具与方法"章节中详细介绍。为使选用时不至于用错,特将其主要特点归纳于表3-2。

表3-2   分析原因常用统计方法

方法名称	适用场合	原因之间的关系	展开层次
因果图	针对单一问题进行原因分析	原因之间没有交叉影响	一般不超过四层
树图	针对单一问题进行原因分析	原因之间没有交叉影响	无限制

续表

方法名称	适用场合	原因之间的关系	展开层次
关联图	针对单一问题进行原因分析	原因之间没有交叉影响	无限制
	针对两个以上问题一并进行原因分析	部分原因将两个以上的问题纠缠在一起	

3.6 确定主要原因

通过分析原因，分析出有可能导致症结产生的原因有很多条，其中有的确实是导致症结产生的真正原因，有的则不是。这一步骤就是要对诸多原因进行鉴别，将真正导致症结产生的主要原因找出来，对症结产生无明显影响的原因排除掉，以便为制订对策提供依据，对症下药。否则，针对所有原因都制订对策并加以实施，必然会造成人力、物力、财力上的浪费，加大了消除症结的难度，延长了症结解决的时间。

3.6.1 确定主要原因步骤

（1）末端原因收集。在原因分析时，在因果图、树图、关联图中展示的是原因的全貌，其中有末端原因，也有中间原因。中间原因虽然影响着症结，但还受其他原因的影响，末端原因则只影响症结或别的原因，而本身不被影响，即症结产生的根源。因此，对症结造成影响的真正原因，必然在末端原因之中。所以，要找出并确定主要原因，首先就要将所有末端原因全部收集起来，以便逐条识别、确认。

（2）不可抗拒因素识别。在末端原因中查看，是否有不可抗拒的因素。所谓不可抗拒因素，就是指小组乃至企业都无法采取对策的因素。如"恶劣天气事故跳闸"，对小组来说是无法采取对策的，属于不可抗拒因素，所以要把它剔除出去，不作为确定主要原因的对象。

（3）末端原因逐条确认。识别主要原因的唯一依据就是客观事实。而能够准确反映客观事实的就是数据。确认，就是用数据说话，对末端原因逐条确认，找出其影响症结的证据，确认其与症结产生的因果逻辑关系程度。如数据表明，该原因确实对症结的产生有重要影响，就"承认"它是主要原因；如数据表明该原因对症结的产生影响不大，就"不承认"该原因为主要原因，并予以排除。个别原因一次调查得到的数据尚不能充分判定时，就要再调查、再确认。

这和医生看病一样，根据病人的症状，分析可能由多种病因造成。如何确诊真正的病因呢？就要通过对病人采取验血、X光透视、胃镜检查、B超、心电图、脑电图等手段，取得数据，并对这些数据进行分析，排除其他病因的可能性，从而确诊病人得的是什么病。如尚不能充分证明时，则需做进一步检查，取得更多有效证据，得出最后诊断。

3.6.2 确定主要原因常用方法

（1）现场验证。现场验证是到现场通过试验取得数据来证明。这对方法类或参数类原因进行的确认常常是很有效的。此类确认往往是在其他因素不变的情况下进行对比试验，根据结果有无明显差异来判断是否为要因。

【例 3 - 7】 对"阈值不合适"这一末端原因进行确认时，就需要到现场做一些试验，变动该阈值，查看结果有无明显差异，来确定其是否为真正影响症结的主要原因。又如充油（气）设备油（气）泄漏所分析的原因是"阀门倾角不对"，进行确认时，可到现场改变阀门倾角，如果泄漏量明显减少，就能判定其确实是主要原因。

（2）现场测试、测量。现场测试、测量是到现场通过亲自测试、测量，取得数据，与标准进行比较，看其符合程度来证明。这对设备、材料、环境类因素确认时，常常是很有效的。如环境温、湿度是否超标，可以借助仪器、仪表到现场实测取得数据；对材料方面的因素可到现场抽取一定数量的实物作为样本进行测试，取得数据，与标准进行比较来确认。

（3）调查、分析。对于"人员"方面的因素，往往不能用试验或测量的方法来取得数据，可以设计调查表，到现场进行调查、分析，取得数据来分析确认。

【例 3 - 8】 某小组对"变压器油老化"的末端原因进行的要因确认。

末端原因一：试验用油抽取量不足。

小组成员通过到现场进行对比实验，取得数据来判断是否为主要原因。小组抽取正常试验过程中需要的 40mL 油进行检查，然后加大油量为 80mL 后进行对比，数据和结果见表 3 - 3。

表 3 - 3　　　　　　　　　不同抽取油量结果记录

次数	抽取油量（mL）	试验界面张力（标准为不大于19mN/cm）	试验平均值
试验 1	40	27	
试验 2	40	26	26.33
试验 3	40	26	
试验 4	80	25	
试验 5	80	27	26
试验 6	80	26	

结论：小组将原来的抽取油量 40mL，加大到 80mL 之后进行对比判断，试验结果无明显变化，因此可判断试验用油抽取量不足不是主要原因。

末端原因二：试验仪器测试用圆环未水平校准。

小组成员再次通过对比试验，针对仪器圆环分别在水平及倾斜两个角度进行测试，结果见表 3 - 4。

表 3 - 4　　　　　　　　　　　不同角度测试结果记录　　　　　　　　　　　mL

测试人	试验仪器测试用圆环水平度	测试结果	测试平均值
谷××	水平	50	
赵××	水平	46	
史××	水平	47	46.2
李××	水平	45	
桑××	水平	43	
谷××	倾斜	20	
赵××	倾斜	17	
史××	倾斜	18	17.6
李××	倾斜	16	
桑××	倾斜	17	

结论：测试用圆环水平度分别在水平及倾斜两种状体下，其测试结果截然不同，因此可判定试验仪器测试用圆环未水平校准为要因。

末端原因三：取样方法不正确。

小组成员对现场取样操作方法进行检查，小组成员均能严格遵守操作方法对变压器油进行取样，其检查结果见表 3 - 5。

表 3 - 5　　　　　　　　　　　取 样 方 法 检 查

测试人	取样次数	取样方法检查结果
谷××	3 次	正确
赵××	3 次	正确
史××	3 次	正确
李××	3 次	正确
桑××	3 次	正确
谷××	3 次	正确
赵××	3 次	正确

结论：通过现场试验及检查，小组成员均能按照正确方法进行取样，因此，取样方法不正缺不是主要原因。

3.6.3　注意的问题

(1) 确认要因时小组成员必须亲自到现场，进行实地观察、调查、测量、试验，取得数据，为确定主要原因提供依据。只凭印象、感觉、经验来确认，依据是不足的。采用举手表决、"01 打分法"、按重要度评分法等，也是不可取的。

(2) 在确认每条末端原因是否为主要原因时，应根据其对症结产生的影响程度大小来确定，而不能仅与现有的工艺标准、操作规程要求进行比较，也不能根据其是否容易解决而定。

（3）末端原因要逐条确认，否则就有可能将主要原因漏掉。如果末端原因较多，可制订要因确认计划，按计划分工实施，逐条确认，使确认严密有序。

确定主要原因常用方法：调查表、简易图表、直方图、散布图、正交试验设计法等。

3.7 制订对策

主要原因确定之后，就可分别针对所确定的每条主要原因制订对策。

3.7.1 制订对策的步骤

（1）提出对策。针对每一条主要原因，必然会有各种各样的解决方法，就方案的实效而言，有的方案是临时性的解决办法，有的是永久性的改进方案；就方案的解决时间而言，有的方案解决起来需要花费很长时间，有的则短期即可见效；就方案的解决过程而言，有的方案小组自身无法实施，要靠上级决策或其他部门去做才能实现，有的是小组自身的努力就可实现；就方案的需用资金而言，有的方案需花费很多资金，有的则花费很少资金，本小组即可筹措解决。

为此，制订对策的首要问题，就是要针对每一条主要原因，让小组全体成员根据知识、经验及各种信息，开动脑筋，拓宽思路，独立思考，相互启发，从各个角度提出尽可能多的对策，以供选择确定。如针对"工具不好用"这一主要原因，是在原有基础上改进，还是重新设计制造一个新的工具，还是用别的工具替代，对策提得越具体越好。这样，每条原因都可提出若干个对策。这里可先不必考虑提出的对策是否可行，只要是可能解决这条主要原因的对策都提出来，这样才能尽量做到不遗漏真正有效的对策。

（2）评价和选择对策。QC 小组成员针对每一条主要原因，充分提出各种对策（方案）之后，就需要对每项对策（方案）进行综合评价，相互比较，选出最令人满意、准备实施的对策。

对每一项对策（方案）进行综合评价，可通过进行试验、分析等方法，从有效性、可实施性、经济性、可靠性、时间性等方面进行评价，评价原则是在事实和数据的基础上，尽可能量化。表 3 - 6 是某小组经过试验后制订的对策综合评价表。评价得分最高者，即可作为最佳对策（方案）。常见的对策评价、选择表见表 3 - 7。

表 3 - 6　　　　　　　　　　　对策（方案）综合评价表

序号	评价值表示 评价内容	◎	○	△
1	有效性	预计有效性达 90%	能解决 60% 问题	可解决 10% 问题
2	可实施性	本小组能自行实施	需其他部门协助	难度大，需外单位合作
3	经济型	需费用 5000 元，小组可自行解决	需费用 2 万元，小组能承担 1 万元，筹措 1 万元	费用 10 万元，很难承担

续表

序号	评价值表示＼评价内容	◎	○	△
4	可靠性	确保运行5年	预计运行2年	临时措施，5个月后还会再发生
5	时间性	实施用时1个月以内	实施用时1～3个月	实施用时3个月以上

注 ◎表示5分；○表示3分；△表示1分。

表3-7　　　　　　　　　　对策评价选择表

序号	要素	对策	评价					综合得分	选定方案
			有效性	可实施性	经济型	可靠性	时间性		
1	要因1	1.…	◎	△	△	◎	○	15	
		2.…	○	◎	◎	○	◎	21	★
		3.…	○	○	○	△	△	11	
2	要因2	1.…	○	○	○	◎	◎	19	★
		2.…	○	△	○	△	△	9	

3.7.2 制订对策的原则

（1）对策的有效性。首先就要分析研究该对策能不能控制或消除产生问题的主要原因，如果感到没把握或该对策不能彻底解决问题，则不宜采用，而要另谋良策。

（2）对策的可实施性。选用的对策应是小组可以实施的，不可实施的对策不宜采用。如对策为"增加人员"，而企业并没有相应的招聘计划，小组将此作为对策则无法实施。另外，利用增加人员来实现目标，也会给企业带来人力资源投入，增加人工成本，需要谨慎考虑。如果所采取的对策实施后会对环境产生影响，或违反国家法律法规，此对策也是不可取的。

（3）对策的经济性。要分析研究采取对策需要投入多少资金，选取无资金投入或投入很少的方案是小组的较多选择。

此外，还要考虑本小组是否具备某方面的专业技术能力，对策是否容易实现等。通过对上述诸多方面的综合考虑确定最佳的对策。

3.7.3 制订对策表

小组针对每条主要原因，制订对策，设定各对策所达到的目标，明确具体实施措施计划。小组可以根据实际情况和相关内容制订对策表。

QC小组活动P阶段制订对策步骤中，对策表是步骤的输出结果，是对主要原因的对策计划。在对策表中，要明确各组员负责做什么、怎么做、在哪儿做、什么时候做、做到什么程度等，这样小组成员就可以按照对策表的要求实施具体的操作。因此，对策

表要依照5W1H的原则制订，即

What（对策）——针对主要原因制订的对策是什么。

Why（目标）——完成对策应达到的目标，要用量化值表示。

How（措施）——实现对策的具体做法。

Who（负责人）——根据小组分工明确每一项工作由谁负责。负责人可以由小组中任一成员担任，并非特指组长。

Where（地点）——明确对策措施执行的地点。值得强调的是当地点经常变动、不固定时，应明确是在现场、班组、会议室等。

When（时间）——完成对策的时间，可由月份细化到日期。

对策表格式可参见表3-8。

表3-8 　　　　　　　　　　　　　　对　策　表

序号	主要原因	对策 What	目标 Why	措施 How	负责人 Who	地点 Where	完成日期 When

3.7.4　注意的问题

（1）不要将"对策"与"措施"混淆。"对策"是针对主要原因小组采取的改进方案，而"措施"是实现改进方案的具体做法。

如：针对"光线暗"问题的主要原因是"灯少"，小组采取的对策是"安装灯"，对策目标是亮度要达到多少（具体数据），措施包括装几盏灯、在什么地方装、用多少瓦的灯泡等。由此可见，对策是针对主要原因所提出的解决方案，而措施是具体可操作的解决办法。

（2）"目标"要尽可能量化。许多小组在对策表中的"目标"只有定性要求，而没有定量的目标值，这样小组通过采取措施后是否符合要求，是否达到了预期的改进效果将无法衡量。没有一个可供检验的标准，对策表就无法给小组的实施以正确的引导。如果确实无法量化，也尽可能做到"目标"是可以检查的。

另外，小组在制订对策目标时往往将课题总目标分解为对策目标，这是不对的。由于对策目标是针对主要原因采取措施后所要达到的目标，有些对策实施后，是不能直接从课题总目标中看出其解决程度的，只有将所有对策都实施后，才能对课题目标进行总体检查，而这一步是效果检查所要做的。因此，对策目标不应是课题总目标的分解指标。

（3）针对要因逐条制订对策。小组在对策表中要针对所有要因逐条制定对策。避免要因与对策脱节，给解决问题造成逻辑上的混乱。

（4）避免抽象用语。对策表的作用是指导小组成员具体实施改进，因此，要用清晰、明确的词语描述清楚。在做具体措施的表述时，避免使用"加强"、"提高"、"争取"、"随时"等的模糊词语。

（5）避免采用临时性的应急对策。

【例3-9】 设备检修作业中采用"垫块扁铁"来消除间隙。这种临时应急对策不能从根本上防止问题再发生。有的小组在要因确认时发现问题存在，就立即采取补救措施。在制订对策时，要重新考虑上述补救措施是否恰当，是否能够彻底解决问题，并防止再发生。

【例3-10】 某小组在原因分析时，认为可能是胶皮管脱落导致 SF_6 泄漏，要因确认证明了这一事实的存在，小组立即将其接上，解决了问题。制订对策时，小组不能认为已经接上就可以了，要提出并制订有效的对策措施，来确保胶皮管以后不再脱落。

（6）尽量依靠小组自己的力量。依靠小组自身的力量实施对策，能更好地调动小组成员的积极性、创造性，提高小组成员解决问题的能力。由于对策是小组成员自己实施完成的，更能激发小组成员的自豪感，对成果也会倍加爱护。如果大部分对策要依靠别人帮助，要上级领导予以协调，则往往会产生"命运不掌握在自己手中"的想法，而不能顺利解决问题。

制订对策常用的方法有：简易图表、矩阵图、树图、PDPC法、矢线图、优选法、正交试验设计法、头脑风暴法等。

3.8 实施对策

对策表制订完成后，进入到D阶段——实施阶段，这一阶段只有一个步骤，即对策实施。QC小组活动进入了对课题的症结进行实质性改进阶段。在这个阶段，小组成员更多的是要发挥专业技术特长，包括成员自身的和小组成员协作的专项技能扩展，以实现改进的目标。

3.8.1 按对策实施

由于所确定的主要原因性质各不相同，而对策表中的每条对策都是针对不同的主要原因制订的改进措施，因此小组成员要按照对策表中的改进措施逐项实施，才能确保针对要因改进，达到受控状态。

3.8.2 确认结果

在每条对策实施完成后，都应立即收集改进后的数据，与对策表中的每一个对策目标进行比较，以确认对策的有效性。

3.8.3 修正措施

小组在实施阶段有两种情况需要对措施进行适当的修正。一是当小组成员在实施过程中遇到困难无法进行下去时，组长应及时召开小组讨论会，对于无法实施下去的措施进行修改，制订新的措施计划，并接之实施。二是当小组确认措施实施后没有达到对策目标，小组要对措施的有效性进行评价，必要时应修改措施内容，以实现对策目标。

3.8.4 注意的问题

（1）在实施过程中各小组成员要随时做好记录，包括每条对策的具体实施时间、参加人员、活动地点、具体做法、费用支出、遇到困难及如何克服等，以真实地反映活动全貌，为小组课题完成后整理成果报告提供依据。

（2）在实施过程中，小组组长除了完成自己负责的对策外，要更多地组织协调各成员之间的衔接工作，并定期检查实施进程。

（3）每条对策完成后的结果确认十分重要。很多小组没有逐条确认对策完成结果，而是到效果检查阶段直接检查课题的总体效果。这样一旦发现没有达到总体效果，就必须重新对之前的各个阶段进行检查，寻找原因，工作量和工作难度都大大增加，降低了工作效率。

另外要注意的是，部分小组每条对策实施完后不是检查对策目标实现情况，而是检查课题总目标的完成情况。由于课题总目标往往是一个综合性的指标，大多数情况下，只实施一项对策很难对总目标形成影响，所以小组每项对策实施后，只需检查相应的对策目标是否实现，而不应检查总目标的完成结果。

【例3-11】 小组按照制订的对策表（见表3-9），针对"控制单元灵敏度低"要因采取的两项措施进行对策检查，小组制订的对策目标为"检测合格率达到100%"。

表3-9　　　　　　　　　　对　策　表

序号	主要原因	对策	目标	措施	负责人	完成日期
1	控制单元灵敏度低	提高控制单元灵敏度	检测合格率达100%	1. 分析改进控制单元控制原理； 2. 采用新原理重新设计线路	××	××月××日—×××月××日

对策实施后，小组进行对策目标验证，检查实施效果：新控制单元经过技术革新、组装、安装、调试运行稳定后，小组成员又对6套直流电源上控制单元的输出电压值进行测量，并将输出电压一一记录下来，见表3-10。

表3-10　　　　　　　　　　输　出　电　压

序号	原始值（V）	漂移位（V）	漂移率（%）
1	5.0	5.9	18
2	5.0	6.1	22
3	5.0	5.8	16
4	5.0	6.0	20
5	5.0	5.9	18
6	5.0	5.8	16

平均漂移率18.3%

通过对 6 套直流电源上控制单元的电位器的测量统计发现，电压值平均漂移率由实施前的 60.3％降低到实施后的 18.3％。

分析：该对策表所设定的对策目标是"检测合格率达 100％"，而对策目标检查的内容是电压值漂移率（课题目标），这是两个完全不同的指标，两组数据没有可比性，不能说明对策目标已经实现。

（4）每条对策实施后，除去对对策目标实现与否进行确认外，还需对措施的实施是否影响安全、环境、相关质量、管理以及是否带来成本大幅增加进行核查，以评价对策的综合有效性。

在对策实施阶段，由于进入了质量改进的实质性操作阶段，各种改进及结果都需要用数据表达，因此，可用的工具及方法也最多。

对策实施常用方法：调查表、直方图、控制图、过程能力指数、散布图、矩阵图、PDPC 法、箭条图、头脑风暴法、流程图、优选法、正交试验设计法等。

3.9　检查效果

对策表中所有对策全部实施完成并逐条确认达到目标要求后，即所有的要因都得到了解决或改进，应按改进后的条件进行试生产（工作），并从试生产（工作）中，收集数据，用以检查改进后所取得的总体效果。这时小组活动进入 C 阶段——效果检查，此阶段也只有一个步骤。

3.9.1　与课题目标比较

把对策实施后试生产（工作）收集的数据与小组制订的课题目标值进行比较，看是否达到了预定的目标。可能出现两种情况，一种是达到了小组制订的目标，说明问题已得到解决，就可进入下一步骤，巩固取得的成果，防止问题的再发生。另一种是未达到小组制订的目标，说明问题没有彻底解决，可能是主要原因尚未完全找到，也可能是对策制订得不妥，不能有效地解决问题，所以就要重新进行原因分析，再按各步骤往下进行，直至达到目标。这说明这个 PDCA 循环没有闭环，在 C 阶段中还要进行一个小PDCA 循环。这正是前面所介绍的 PDCA 循环的特点之一，即大环套小环。

3.9.2　与实施前现状对比

在现状调查中，通过调查分析，找出了问题的症结，并针对这一症结着手分析原因和找出主要原因，制订并实施对策。因此在效果检查中，小组应对问题症结的解决情况进行调查，以明确改进的有效性。

检查的方式，可根据现状调查的情况而定。如果现状调查时，只简单地用具体数据来描述，则检查时可简单列表把对策实施前、后的数据进行对比。如果现状调查时用排列图找出问题症结，则检查时同样用排列图来比较，检查问题症结是否由对策实施前的关键少数，变为对策实施后的次要多数，以说明小组活动的改进效果是否明显。

【例 3 - 12】　某小组通过《班组生产工作日志》，对××变压器××年 11 月 29 日—

12月20日更换的17个间隔在施工过程中各个环节用时重新进行统计（见表3-11），对活动效果进行检查。通过小组检查验证，其"××变压器10kV保护装置活动前后更换用时"由活动前的7.5h减少为活动后的5.8h（其中目标值为6h），目标完成。

表3-11　　　　××变压器10kV保护装置活动前后更换用时调查表　　　　h

	序号	更换间隔	更换日期	更换用时	合计用时	平均用时
活动前	1	群75断路器	××年9月15日	7.5	22.5	7.5
	2	群74断路器	××年9月20日	8		
	3	群64断路器	××年9月21日	7		
活动后	1	群60断路器	××年11月29日	5.68	98.6	5.8
	2	群61断路器	××年11月30日	5.85		
	3	群62断路器	××年12月2日	5.68		
	4	群63断路器	××年12月3日	5.98		
	5	群65断路器	××年12月4日	5.65		
	6	群66断路器	××年12月5日	5.95		
	7	群69断路器	××年12月6日	5.67		
	8	群72断路器	××年12月7日	5.65		
	9	群73断路器	××年12月10日	5.92		
	10	群76断路器	××年12月11日	5.8		
	11	群77断路器	××年12月12日	5.61		
	12	群78断路器	××年12月13日	5.61		
	13	群79断路器	××年12月14日	5.95		
	14	群83断路器	××年12月17日	6		
	15	群88断路器	××年12月18日	5.57		
	16	群94断路器	××年12月19日	5.9		
	17	群96断路器	××年12月20日	5.68		

同时，其影响课题目标值的两个主要症结——"新保护接线时间"已由原来的2.73h降低为活动后的1.7h，"新保护装置调试时间长"由活动前的1.97h降低为活动后的1.27h，由此可见，新保护装置接线时间长和新保护装置调试时间长已不是造成××变压器10kV保护装置更换时间长的主要因素，其活动前后统计表及排列图见表3-12、表3-13及图3-6、图3-7。

表3-12　　　　　影响10kV保护装置更换时间因素表（活动前）

序号	影响因素	时间 （h）	累计时间 （h）	百分比 （%）	累计百分比 （%）
1	新保护装置接线时间长	2.73	2.73	36.4	36.4
2	新保护装置调试时间长	1.97	4.7	26.3	62.7

续表

序号	影响因素	时间 （h）	累计时间 （h）	百分比 （%）	累计百分比 （%）
3	开关柜旧线拆除时间长	1.8	6.5	24	86.7
4	开关柜柜门更换时间长	0.6	7.1	8	94.7
5	带断路器传动时间长	0.4	7.5	5.3	100

根据上述因素表制成排列图，见图 3-6。

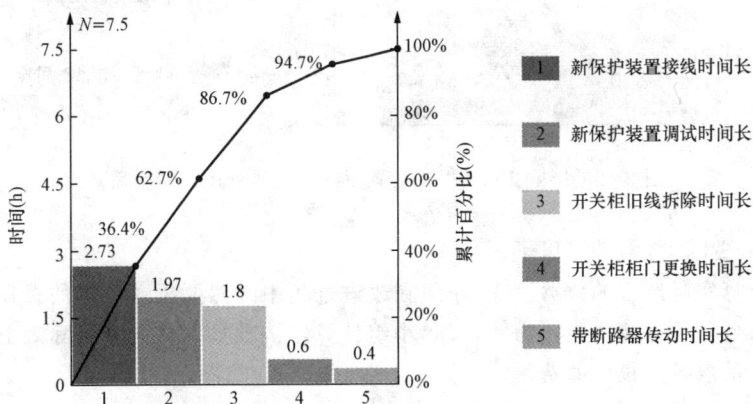

图 3-6 影响 10kV 保护装置更换时间排列图（活动前）

表 3-13 影响 10kV 保护装置更换时间因素表（活动后）

序号	影响因素	时间（h）	累计时间（h）	百分比（%）	累计百分比（%）
1	开关柜旧线拆除时间长	1.9	1.9	32.8	32.8
2	新保护装置接线时间长	1.53	3.43	26.4	59.1
3	新保护装置调试时间长	1.27	4.7	21.9	81
4	开关柜柜门更换时间长	0.6	5.3	10.3	91.4
5	带断路器传动时间长	0.5	5.8	8.6	100

根据上述因素表制成排列图见图 3-7。

3.9.3 计算经济效益

凡是小组通过改进活动实现了自己所制订的目标，能够计算经济效益的，都应该计算出本次课题活动给企业带来的经济效益，以明确小组活动所做的具体贡献，鼓舞小组成员的士气，更好地调动小组成员的积极性。

（1）经济效益的期限。目前科学技术的发展日新月异，产品更新换代加速，企业如果跟不上社会的发展和需求，将被时代所淘汰。为此，计算经济效益的期限，就没有必要计算得太长了。一般来说 QC 小组计算经济效益，不要类推，只计算活动期（包括巩

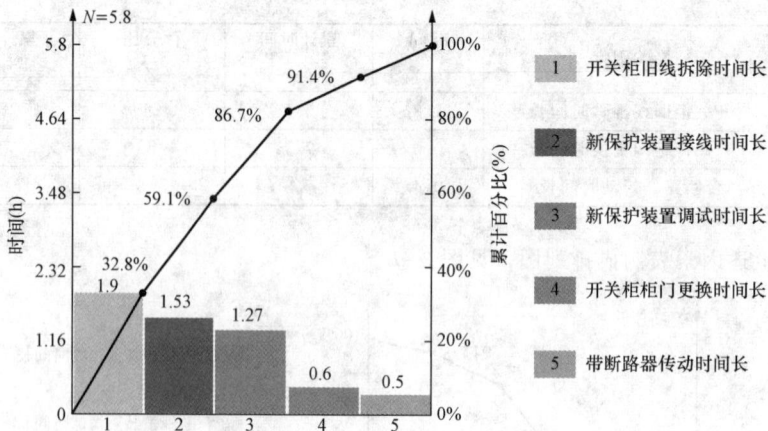

图 3-7　影响 10kV 保护装置更换时间排列图（活动后）

固期）内所产生的效益就可以了。

（2）计算实际产生的效益。QC 小组在改进过程中必然要投入一定的费用。这些投入都要纳入到效益计算中去，为此，QC 小组计算经济效益，要计算实际效益。即实际效益＝产生的效益－投入的费用。

3.9.4　社会效益

由于 QC 小组所在的岗位不同、解决的课题不同，经过活动，有的可以创造很大的经济效益，有的创造的经济效益很小，有的创造的经济效益甚至为负数。如一些 QC 小组，通过开展活动，虽然没有得到可计算的经济效益，但是消除了安全隐患，所带来的社会效益是巨大的。

有一些公益属性的活动，如医院、学校以及一些绿化、环保项目，投入的是社会关注、人文关爱，提供的是优质与贴心的服务，得到的是诚信和造福人类、造福社会。因此，对于这样的成果，在计算效益时可着重社会效益方面的描述，这样有利于鼓舞小组成员的士气、调动他们参与质量改进的积极性。

3.9.5　注意的问题

效益计算要实事求是，不要拔高夸大，或类推、延长计算年限，更不要把还没有确立的费用，作为小组取得的效益。

造成一些不符合实际地计算经济效益的现象，主要是有的企业和部门还没有真正理解 QC 小组活动的宗旨，片面认为只要创造经济效益就好，谁的成果创造经济效益大，谁的成果水平就高，就能评为优秀 QC 小组。为此应该明确提出，不应以经济效益的大小来衡量 QC 小组成果水平的高低以及作为评选优秀 QC 小组的依据，这是评审小组成果的基本原则之一。

效果检查常用方法：调查表、简易图表、控制图、排列图、直方图等。

3.10   制订巩固措施

通过改进活动，小组达到了预定的课题目标，取得效果后，就要把效果维持下去，防止问题的再发生。为此，要制订巩固措施。

3.10.1   有效措施标准化

把对策表中通过实施已证明了的有效措施（如变更的工作方法、操作标准，变更的有关参数、图纸、资料、规章制度等）报有关主管部门批准，纳入企业相关标准，或将有效措施纳入班组作业指导书、班组管理办法、制度等。

3.10.2   纳入的标准要正确执行

已被解决的问题几个月后再次发生，其主要原因是巩固措施没有被严格执行。因此，小组成员要对巩固期的情况到现场进行跟踪，收集数据确认是否按照修订过的新方法、标准操作执行，以确保取得的成果真正得到巩固，并维持在良好的水平上。

3.10.3   注意的问题

在取得效果后的巩固期内要做好记录，进行统计，用数据说明成果的巩固状况。巩固期的长短应根据实际需要确定，只要有足够的时间说明在实际运行中效果是稳定的就可以。巩固期长短的确定，是以能够看到稳定状态为原则的，一般情况下，通过看趋势判稳定，至少应该有3个统计周期的数据。

制订巩固措施常用方法：简易图表、流程图、控制图等，如图3-8所示。

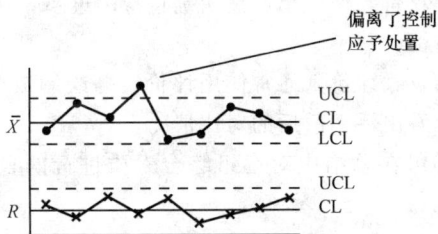

图3-8   控制图（每天的数据并不是期望值记录波动情况）

3.11   总结及今后打算

3.11.1   总结

没有总结就没有提高。为此，小组在本课题得到解决之后，要认真回顾活动的全过程：成功与不足之处是什么？哪些地方做的是满意的？哪些地方还不够满意？肯定成功的经验，以利于今后更好地开展活动；接受失误的教训，以使今后的活动少走弯路。通过总结，鼓舞士气、增强自信、体现自身价值，提高分析问题和解决问题的能力，更好地调动小组成员的积极性和创造性。

一般来说，总结可从专业技术、管理技术和小组综合素质三个方面进行。

（1）专业技术方面。QC 小组在活动中分析问题存在的原因、确定主要原因、制订对策、进行改进都需要用到专业技术。通过活动，使小组成员的哪些专业技术得到了提高？哪些专业知识及经验得到了掌握？而哪些专业知识和技能还欠缺？这一切都需要小组成员在一起认真总结。通过总结必然会使小组成员在专业技术方面得到一定程度的提高。

（2）管理技术方面。在解决问题的全过程中，小组活动是否按照科学的 PDCA 程序进行，解决问题的思路是否做到一环紧扣一环，具有严密的逻辑性？在各个阶段是否都能够以客观事实和数据作为依据，进行科学的判断分析与决策？改进方法的应用方面是否正确且恰当？这一切都需要通过总结得以体现。

通过管理技术方面的总结，能进一步提高小组成员分析问题和解决问题的能力。

（3）小组成员的综合素质方面。小组在对活动过程总结时，可从以下几方面对成员的综合素质进行评价：

· 质量意识是否提高（或安全、环保、成本、效率等意识）。

· 问题意识、改进意识是否加强。

· 分析问题与解决问题的能力是否提高。

· QC 方法是否掌握得更多些，且运用得更正确和自如。

· 团队精神、协作意识是否树立或增强。

· 工作干劲和热情是否高涨。

· 创新精神和能力是否增强等。

通过综合素质的自我评价，使小组成员明确自身的进步，从而更好地调动小组成员质量改进的积极性和创造性。

小组进行综合素质的自我评价，通常使用评价表并绘制成简单的雷达图或柱状图，使自己或他人一目了然地看出活动前后的对比情况。

【例 3 - 13】　如某小组在总结中对小组综合素质进行的自我评价，见表 3 - 14 与图 3 - 9。

表 3 - 14　　　　　　　　　小 组 自 我 评 价

序号	评价内容	活动前（分）	活动后（分）
1	团队精神	4	5
2	质量意识	3	4
3	进取精神	5	5
4	QC 工具运用技巧	2	4
5	工作热情干劲	4	5
6	改进意识	4	4

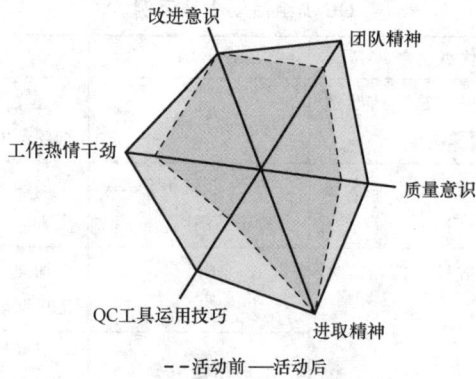

图 3-9 自我评价雷达图

从雷达图可以看出：

· 在 QC 工具运用技巧上有明显提高。

· 在团队精神、质量意识和工作热情上比活动前有所进步。

· 小组进取精神一直不错，且已保持下来。

· 在改进意识上活动前后都是 4 分，说明小组在这方面还有差距，今后有待提高。

上述自我评价也可用柱状图表示，见图 3-10。

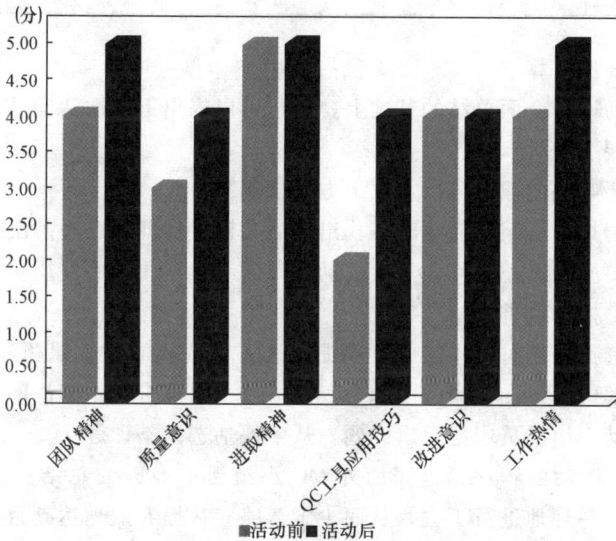

图 3-10 自我评价柱状图

【例 3-14】 QC 小组活动小结示例（见表 3-15）。

表 3-15   QC 小组活动小结示例

活动内容	优点	不足	今后努力方向
课题选择	用"头脑风暴法"选题适当，符合上级要求	—	吸收其他小组的经验，扩大本组选题范围
现状调查	对问题深入调查，能掌握重点	方法运用不熟练，分析不够细	加强方法的学习、训练，灵活应用
设定目标	以数据推估目标值，能客观设定目标	—	加强数据收集和分析，使目标设定更明确化与合理化
原因分析	成员充分发表意见，并能到现场确认主要原因	有的原因未分析到末端，有的要因缺少数据	对做好的原因分析应确认是否分析到末端，如否则应进一步分析；对主要原因应尽到能用数据说明它对问题的影响程度
对策与实施	对策富有创意，且有效解决问题	未能实现评估其副作用	学习"创新型"的一些方法，评估与改善对策的副作用
检查效果	确认实施效果并与追踪，确保效果稳定	—	改进无止境，持续追踪及改进
标准化	制定良好作业标准，提高作业效率，并推广至其他单位	—	将作业标准推广至各条生产线

3.11.2　下一步打算

在对本次活动进行全面总结的基础上，小组可以提出下一次活动的课题，从而将小组活动持续地开展下去。

对于下一步要解决的课题可以从以下方面来选择：

（1）在现状调查分析问题症结时，找出来的关键少数问题已经解决，原来的次要问题就会上升为主要问题，把它作为下次活动的课题继续解决，将使质量提升到一个新的水平，追求卓越，持续改进。

（2）在最初选择课题时，小组成员曾提出过可供选择的多个课题，经过小组评估，得分最高者已经解决了，在其余的问题中，还可以找出适合小组解决的问题。

（3）再次发动小组成员广泛提出问题，从中评估选取新课题。

上述 QC 小组活动的程序，是国内外 QC 小组活动经验的总结。按此程序进行活动，就能一环紧扣一环地进行下去，从而少走弯路，快捷有效地达到目标。

熟练地掌握 QC 小组活动程序，正确恰当地应用统计方法，并重视用数据说明事实，就能提高科学地分析和解决问题的能力，从而提高小组成员的综合素质。

在 QC 小组活动程序中每一步骤常用的方法见表 3-16，仅供参考。

表 3-16　　　　　　　　　　　　小组活动程序中常用的方法

序号	程序	老QC七种工具							新QC七种工具							其他方法					
		分层法	调查法	排列图	因果图	直方图	控制图	散布图	树图	关联图	亲和图	矩阵图	矢线图	PDPC法	矩阵数据分析法	简易图表	正交试验设计法	优选法	水平对比法	头脑风暴法	流程图
1	选题	●	●	●		○	○	○		○	○					●		○		●	○
2	现状调查	●	●	●		○	○	○							○	●					○
3	设定目标		○													●			●		
4	分析原因				●				●	●		○			○					●	
5	确定主要原因		○				○	○								●	○				
6	制订对策	○					○	○						●						●	
7	按对策实施																				
8	检查效果	○	○			○										●		○			
9	制订巩固措施		○													●					○
10	总结和下一步打算	○	○													●			○	○	

注　1.●表示特别有效，○表示有效。
　　2.简易图表包括折线图、柱状图、饼分图、甘特图、雷达图。

　　以上是"问题解决型"课题（包括现场型、攻关型、服务型和管理型）的 10 个步骤，但应注意指令性目标和自定目标活动程序的差别，主要是第二步和第三步，不要混淆。指令性目标的课题，活动程序是在选题之后先设定目标，再进行目标可行性分析；而自定目标则需先开展现状调查，再设定目标，其他各步骤相同。

　　纵观"问题解决型"课题活动程序，从现状调查、原因分析、要因确认，直至对策制订与实施，思路一以贯之，就是通过不断地收集有效数据，并运用适宜的工具、方法将数据分类统计与分析，层层递进、步步深入，抽丝剥茧、查找病根，不断缩小问题范围、不断集中问题焦点，起到化繁为简、拨云见日的作用，小组在开展活动时要深刻领会其本质，灵活地运用于实际；切不可生搬硬套、形似神非，将科学严谨的程序变为僵化机械的"八股 QC"。

4 "创新型"课题活动程序

4.1 "创新型"课题活动

近年来，"创新型"课题活动在供电企业 QC 小组中蓬勃开展、成果斐然。小组成员在"创新型"课题活动中运用全新的思维和创新的方法，研制、开发新的产品、服务、方法和设备等，提高工作效率、降低生产损耗、减轻劳动强度，并不断满足供电客户日益增长的新需求，提高了企业经营绩效。

"创新型"课题活动的实质，是针对研发需求开展的 QC 小组活动。活动运用 QC 小组成员自愿结合、共同参与的形式，充分发挥成员创造性思维，运用成员已有的知识、技术和想象力，打破固有约束，提出各种设想与途径，实现预期目标。

开展好"创新型"课题活动，要注意两个关键点：

第一，要敢于对过去说"不"。创新的基础是有计划和系统地淘汰陈旧、正在死亡的事物，只有系统地抛弃过去，才能解放工作和业务上所需的各种资源。因此，创新面对的最大障碍就是不愿抛弃过去；

第二，要敢于面对失败。对日常工作或项目的改进，尚存在失败风险，而创新性工作的失败风险更大。多数创新会以失败而告终，但绝不能视之为"无效劳动"。正如爱迪生一千多次失败的尝试后，才发明电灯一样，无数的失败，或为下一步尝试提供了基础数据，或证明了"此路不通"、避免重复走弯路，都是成功必要的积累。

对"创新型"课题活动而言，要做的是新业务领域、技术、工艺、作业等方面的研发，面临着更大的困难和严峻的挑战，因此，要充分调动、激发小组成员的潜能和创新性思维，提出各种可行性方案，通过活动，实现预期目标。

4.2 与"问题解决型"课题的区别

由于课题类型不同，"创新型"课题与"问题解决型"课题（包括"现场型"、"攻关型"、"管理型"、"服务型"等四种课题类型）在活动思路与活动程序上都有所不同，主要区别有四个方面，下面分别介绍。

4.2.1 立意不同

"创新型"立足于研制原来没有的产品、服务、软件、方法、材料、工具及设备等，即打破现状，突破传统；而"问题解决型"是在原有基础上的改进或提高。如果选题在立意上突破常规、追新求变，则应按照"创新型"课题活动程序开展活动；如果是提高现有产品和业务水平，应选择"问题解决型"。

【例 4-1】 某供电公司检修试验人员，为提高 10kV 铠装中置式开关柜高压试验时的安全措施可靠性、测试数据的准确性开展活动,从而研发一种全新的10kV铠装中置式开关柜接地装置,即为"创新型";如果课题仅仅是为提高开关柜高压试验时的安全措施可靠性、测试数据的准确性,而进行母线改造、开关柜结构改造等,则应为"问题解决型"。

【例4-2】 某供电公司配电网运行人员,研发一种新型10V配电变压器螺母拆卸装置,即为"创新型";如果课题仅仅是在现有传统工具(即螺丝刀、扳手等)基础上进行结构改造等,则应为"问题解决型"。

4.2.2 过程不同

"创新型"课题由于是针对过去没有发生过的、当前还未实现的产品、服务或工作业务而开展的活动,没有历史数据作为参考,即没有现状可调查。因此,要以研发课题的目的为切入点,提出各种方案并选择最佳方案;"问题解决型"则需对现状数据(信息)进行收集调查,并加以分层分类的统计分析,找出问题的症结和原因。因此,"创新型"课题的具体活动程序与常见的"问题解决型"课题的活动程序不同,详见图4-1、图4-2。

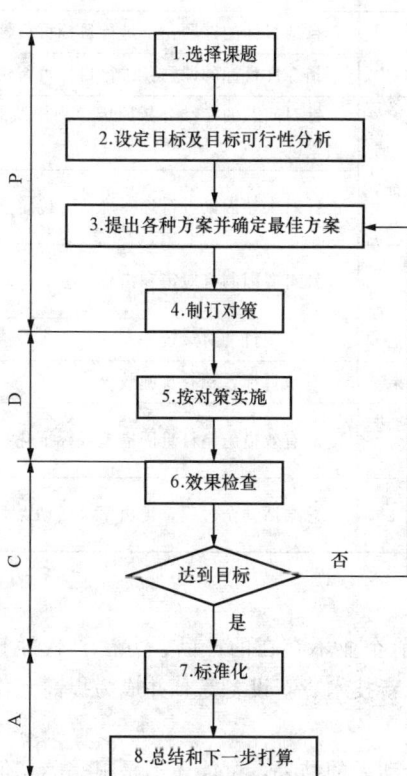

图4-1 "创新型"课题小组程序

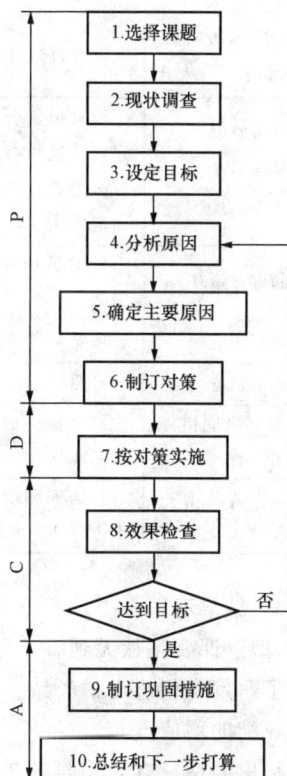

图4-2 "问题解决型"课题小组程序

从图4-1与图4-2的对比可以看出，"创新型"课题与"问题解决型"自选课题目标的活动程序在P阶段有较大区别。

表4-1将"创新型"与"问题解决型"课题活动的各步骤内容进行了比较，有助于小组成员对这两种课题类型进一步的了解，更加科学合理地开展小组活动。

表4-1　　　　"创新型"与"问题解决型"课题活动程序内容比较

活动程序 / 课题类型		"创新型"课题	"问题解决型"课题
	1. 选择课题	小组从未做过的课题	在原有基础上改进或提高的课题
	2. 现状调查	不需现状调查，但要根据课题寻找创新的切入点	自选目标的课题：要对问题现状进行调查，寻找症结所在
			指令性目标的课题：无现状调查
P	3. 设定目标	针对创新课题，提出活动目标	在原来基础上提升一个新的台阶，目标要量化
	目标可行性分析	进行目标可行性论证	自选目标的课题：不进行目标可行性分析
			指令性目标的课题：进行目标可行性分析
	4. 分析原因	没有原因分析，但需发散思维，提出各种方案，并通过试验等形式进行对比验证，确定最佳方案	针对问题的症结分析原因，列出所有的末端因素
	5. 要因确认		针对末端因素进行逐一确认，确定主要原因
	6. 制订对策	针对最佳方案制订对策和措施	针对要因制订对策和措施
D	7. 对策实施	按照制订的对策统一实施	按照制订的对策统一实施
C	8. 效果检查	对照目标，检查实施效果	对照目标，检查实施效果
A	9. 制订巩固措施（标准化）	将可推广的对策、措施进行标准化	对有效措施制订巩固措施或标准化
	10. 总结及下一步打算	总结回顾活动全过程，提出今后活动方向	总结活动全过程，提出下次活动课题

4.2.3　结果不同

"创新型"课题是从无到有，即由活动前企业不存在的产品、方法、软件等，经过活动完成了研发，创造出新产品、新方法、新技术、新设备等，并成为提高工作效率或增加经营业绩的增值点。

需要指出的是，有些"创新型"课题活动后的结果，可能还不是很完美，但对解决关键技术问题、满足当前或未来工作需求起到了很大的促进作用。而"问题解决型"课题则是在原有基础上的改进，是在不断追求和逐步实现更加完美的结果。

4.2.4 方法不同

统计方法在"创新型"课题中应用较多的是分析或归纳、整理类工具,如头脑风暴法、亲和图、系统图、PDPC 法等,也有小组能够较好地应用单因素试验法、正交试验设计法等;而"问题解决型"则更多地应用数据分析工具,如排列图、控制图、直方图、散布图等。

需要明确指出的是,"创新型"课题与"问题解决型"课题是 QC 小组在解决不同问题时所采用的不同活动形式,课题本身决定小组活动的课题类型。QC 小组应根据实际情况选择不同类型的课题开展活动,而不要盲目求新、求变。

4.3 活动程序与要求

"创新型"课题与"问题解决型"课题 QC 小组活动程序存在较大差异,即使有些步骤相同,但其内容及要求也略有不同,下面将对每个步骤进行详细阐述。

4.3.1 选择课题

(1)课题的选择。"创新型"课题立足于研制原来没有的产品、软件、服务、方法、设备等。因此,在选题时,要发动全体小组成员,运用"头脑风暴法",打破常规,大胆设想,突破现有产品(服务)、业务、方法的局限,积极思考,从不同的角度寻求创新的想法和意见。如果是多个课题,小组可以采取少数服从多数或矩阵分析等方法,选择小组成员最感兴趣、更具挑战性的课题,以更好地调动小组成员积极性与创造性,确保活动的顺利进行。此步是"创新型"课题活动的关键步骤。

(2)课题名称。"创新型"课题名称是对本次小组创新活动内容的高度概括,要直接针对所要研制的产品、服务、方法、设备等。其特点主要体现在两个方面:一是明确本次活动要研发的内容;二是体现该课题的创新特征。当然同其他类型的课题名称一样,要简洁、明确,一目了然,避免用抽象语言描述,如输电线路巡检系统的研发;高空作业车乘斗防触碰装置的研制。课题名称结构简单的,也可将创新特征放到内容之前,如研发输电线路巡检系统,研制高空作业车乘斗防触碰装置。

(3)选题理由。选题理由要用简洁清楚的语言表达出课题的立意与来源,如,没有可替代的产品及可借鉴的经验,也没有可参考的做法,从而引发了小组成员自己动手创新的想法等。要做到思路清晰,理由直接,用数据交待清楚。

(4)选题常见问题。在"创新型"课题的选题中,除与"问题解决型"课题选题类似的问题外,主要存在以下问题:

一是课题名称模糊。"创新型"课题小组的课题名称常出现课题界定不清、含糊等问题,即没有创新特征。从课题名称上,无法直接判断出是哪种课题类型,如 DDI 型多变比电流互感器带电倒换装置、技改工程档案控制体系、远红外测温缺陷管理系统。

"创新型"课题名称应设定为:研发(制)某种产品(工艺、项目等)的装置(设置),如研制 DDI 型多变比电流互感器带电倒换装置,研制技改工程档案控制体系,远红外测温缺陷管理系统的研发。

二是与"攻关型"课题混淆。"创新型"课题容易与"问题解决型"中的"攻关型"课题相混淆。两者有相似之处，但有本质的区别。"创新型"课题活动的关注点体现在针对创新课题提出各种方案，并通过对各方案的试验等手段，选择出最佳方案；而"问题解决型"中"攻关型"课题活动的侧重点是在措施制订和实施中对原有技术、工艺、方法等方面进行的攻关与创新。

4.3.2 设定目标及目标可行性分析

（1）目标设定。设定目标是为小组活动指明努力的方向，也是用于衡量小组活动完成的程度。因此，"创新型"课题活动的目标应围绕所选课题的目的而设定，即对研发的产品、服务、方法等所要达到的目的而进行目标设定。为此，要再次强调指出的是，"创新型"课题目标应是在符合原有技术性能参数或指标的基础上，进行某一功能、效能等方面的研发，故目标值应围绕此目的而设定，且目标值需量化。

【例 4-3】 "高压开关柜接地报警装置的研制"课题的目标值设定为：①目标：研制一种可实现高压室内高压开关柜接地预警的装置；②目标值：高压室内高压开关柜接地预警准确率达到 100%。

（2）目标可行性分析。"创新型"课题在确定目标之后，因以前从未做过，小组确定的目标是否可行不得而知，因此，应进行目标可行性分析。主要从人、机、料、法、环、测等方面分析小组所拥有的资源、具备的能力，以及课题难易度等。通过目标可行性分析，一是帮助小组成员系统地发现自身优势，提高活动信心；二是使小组在活动前能够充分掌握资源配置情况，对可能遇到的问题有充分的思想准备，提高活动的成功率。如需要多少资金投入、什么样的研发环境，以及小组成员所具备的专业能力，当前人员是否满足需求等，从中判断所设定的目标是否可行，确保目标的实现。

小组在进行目标可行性分析时，要注意用数据和事实说明该课题目标实现的可行性，不可只做定性分析。

【例 4-4】 课题名称："10kV 铠装中置式开关柜接地装置"；课题目标：研制 10kV 铠装中置式开关柜接地装置，母线检修验电、装设接地线耗时由 13min 降低到 9min。

目标可行性分析见表 4-2。

表 4-2 目标可行性分析

序号	目标可行性分析
1	小组成员工作经验丰富，连续多年开展技术创新，有能力完成开关柜接地装置的研制
2	开关柜接地装置可以减少人员上下柜顶所用的时间 4min，并能减少工作步骤，所以能够完成目标
3	开关柜接地装置能提高现场作业安全性，且能确保试验数据的准确性，该方案得到公司主管部门的大力支持

据此,小组认为课题目标可行。

分析:[例4-4]中小组在进行目标可行性分析时,只应用了很少量的数据,但如果能对该项目风险分析、试验设备、设施条件、环境、参数等进一步展开分析,使目标可行性分析更加充分。

(3)设定目标常见问题。"创新型"课题在目标设定时,由于是新的事物,一些小组常常给自己定两三个目标,且几个目标之间互为保证条件,造成目标的混乱。

【例4-5】 课题名称:变电站计量装置电压回路报警器的研制。

目标设定:

目标一:电能表电压报警装置报警信息正确。

目标二:电能表电压报警装置报警能将电压异常信息及时告知运维人员。

目标三:报警装置发现电压异常所用时间,从活动前的平均120min缩短到10min。

分析:[例4-5]共设定了三个目标。小组研发的是报警装置,目标一、目标二是小组完成课题的支撑和保证,是完成该装置研制的必备条件,不宜作为小组活动的课题目标;目标三是小组期望报警装置发现电压异常所用时间由活动前的平均120min缩短到10min,该目标值准确地反映出小组活动要达到的结果,又有量化的数据,便于检查对比。因此,小组可将目标三定为该课题活动目标。

4.3.3 提出各种方案并确定最佳方案

"创新型"课题活动针对选择的课题,需提出实现课题目标的各种方案,并对这些方案进行评价,从中确定最佳方案。该步骤是"创新型"课题独有的特点,是有别于"问题解决型"课题的关键一步,关系到"创新型"课题活动的开展是否顺利,能否取得成功。

(1)提出各种方案。由于小组是进行一种创新性的、以往没有过的、带有挑战性的活动,因此要实现课题目标,小组全体成员须用创造性思维,集思广益,把可能达到预定目标的各种方案(途径)充分地提出来。这些方案不受常规思维、经验的束缚,不拘泥于该方案(途径)技术是否可行、经济是否合理、能力是否做到等。在组员提出的各种想法的基础上,运用亲和图进行整理,去掉重复的,把一些不能形成独立方案的创意归并,形成若干个相对独立的方案。但切不可去掉任何一个看似"离谱"的创意。需要强调的有以下几点:

一是方案应为多个,至少两个以上,否则无法对方案进行对比选择,但方案不要硬凑。

二是方案应该具有可比性和独立性,可比性是指各方案提供的信息相互可比,独立性是指总体方案的实质和形式上的独立。

三是方案应尽可能细化分解,直至分解到可以采取对策为止(此阶段类似于"问题解决型"课题中的"原因分析")。只有对方案进行分解,才能为进一步比较、选择方案,最终确定最佳方案提供充分的依据。

(2)比较方案。小组全体成员对提出的各种方案逐个进行试验、综合分析、论证、对比，并做出评价。分析论证可以从技术的可行性（含难易程度）、经济的合理性（含需投资多少）、预期效果（实现课题目标的概率）、耗时多少、对其他工作的影响以及对环境的影响等方面进行。

在对各方案进行综合分析和评价过程中，可以采用试验的方法，用试验结果数据将各个方案的优劣直接进行对比选择；也可以将两个方案中的优势进行组合，形成新的更优方案。在比较方案时，小组应用数据和事实说话，对一些不能够直接对比的项目，必要时可进行模拟试验，获取数据再进行比对。不提倡仅用定性方式进行方案的评价比较，如用矩阵图打分，对优势（强项）、劣势（弱项）评价等，这种评价更多依赖于个人感觉和主观意愿，缺少数据和客观事实做依据，影响判断的准确性和方案选择的正确性。

（3）选择最佳方案。小组成员在对各个方案进行逐个分析、论证和评价的基础上，通过各方案间的比较，选出最佳方案，也就是准备实施的方案。对于数据比较接近或不能够直接做出判断决定的，可通过深入调查，必要时可进行小规模的模拟试验进一步论证，以确定最佳方案。

（4）常见问题。一是方案少且没有可比性。一些小组在方案提出阶段做得不够充分、全面和严谨，所提出的方案数量少，且方案之间没有可比性。有的小组早已有了主体方案，其他的方案只是作为"陪衬"，这种做法显然违背了"创新型"课题活动的思想，容易造成过分主观，忽视或错失更好的方案，不利于小组准确、有效地选择出最佳方案，完成课题。

【例4-6】 某一研发产品小组提出的方案如下：

方案一：购买现成成熟产品；

方案二：委托外单位制定加工系统；

方案三：利用现有设备进行部分改造；

方案四：新设备的研制。

分析：[例4-6]中小组共提出了四个方案。其中第一方案为购买，第二方案为外委加工，均不能通过小组自身能力和努力来实现；第三方案是对现有设备进行部分改造，属于"问题解决型"课题"对策制订和实施"中的对策措施选择，不应列为"创新型"课题方案选择范畴；第四套方案"新设备研制"成为唯一的"无需比较"的最佳方案。由此案例可见，所提方案之间没有任何可比性，方案比较形同虚设，小组做此工作没有任何意义。

二是方案选择不彻底。小组在提出各种方案过程中，常常未将方案逐级分解到可直接采取措施的，或者是将方案的分解和选择放在制订对策时，甚至对策实施过程中进行，造成方案选择不彻底，无法针对性地制订对策和组织实施，影响到对各个方案的评价以及小组活动的效果。

【例4-7】 课题名称：配电室防盗报警装置的研制。

小组通过比较，选用方案一：采用振动感应报警型，其设计方案如图4-3所示。

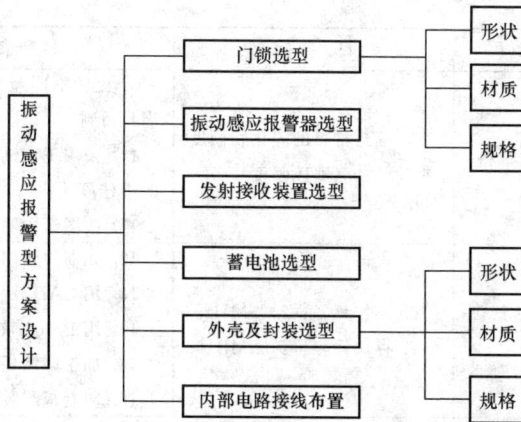

图 4-3 设计方案

分析：[例 4-7] 的问题在于：对二级以下的方案没有做到完整的选择，如对振动感应报警器、发射接收装置、蓄电池的选型和内部电路接线布置设计均未进行选型及选择，会影响对策的可行性和有效性。一个创新型课题，如果没有正确的、系统的方案，将难以保证课题实施的成功，也难以保证课题目标的实现。

【例 4-8】 表 4-3 为某小组"创新型"课题活动中制订的对策表部分内容（限于篇幅，时间、地点、负责人等栏未显示）。

表 4-3 　　　　　　　　　　　对　策　表

方案	对　策	目　标	措　施
抗大过载数据记录装置	1. 结构设计	1. 结构：分体式。 2. 壳体强度较核：变形量不大于 1mm	1. 采用 Pro/E 软件进行三维结构设计和模装。 2. 采用 Femap 有限元软件进行结构应为分析。 3. 采用 Pro/E 软件开展二维出图。 4. 按照二维图图纸加工零件
	2. 设计缓冲零件	3. 结构：复合式缓冲。 4. 缓冲过载峰值约 60%	5. 比较不同缓冲材料的性能并选用缓冲材料。 6. 采用 Pro/E 软件进行缓冲零件的三维设件。 7. 采用 Pro/E 软件升展二维出图。 8. 按照二维图图纸加工零件

续表

方案	对　策	目　标	措　施
抗大过载数据记录装置	3. 设计灌封材料	5. 灌封材料的固化物硬度在 65～90（邵氏硬度）	9. 比较不同灌封材料的性能，并选用灌封材料。 10. 采用正交试验确定灌封材料各组分的最佳配比。 11. 在图纸中明确灌封方式和要求
	4. 设计控制器硬件	6. 工作频率：24.5MHz。 7. 存储器容量：32MB	12. 元器件选用及订货。 13. 用 CAD 软件设计原理图。 14. 用 Protel 软件设计原理图。 15. 加工印制板。 16. 印制板组装、调试
	5. 编制控制器软件	8. 参数采样频率：100kHz	17. 绘制软件流程图。 18. 编制软件各模块。 19. 对软件各模块进行组装。 20. 软件调试

分析：通过 [例 4 - 8]，可以进一步看到小组在方案选择时存在的问题。由于没有将方案逐级分解到最后，导致对策表中的某些对策措施缺失，并造成了要在实施中进一步做选择，见表 4 - 3 中措施栏的 5、9、10、11、12 等。课题中的这些因素由于涉及材料性能的不同以及最佳配比的不确定，从而导致相关措施的不确定，直接影响实施结果的有效性。

三是方案选择缺少数据和试验验证。在确定最佳方案的过程中，小组应通过实际考察、数据分析、试验验证后再做选择，而不能采用主观的评价打分法、举手表决法、01打分法等，这样选择出的方案完全是由小组成员拍脑袋、凭感觉而定，依据不充分，缺乏说服力，最终将会影响方案选择的正确性，以致影响课题目标的实现。

【例 4 - 9】　课题名称：××型断路器专用系列工具的研发。

其整体方案树图如图 4 - 4 所示。

（1）第一层整体方案——齿轮移动方式选择，见表 4 - 4。

表 4 - 4　　　　　　　　　　齿轮移动方式打分

序号	方案	作业空间	人力	可靠性	难易度	总分
1	弹簧模具固定式	◇	○	◇	○	6
2	齿轮模具压顶式	○	○	○	◇	10
3	固定齿轮传动式	☆	☆	☆	☆	20

注　◇为1分，○为3分，☆为5分。

经优化分析，20＞10＞6 故选择方案三。

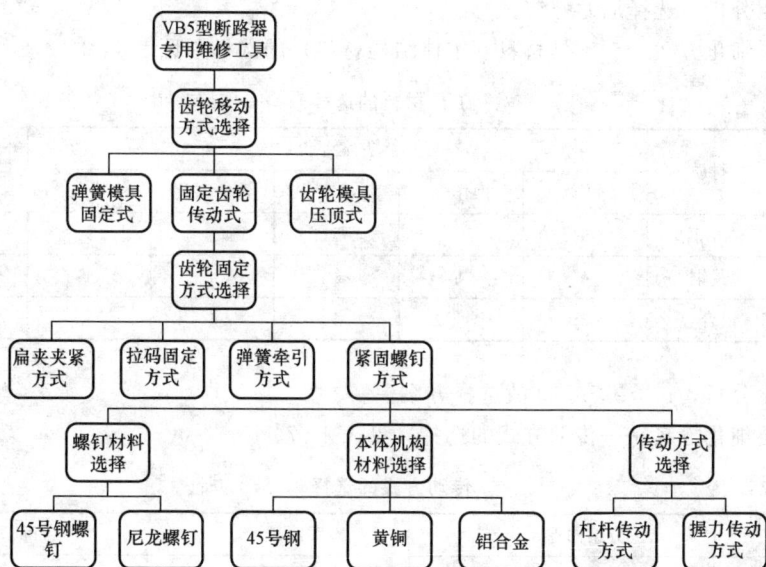

图 4 - 4　整体方案树图

（2）第二层整体方案——齿轮固定方式选择，见表 4 - 5。

表 4 - 5　　　　　　　　　　方　案　打　分

序号	方案	可靠性	适用性	安全性	总分
1	扁夹夹紧	○	○	○	9
2	拉码固定	○	○	◇	3
3	弹簧牵引	○	○	◇	3
4	紧固螺钉	☆	☆	☆	15

经优化分析，15＞9＞3＞3 故选择方案四。

（3）第三层细化方案——工具材料（螺钉材料）的选择，见图 4 - 5。

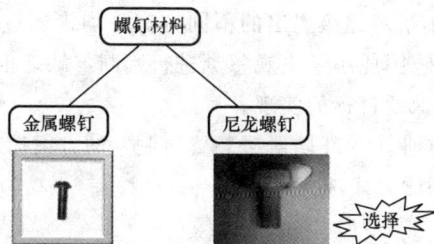

图 4 - 5　工具材料的选择

经优化分析，选择尼龙螺钉。

第三层细化方案——工具材料（本体结构材料）的选择，见表4-6。

表4-6 工具材料的选择

序号	材质	方案评价					总分
		硬度	操作性	成本	性能对比	特点	
1	45钢	5	5	5	5	5	25
2	黄铜	4	4	3	4	4	19
3	铝合金	3	3	4	4	4	18

经优化分析，15＞9＞3＞3故选择方案一。

第三层细化方案——传动方式的选择，见表4-7。

表4-7 传动方式的选择

方案名称	方案图像	方案原理	方案特征
杠杆传动方式	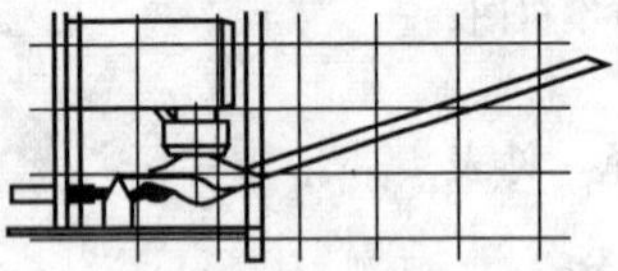	杠杆原理	机构空间有限，无法安装
握力传动方式		握力检测器原理	合理利用有限空间，易操作

经优化分析，选择握力传动方式。

分析：[例4-9]中小组对逐级提出的不同方案，均未通过试验验证或用事实数据进行对比确认，而仅用矩阵图凭小组主观感觉进行判断，缺乏依据和说服力，从而影响方案选择的正确性，影响课题目标的实现。

【例4-10】 "高空作业车乘斗防触碰装置研制"的方案提出和最佳方案选择。

• 装置测距探头的探测方式选择见表4-8。

表4-8		装置测距探头的探测方式选择	
序号	1	2	3
方案	毫米波测距	激光测距	超声波测距
方案说明	小型毫米波测距传感器 毫米波测距测得毫米波在待测距离两点间往返一次的传播时间 t，按 $D=2vt$ 求得距离 D	小型激光测距传感器 测距原理为测量光往返目标所需时间，然后通过光速计算出距离 D	超声波测距传感器 测距原理为测量超声波往返目标所需时间 t，然后通过超声波传播速度 340m/s，计算出距离 $D=340t/2$
方案分析	毫米波米的照射面大，因此毫米波雷达易于捕捉目标，探测范围大，无须精确瞄准。但与测量物体距离较远时，测量精确度较低	激光探测距离最少能达到200m，精度高；但与测量物体一定要垂直，否则返回信号过于微弱将无法得到准确距离，因此探测范围小，最大允许角度：<40°	超声波指向性强，能量消耗缓慢，测量距离在10m的范围内误差在5mm的范围内，其最大探测角度能达到<140°
成本	600元 （差）	150元 （中）	30元 （好）
测量距离	最大1000m （满足）	最大200m （满足）	最大10m （满足）
测量角度	<120° （中）	<40° （差）	<140° （好）
测量精度	±0.01m/10m （满足）	±0.0001m/10m （满足）	±0.005m/10m （满足）
选定方案	否	否	是

结论：探测方式方案选择——使用超声波测距。

• 装置探头型号与数量选择。小组成员到市场上调查了雷达探头的型号，并进行了方案选择（见表4-9）。

表4-9　　　　　　　　　　装置探头型号与数量选择

序号	1	2
方案	ZKL381型雷达探头	DJ749型雷达探头
方案说明		
试验使用阻碍物体	陶瓷避雷器　　 金属材料导线　　 橡胶避雷器	

方案试验	测试距离试验		
	测试角度试验		

试验结论	陶瓷避雷器	金属材料导线	橡胶避雷器	最大探测距离	最大探测角度	陶瓷避雷器	金属材料导线	橡胶避雷器	最大探测距离	最大探测角度
	能探测	能探测	能探测	5m	80°	能探测	能探测	能探测	3m	120°
	探头能满足需要，但探测角度小					探头能满足需要，探测角度大				

安装位置数		

续表

序号	1	2
方案	ZKL381 型雷达探头	DJ749 型雷达探头
探测距离	5m （满足）	3m （满足）
安装难度	12 个探头 （大）	8 个探头 （小）
成本	每个 20 元，总价 240 元 （差）	每个 22 元，总价 176 元 （好）
探头覆盖范围	100% （满足）	100% （满足）
选定方案	否	是

结论：探头型号方案选择——从满足现场需要，所需探头较少，安装难度小等因素考虑，故小组选择采用第二套方案"DJ749 型雷达探头"。

分析：[例 4 - 10] 只节选了其中的两个方案选择过程，但从中已可看出该小组在方案选择中，不靠主观判断，而是通过多次的试验验证，以事实为依据、用数据来说话。在进行雷达装置探测方案的选择过程中，小组对小型毫米波测距传感器、小型激光测距传感器、超声波测距传感器的测距、角度、精度性能分别进行现场试验，用数据说明最终选择的准确性及适宜性。在对装置探头型号与数量的选择中，小组也是在获取充分事实和数据的情况下进行的，从而确保方案是最佳选择。

4.3.4 制订对策

经过对各方案的对比选择，小组确定了最佳方案，就要进行下一步骤：对策制订。由于"创新型"课题属于开发、研制新产品/服务、新业务、新方法等，在制订对策过程中，小组成员一定要把思想放开，不受条条框框的制约，充分发挥每个人的特长，用集体的智慧保证对策目标的实现。

制订对策是对最佳方案的具体化，以指导小组活动的具体实施，实现小组的课题目标。

（1）如何制订对策。小组在制订对策这一步骤前，先要将选定的、准备实施的最佳方案具体化。由于在提出并选择方案的过程中，小组是边展开、边比较，方案往往是多层级，且每层都要展开到可以采取对策，很难看出方案的系统性和一致性。

因此，在所有方案选择完之后，小组应将最终所选的方案用系统图等方法进行整理，以便纳入对策表。

（2）正确填写对策表。对策表仍须按"5W1H"的表头设计来制订。其中"对策"

栏，应按上述小组选择的最佳方案（准备实施的方案）的步骤或手段（要素）逐项列出；"目标"栏则应是每个对策步骤或手段所要达到的对策目标，要尽可能量化；"措施"栏则是指每一项对策目标实现的具体做法，要详细具体描述。其他项与"问题解决型"课题的要求相同。

（3）常见问题。制订对策中的常见问题有以下两个（其他如对策目标未量化、措施与对策混淆且不具体等，与"问题解决型"课题的常见问题类似，此处不再赘述）。

一是未按照所选的最佳方案进行。对策制订时，小组所有的方案已经选择完成，这些方案是可以直接采取措施的，所以按方案提出的步骤要逐一将其纳入对策表中。一些小组常常会出现不是按照所选择的方案制订了对策。

二是在制订对策时又进行方案的展开。由于小组在上一步骤中对方案分解得不够彻底，因此在对策制订中再进行方案的展开，直到制订了具体的、可实施的措施为止。这种步骤顺序倒置的做法，势必影响到选择方案是否最佳，以及活动的实施效果。

【例 4 - 11】 确定最佳选择方案的内容见图 4 - 6 和表 4 - 10。

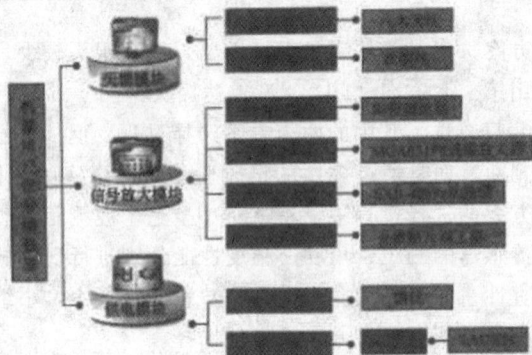

图 4 - 6 确定最佳方案

表 4 - 10 对 策 表

序号	对策	目标	措施	地点	负责人	完成时间
1	安装八木天线	接收信号电平范围是 −80～−70dBm	1. 联系无线抄表终端用户，安装天线，确定持高 2. 确定天线最佳方向角	A	××	2010.8.19
2	制造直流电压源	输出电压幅度范围是 24～24.6V)	1. 检测 LM7824 稳压管应用电器和相关参数 2. 组合电源器件和输出电压接口	A	×× ××	2010.8.21

续表

序号	对策	目标	措施	地点	负责人	完成时间
3	组合信号放大模块	最大输出增益范围是16～20dBm	1. 连接陶瓷选频滤波器 2. 连接 MGA-631P8 低噪放大器 3. 连接 SXB-4089z 功放管 4. 连接介质贴片双工器	B	××	2010.8.15
4	安装信号增强器	接收信号电平范围是−85～−70dBm	1. 组合天线，电源，信号放大模块和馈线 2. 确定最佳衰减系数	C	×× ××	2010.8.31

分析：从［例4-11］看出，小组在方案选择时做了大量工作，并用系统图对方案进行整合，但在对策表中却没有对系统图整合的方案步骤逐一纳入，而是挑选了几个大的环节如安装八木天线、制造直流电压源、组合信号放大模块和安装信号增强器四个步骤。这就破坏了措施与方案的一致性，难以制订有针对性的对策措施。

【例4-12】 某QC小组对策见表4-11。

表4-11 　　　　　　　对 策 表

序号	方案	对策	目标	措施	实施地点	完成时间	实施人
1	制作内部遥控门锁	选择强度合适的锁具	门锁抗变形能力强	查阅相关资料，询问生产厂家，选择强度合适的锁具	×××	×××	孙××
		选择遥控装置	遥控装置接点不少于3个，要求启动电压不大于12V，启动电流不大于5mA	查阅相关资料，询问生产厂家，选择遥控装置	×××	×××	李××
		绘制遥控门锁动作原理图	原理图能正确连通，各部件正常启动和断开	借鉴当前遥控锁动作原理，根据课题要求重新设计	×××	×××	王××
		将门锁与遥控装置连接	遥控装置能启动门锁，使门锁开闭动作正确	根据原理图设计接通门锁与遥控器的回路和接点	×××	×××	张××
		现场调试内部遥控门锁	遥控装置能正确遥控，门锁动作正确	将遥控门锁安装于配电室后，用遥控装置操控	×××	×××	李××

续表

序号	方案	对策	目标	措施	实施地点	完成时间	实施人
2	制作震动声音报警装置	选择震动声音报警器	震动感应灵敏	查阅相关资料，询问生产厂家，选择震动声音报警器	×××	×××	孙××
		绘制声音报警遥控原理图	遥控报警回路正确连通	在遥控门锁的动作原理图中加入报警装置动作接点，并正确连通	×××	×××	孙××
		将报警器与遥控装置连接	报警器不误报信号	根据原理图焊设计连通报警装置回路和接点，并与遥控装置连通	×××	×××	王××
		现场调试震动声音报警器	遥控装置能正确解除和启用	将报警装置安于配电室门后，分别用震动配电室门和遥控两种方式试验，均能满足要求	×××	×××	王××
3	整体调试	现场调试防盗报警装置	报警装置及防盗装置保持原有效果	将防盗装置与报警装置进行组装，使之携带方便，美观实用	×××	×××	孙××

分析：［例4－12］中对策表的主要问题，一是没有把对策内容与课题所选方案联系起来，也就是没有将小组所选的最终方案作为对策；二是对策表的对策与措施不分，对策目标没有量化，不便于对策实施后的检查；三是所有的方案没有分解到可直接采取措施的地步。

这里与大家分享一个较好的案例。

【例4－13】 某QC小组制订的对策表见表4－12（限于篇幅，时间、地点、负责人等栏未显示）。

表 4 - 12 　　　　　　　　　　　　　对　策　表

序号	对　策	目　标	措　施
1	接线头采用 5mm² 矩形铜板，长度大于 13mm，一端钻出 3mm 螺孔	接线头横截面 5mm²，长度大于 13mm，载流量不小于 34.5A	1. 绘制接线头制作图纸。 2. 按图纸将铜块加工制作成矩形接线头。 3. 载流量测试
2	船形开关选用两挡六脚型	载流量不小于 34.5A	1. 购买符合要求的船形开关。 2. 载流量测试
3	外壳厚度 6mm，形状为类插头形，PE 塑料材质，3mm 螺钉紧固盖板，盖板厚度 2mm，PVC 材质	外壳满足绝缘性要求，厚度 6mm，绝缘强度大于 420V	1. 绘制外壳设计图纸。 2. 制作外壳。 3. 绝缘性测试
4	船形开关及接线头采用内置固定槽固定，内部电路按设计图接线，导线与船形开关连接采用压接，导线与接线头连接采用螺接，螺钉直径 3mm	载流量不小于 34.5A，相间绝缘强度大于 420V，盖板绝缘强度大于 420V	1. 将船形开关及接线头安置在固定槽中。 2. 连接导电回路。 3. 封装盖板。 4. 载流量测试。 5. 绝缘性测试。 6. 功能性测试。

　　分析：[例 4-13] 是某 QC 小组将最终方案纳入对策表，且为每一条对策制订的措施详细具体，对策目标量化，便于检查。

4.3.5　对策实施

　　"创新型"课题小组在对策实施这一步骤中，按照已制订的对策逐项实施。具体要求和注意事项与"问题解决型"课题相同，并注意每项对策实施后立即检查对策目标的完成效果。相关要求可参见本书"问题解决型"课题活动程序的"对策实施"章节。

4.3.6　效果检查

　　当全部对策实施完成后，小组成员就要进行效果检查，以确认小组设定的课题目标是否达成。

　　"创新型"课题小组的效果检查，是针对研制的某一产品、项目、技术、工艺或方法，通过收集的客观数据，检查是否达到小组设定的课题目标。如果达到了课题目标，说明小组取得了较好的活动效果，完成了此次的"创新型"活动课题；如果未达到课题目标，小组就要查找原因所在，是措施制订的问题？还是对策方案的问题？必要时可再进行新一轮的 PDCA 循环。

小组在效果检查时，不但要计算经济效益，更要证实小组创新性的活动给未来的工作带来的效率提升、产品的更新换代及填补国内外相关领域空白等社会效益，以展现小组课题活动的重大意义。

4.3.7 标准化

（1）标准化的重要性。"创新型"课题的小组成果如具有推广意义和价值，在今后生产、服务和工作中可再现、重复应用的，应将对策（方案）和措施进行标准化。标准化的内容可以是设计图纸、工艺规程、管理办法及技术文件等。或根据研发课题的实际情况，经巩固期确认后进行标准化。

如"输电线路巡检系统的研发"，课题活动结果是研制出一套输电线路的巡检系统。该系统要经过一段时间的巩固期验证，确认效果保持稳定后，将该系统的操作规范进行标准化，使其在今后的工作中严格遵照执行，确保输电线路安全畅通。

如果有的课题是为解决某个专项问题而进行的、一次性的课题，可将研发过程的相关资料存档备案，指导今后小组活动的开展。

（2）成果的保护与转让。"创新型"课题成果是小组成员共同努力和付出的结晶，其中不论是产品、项目、工艺、技术，还是手段、方法等都是以前没有过的、带有创新性的，有的已经得到或正在申请专利，因此小组应增强对创新成果的保护及转让意识，使"创新型"课题成果发挥更大的价值和作用。

（3）常见问题。一是没有对成果是否具有推广意义和价值进行评价，造成无论是否有推广意义都做标准化；二是将标准化内容等同为宣传口号，而没有把真正需要进行标准化的工艺、图纸、设计等相关内容纳入到标准之中。

4.3.8 总结及今后打算

（1）总结。从创新角度，对小组活动在专业技术、管理技术，特别是小组成员素质等方面进行全面的回顾与总结，找出小组活动的不足和创新特色，激励今后更好地开展创新课题活动。

（2）今后打算。继续寻找并发现小组成员身边和工作现场存在的创新机会，明确下一个"创新型"的小组课题。如有好的"问题解决型"课题活动机会，也应尝试开展。

案 例 点 评

5 研制 500kV GW16/17 型隔离开关综合检修平台

国网河南省电力公司检修公司
变电检修 QC 小组

一、小组简介

1. 小组基本情况

小组基本情况见表 5 - 1。

表 5 - 1　　　　　　　　　小组基本情况

小组名称	变电检修 QC 小组	成立时间	2013 年 1 月
课题名称	研制 500kV GW16/17 型隔离开关综合检修平台		
课题类型	创新型	小组组长	许东升
活动时间	2013 年 4 月—12 月	注册时间	2013 年 1 月
小组成员	11 人	注册编号	SJ/QC-2013-BD01
活动频次	1 次/月	出勤率	100%

2. 小组成员及分工

小组成员及分工见表 5 - 2。

表 5 - 2　　　　　　　　　小组成员及分工

序号	姓名	性别	职务	职称/技能等级	QC 培训时间（h）	组内分工
1	许东升	男	主任	工程师	152	组长，全面负责
2	李璐	男	副主任	高级工程师	152	副组长，方案制订
3	王校丹	男	工作负责人	助理工程师	152	设计制作
4	邢志刚	男	工作负责人	技师	152	零部件采购
5	胡润阁	男	工作负责人	助理工程师	152	整理资料

续表

序号	姓名	性别	职务	职称/技能等级	QC培训时间（h）	组内分工
6	张庆军	男	专责	工程师	152	现场检查
7	牛田野	男	专责	工程师	152	现场检查
8	兰琦	男	班长	高级技师	148	活动记录
9	李皓	男	班长	高级工	148	工作协调
10	娄遂山	男	班长	技师	148	现场实施
11	段建平	男	班长	高级工	148	现场实施

二、名词解释

隔离开关又称隔离刀闸，主要作用有：①隔离电源；②改变运行方式；③接通和断开小电流电路。

GW16型为单柱垂直断口隔离开关，如图5-1所示；GW17型为双柱水平端口隔离开关，如图5-2所示。两者仅断口方向有别，内部结构完全相同，解体检修项目、流程也无任何差别。另外，GW10、29、35型与GW16型结构相似，只因局部有改进或厂家不同而标号不同；GW11、12、28、36与GW17型与上述情况相同。

图5-1 GW16型隔离开关

图5-2 GW17型隔离开关

仅针对解体检修而言，以上型号无明显差别，因此，本案例所指的"GW16/17型"包括上述所有型号，下文不再赘述。

三、课题背景

以GW17型为例，简要介绍其结构、动作原理及检修流程。

1. 结构

图5-3所示为GW17型隔离开关本体结构，主要包括底座、下导电部分、上导电

部分、静触头四部分。内部结构比较复杂（包括三种弹簧，即平衡弹簧、夹紧弹簧、复位弹簧），根据厂家不同，用86～134条不同型号的螺栓进行固定。整体长度为5.9m，单相隔离开关质量为220kg。

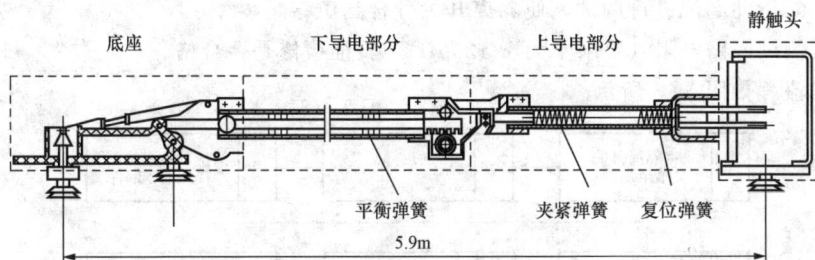

图5-3　CW17型隔离开关本体结构

2. 动作原理

如图5-4所示，隔离开关的动作是由机构箱提供动力，通过旋转瓷瓶、齿轮、齿条、连杆等传动部件，将动力传送到隔离开关本体，使其完成分合闸动作。

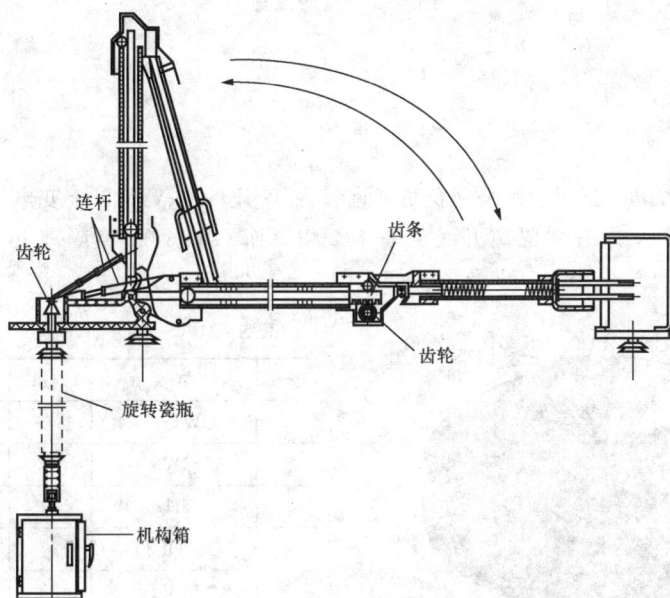

图5-4　CW17型隔离开关动作原理

3. 检修流程

检修流程如下：

（1）用吊车将隔离开关吊至地面；

（2）将隔离开关全部解体（拆装所有固定螺栓、销钉）；

（3）清洗、检查各零部件，如有损坏及时进行更换；

（4）回装隔离开关（紧固所有固定螺栓、销钉）；

（5）用吊车将隔离开关吊至原来位置；

（6）对传动部位进行调试，使隔离开关分合到位；

（7）测试回路电阻（要求不大于 $120\mu\Omega$），验证检修是否合格。

检修流程如图 5-5 所示。

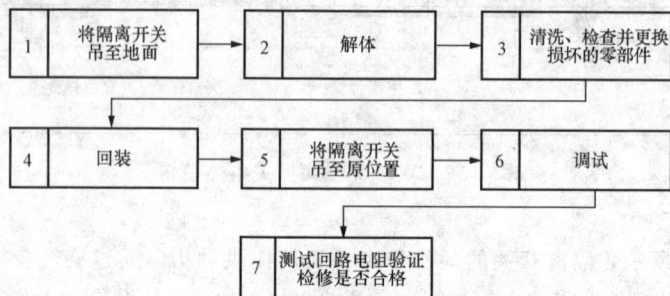

图 5-5 检修流程

四、选择课题

1. 选题理由

国网河南省电力公司检修公司负责河南省内 32 座 500kV 及以上变电站的运维检修业务。其中 500kV 敞开式隔离开关共有 512 组，而 GW16/17 型隔离开关就占了 379 组，比例高达 74%，见表 5-3 及图 5-6。

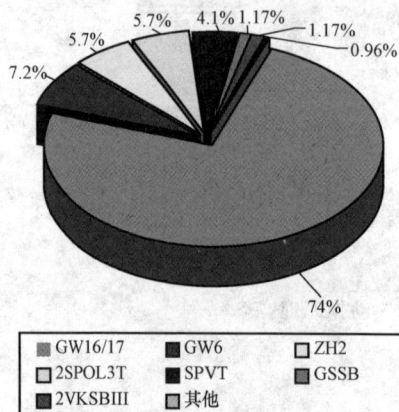

图 5-6 饼状图

表 5-3 统 计 表

序号	型号	数量	所占比例
1	GW16/17	379	74%
2	GW6	37	7.2%
3	ZH2	29	5.7%
4	2SPOL3T	29	5.7%
5	SPVT	21	4.1%
6	GSSB	6	1.17%
7	2VKSBIII	6	1.17%
8	其他	5	0.96%
	合计	512	100%

　　我们每年都需要检修大量的 GW16/17 型隔离开关，而这些隔离开关分布在全省 18 个地市的 32 座变电站，涉及地域非常广，如图 5-7 所示。

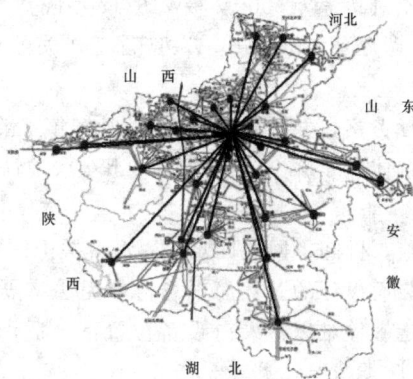

图 5-7　隔离开关分布区域

　　同时由于 GW16/17 型内部结构复杂，使得所需检修工时较长，表 5-4 为 2012 年的部分统计数据。

表 5-4　　　　　　　　　　　　　2012 年的部分统计数据

| 项目 | 设备运行编号 | 统计时间 | 类型 | 解体检修各部分用时（h） | | | 合计用时（h） | 检修人数 | 检修工时 | 回路电阻（μΩ） | 是否合格 |
				拆装弹簧	其他部件	调试					
现场检修	群英变 50332	2012.4	GW16	1.81	5.2	1.6	8.61	5	43.05	101	合格
	邵陵变 50411	2012.5	GW10	1.76	4.8	1.8	8.36	5	41.8	98	合格
	马寺变 50132	2012.5	GW16	1.62	5.1	1.6	8.32	5	41.6	106	合格
	郑州变 50412	2012.7	GW17	1.6	4.4	1.3	7.3	5	36.5	108	合格
	邵陵变 50222	2012.9	GW17	1.7	4.9	1.83	8.43	5	42.15	103	合格
	嵩山变 50231	2012.9	GW12	1.71	5	1.47	8.18	5	40.9	105	合格
	牡丹变 50332	2012.11	GW29	1.68	5.1	1.58	8.36	5	41.8	100	合格
	嵩山变 50431	2012.11	GW12	1.72	4.7	1.62	8.04	5	40.2	97	合格
平均值				1.7	4.9	1.6	8.2	5	41	—	100%

制表：工校丹　时间：2013 年 4 月 15 日

　　从表 5-4 可知，平均检修工时长达 **5 人×8.2 小时＝41 人·时**。不仅检修用时较长，而且检修 1 组需要 5 人，然而作为 500kV 隔离开关大修工作归口部门的变电检修中心，2个检修班仅有8名成员，无法同时展开2个作业面，使得日常生产工作开展艰难，检修人员疲于奔波，非常不利于安全生产。

基于前面所介绍诸多不利因素（500kV GW16/17型隔离开关**数量多、分布广、所需工时长、检修人员少**），课题组对GW16/17型隔离开关的检修过程进行详细分析、调查，以寻求改进办法。

通过对检修现场的实际考察，并结合4名拥有20多年工龄的小组成员的检修经验，确定检修过程的难点在于解体（步骤2）、回装（步骤4）、调试（步骤6）。具体表现为以下三个方面：

（1）多处螺栓位置隐蔽，拆卸、回装困难。隔离开关上固定螺栓的位置是按照便于在工作位置进行拆卸、回装而设计的。然而现场检修无法将隔离开关固定在工作位置，这就导致位置较隐蔽的固定螺栓难以拆装（设备位置不合适，工具难以进入），经过统计，平均有39条螺栓属于此类情况，见表5-5。

表5-5 统 计 表

序号	型号	电压等级	生产厂家	隐蔽螺栓数量（条）
1	GW10	500kV	西安西电高压开关有限责任公司	42
2	GW12	500kV	沈阳高压开关厂	36
3	GW16	500kV	河南平高电器有限股份公司	38
4	GW16	500kV	湖南长高高压开关集团股份公司	40
5	GW17	500kV	湖南长高高压开关集团股份公司	42
6	GW29	500kV	河南平高电器有限股份公司	36
平 均 值				39

为了能够顺利进行拆装，**必须设置1名专职配合人员，将设备扶至工作位置并固定**，再进行工作，增加了人力投入。如果现场能有一个可将隔离开关固定在工作位置的装置，可不必设置配合人员。

图5-8分别为拆装底座螺栓和下导电部分螺栓时的场景，圈内为专职配合人员。

（2）拆卸、回装弹簧费时费力。据统计，拆装GW16/17

图5-8 现场照片

型隔离开关中三种弹簧所需的压力非常大，平均值分别为 1132、654、305N。而根据人民网公布的权威数据，中国男性平均体重 $m=67.7\text{kg}$，也就是说 1 个人所能稳定提供的最大平均压力为 $F=mg=67.7\text{kg}\times9.8\text{N/kg}=663.46\text{N}$。据此分析，拆装平衡弹簧和部分夹紧弹簧时需要 2 人同时按压，并且拆装时负责按压的人必须保持与弹簧弹力相等的力（不能大、也不能小，还要防止工具滑脱），再加上扶持人员、拆除轴销的人员，最多需要 **4 人配合，很难保持弹簧的稳定，配合难度非常大，不仅增加了人力成本，而且导致弹簧的拆装、检修平均用时长达 1.7h。**

拆装弹簧的一般步骤见表 5 - 6。

表 5 - 6　　　　　　　　　　　拆装弹簧的一般步骤

	步骤一	步骤二	步骤三	步骤四
示意图				
说明	用力将弹簧压缩一定空间，并保持力的平衡	用样冲将固定轴销冲出	将弹簧的势能缓慢释放，防止突然弹出伤人	将弹簧取下，开始检修工作

注　回装按照相反过程进行。

如果现场能有**一种可由单人操作的专用弹簧拆装工具，将可大幅度减少拆装弹簧的**用时。

图 5 - 9 为拆装夹紧弹簧和复位弹簧的场景。

图 5 - 9　拆装夹紧弹簧和复位弹簧

（3）在高空进行调试难度大。每次检修之后，各传动部件的位置难免发生改变，使隔离开关无法正常动作（分、合闸不到位），因此需要对各处传动部件进行多次、反复调试，以使其达到动作要求（分、合闸到位）。通常情况下是在回装完毕后，将隔离开关吊至原位置（距离地面10m），然后用斗臂车在高空进行调试，一般涉及6~8处传动部件。而高空作业需要考虑诸多安全因素，见表5-7。

为了找到调试的最佳位置，无论是斗臂车的挪车、支车，还是斗臂在空中的移动都比较缓慢，导致调试用时长达**1.6h**。如果能有一个专用调试台，可以在地面进行调试工作，则可大大缩短这部分用时。

图5-10为在高空调试场景。

考虑到上述检修过程中的难点，如果能有一个整合了设备固定、拆装弹簧、调试三种功能的检修平台，则可以极大改善现有检修条件。

表5-7 高空作业需考虑的安全因素

序号	需要考虑的安全因素
1	与带电设备保持8.5m以上的安全距离
2	防止感应电伤人
3	不损坏停电设备
4	防止高空坠落
5	防止工具掉落伤人

通过在"**万方数据查新咨询服务中心**"的"**所有文献类型（包括中外专利）**"中进行查新，结果显示：国内外未见与"**500kV GW16/17型隔离开关综合检修平台**"的技术特点相同的文献报道（见图5-11）。于是，我们确定课题名称为《**研制500kV GW16/17型隔离开关综合检修平台**》。

图5-10 高空调试场景

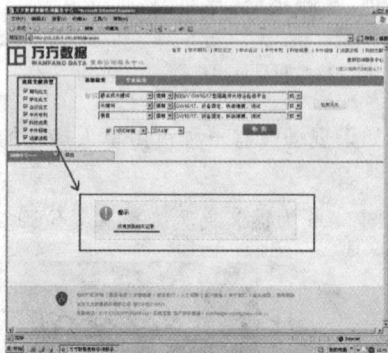

图5-11 检索结果

2. 活动计划

课题选定之后，经小组讨论，根据"PDCA循环"研究制订了详尽的活动计划，并结合活动开展情况绘制了甘特图。

计划 ■	实施 ■							

PDCA循环	活动内容	活动进度								
		4月	5月	6月	7月	8月	9月	10月	11月	12月
P（Plan）	选择课题									
	设定目标									
	确定方案									
	制订对策									
D（Do）	对策实施									
C（Check）	效果检查									
A（Action）	标准化									
	总结打算									

制表：兰琦　时间：2013 年 4 月 20 日

五、设定目标

1. 功能目标

研制一套"500kV GW16/17 型隔离开关综合检修平台"，能够实现如下功能：①设备固定；②拆装弹簧；③调试。

2. 定量目标

保证 GW16/17 型隔离开关**检修合格率 100％（即回路电阻不大于 120μΩ）**的前提下，将平均检修工时由 5 人×8.2 小时＝41 人·时降低至**4 人×7.5 小时＝30 人·时**，如图 5-12 所示。

3. 目标可行性分析

（1）功能目标的可行性。本 QC 小组的成员均长期从事一次设备检修，其中高级工程师 1 人、工程师 3 人、高级技师 1 人、技师 2 人，拥有丰富的现场经验，对 GW16/17 型隔离开关的工作原理及检修流程非常熟悉，并且拥有多项与检修相关的专利，人员能力足以承担此任务。同时本课题已申报检修公司 2013 年度小型科技项目，并获得批准，有充足的财力保障。现仓库有一相备用的 500kV GW17 型隔离开关，可用于研制时获取数据及试验之用。各方面条件都已齐备，应该可以实现目标。

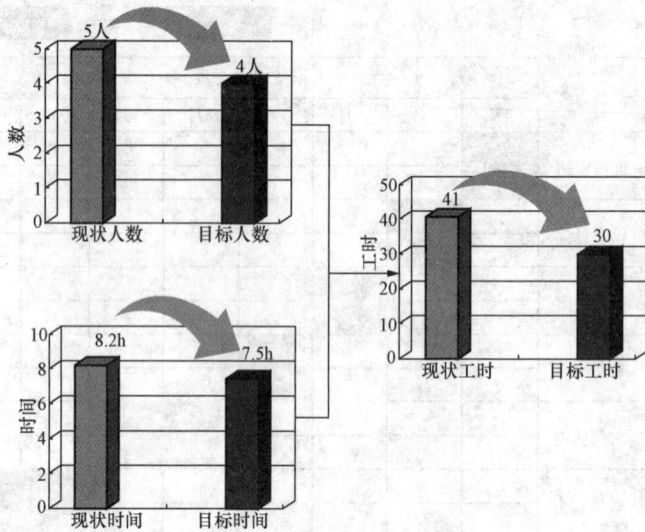

图 5-12　定量目标

（2）**定量目标**的可行性。首先是**检修合格率 100%（即回路电阻不大于 120μΩ）**。通过 2012 年 4—11 月统计的 8 组隔离开关的检修数据，回路电阻均小于 120μΩ，合格率达到了 100%，说明检修人员的技能水平是很高的。仅增加专用平台的使用，如果经过专项培训，不会影响合格率。因此合格率达到 100% 是可行的。

再来看**工时目标（4 人×7.5 小时＝30 人·时）**。虽然是 5 人检修，但其中 1 人是专职配合人员，如果使用了检修平台，则无需配合人员。因此，4 人检修是可行的。根据表 5-7 可知，历次最短检修用时为 7.3h，而目标时间 7.5h 大于 7.3h，因此目标可行。人数和时间都可行，则工时目标是可行的。

六、提出方案并确定最佳方案

（一）开发构想

通过小组成员集中研讨，通过"头脑风暴法"对如何实现各种功能提出多个方案，并绘制出亲和图，如图 5-13 所示。

（二）方案的提出与选择最佳方案

根据亲和图整理成树图，如图 5-14 所示。

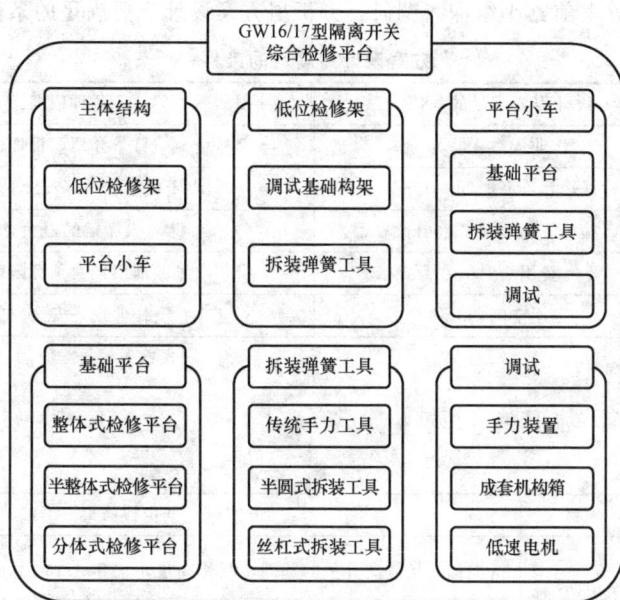

图 5 - 13 亲和图

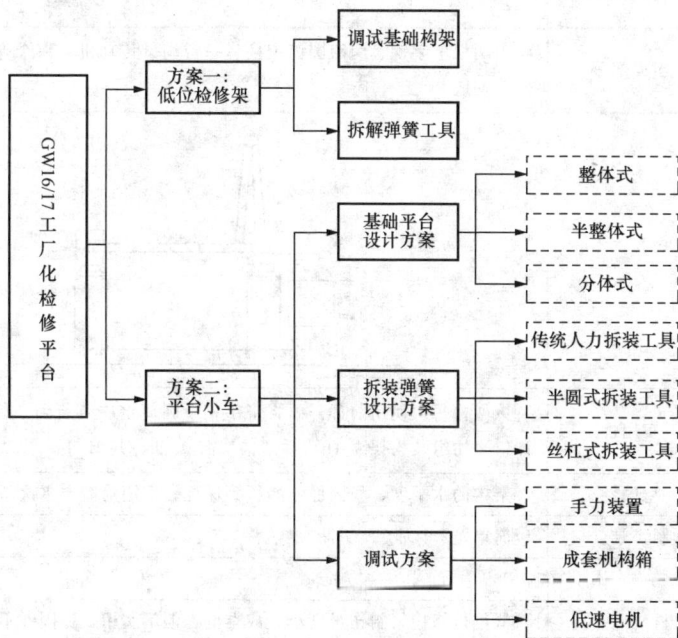

图 5 - 14 树图

在确定最佳方案前，小组深入调研，分析出方案设计需要满足的条件，见表 5 - 8。

表 5 - 8 　　　　　　　　　　　　**方案设计需满足的条件**

序号	设计需要满足的条件	条件依据
1	作业人数≤4 人	背景介绍，目标值
2	检修平台准备时间≤45min	小于检修工时（7.5h）的 10％
3	检修平台质量≤200kg	4 人搬运的最大重量
4	费用≤5 万元	部门经费预算限额
5	占用空间≤3m³	作业现场安全空间

制表：王校丹　时间：2013 年 6 月 6 日

1. 方案一　低位检修架（见表 5 - 9）

表 5 - 9 　　　　　　　　　　　　**方　案　一**

序号	项　　目	方案一　低位检修架
1	方案说明	类似现场隔离开关的基础，制作高度不高于 1m 的基础架构，用来放置隔离开关，进行拆除、组装及调试，再配一弹簧拆卸工具
2	原　　理	模仿设备安装基础，降低高度使其具备人员在地面检修的条件
3	组成部分	由两根工字钢、两跟圆筒钢柱、一台调试传动机、一个弹簧拆卸工具四部分构成
4	样　　图	
5	实用性	该架构每次使用前都需要将工字钢、圆筒钢柱组装到一起，根据使用统计，平均组装构架需 1h，拆卸构架需 0.7h，共 1.7h
6	稳固性	架构的水平度、稳固性不易得到保证，实用前需要多次、反复调整
7	制作难度	简单，2 个月
8	成　　本	2.5 万元
分　　析		低位检修构架制作难度小、成本低，但不实用，稳固性不好，不采用

制表：王校丹　时间：2013 年 6 月 8 日

2. 方案二 平台小车（见表5-10）

表 5 - 10   方 案 二

序号	项 目	方案二 平台小车
1	方案说明	设计制作一个检修平台小车，集主要的专业化检修工器具于其中，仅用于 GW16/17 型隔离开关的工厂化检修
2	原 理	制作一体化可移动检修平台车，集多项功能于一身
3	组成部分	由小车、调试传动机、弹簧拆卸工具三部分构成
4	样 图	
5	实用性	该小车使得隔离开关基于一体化设计，使用前后不需拆装，简单调整即可使用。根据使用统计，小车检修前后准备时间平均 15min
6	稳固性	水平度易调整，一体化设计保证了稳固性
7	制作难度	稍难，4 个月
8	成 本	2.8 万元
分析		平台小车制作难度稍大，成本略高，但实用且稳固性好，采用

制表：段建平 时间：2013 年 6 月 9 日

3. 选取最佳方案

根据以上两种方案的说明进行对比，见表5-11。

表 5 - 11   两 种 方 案 对 比

序号	项目	方案一	方案二
1	结构	组装式	一体式
2	使用准备时间	1.7h	15min
3	制作难度	简单，2 个月	稍难，4 个月
4	成本	2.5 万元	2.8 万元
分 析		简单、成本低、稳定性差、准备时间太长，不实用	稍制作稍难、成本不高、稳定性好、准备时间短，实用
是否采用		否	是

制表：王校丹 时间：2013 年 6 月 9 日

考虑方案设计需要满足的条件，选择稳定性、实用性较好的方案二，即平台小车作为最佳方案。

（三）对最佳方案具体设计

1. 基础平台设计方案

由于以上两种方案都能满足使用功能需要，因此小组成员考虑便捷性，并结合成本核算进行对比，见图 5-15。

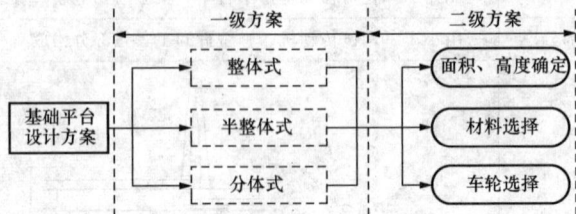

图 5-15

（1）一级方案的设计见表 5-12。

表 5-12　　　　　　　　　　　　　　一级方案的设计

序号	项目	标准	整体式	半整体式	分体式
1	方案说明	—	制作一个面积可容纳隔离开关解体后零部件的摆放、调整时所需空间的整体式检修平台	制作一个面积可容纳隔离开关解体后零部件摆放的检修平台，并辅以静触头固定桩，构成半整体式检修平台	将平台制作成两部分，一部分用于隔离开关主体以及下导、底座的零部件摆放，另一部分用于静触头以及上导部分拆装的零部件摆放
2	样　图	—			
3	单一部件搬运重量	≤200kg	约 400kg	约 240kg	约 130kg×2
4	搬运人数	≤4	8	6	4
5	成　本	≤5 万元	2.692 万元	2.132 万元	2.28 万元
6	分　析	—	运输、储存不便	运输、储存不便	运输、储存方便
7	是否采用		否	否	是

制表：胡润阁　时间：2013 年 6 月 10 日

（2）二级方案的设计。

1）首先考虑尺寸。面积主要考虑两方面，一是满足使用要求，二是保证稳固性要求。

使用面积。使用面积的确定是通过实际测量得出来的。拆装隔离开关各部分，包括隔离开关上下臂、弹簧、动触头、触指、静触头、传动齿轮箱等测量各部分的占用面积，经测量最小面积为 $1.98m^2$，再加上检修使用面积约 $0.4m^2$，则最小使用面积为 $2.28m^2$。

保证稳固性的面积。物体的稳定程度是由重心和支撑面决定的，支撑面是由支撑点组成的平面，是最外侧的支撑点连线围成的平面，因为支撑面上的支撑点只能提供支持力，不能提供拉力，也就是垂直支持面向上的支持力，假设重心刚好通过支持面的边缘，此时以这个边缘为支点，重力的力矩刚好为 0，支持力也垂直于支持面向上，其力矩也为零，此时平衡，假设重心略微往支持面外偏，则重力的力矩不为 0，此时支持力的力矩依然为 0（支点处的支持力通过支点，其他的支持点支持力为 0）便不能维持平衡，物体就会向支持面外侧倾倒，不能平衡。假设重心往支持面内稍微偏移，则重力的力矩和支持力的力矩平衡，而且重力的力矩是使物体稳定的力矩。物体的重心越低，重心就越不容易离开支撑面，物体就越稳定。所以重心低、支撑面大的物体稳定性好。

隔离开关在分合闸调试时的重心是移动的，具有较大的位移，必须保证足够的支撑面积才能保证其稳定性。如图 5-16 所示，在小支撑面时重心 3 已经偏离支撑面，这样根据以上分析，会发生倾倒，而大支撑面时，任意一个中心点都在其支撑面以内，所以不会发生倾倒。

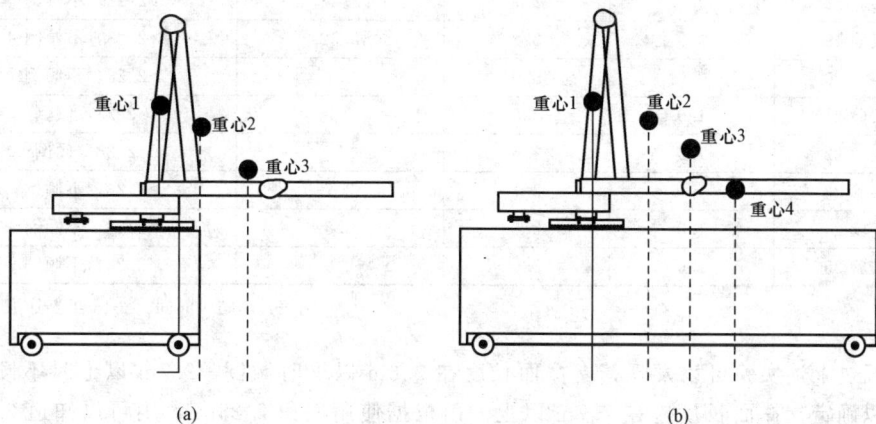

图 5-16 重心与支撑面关系
（a）小支撑面；（b）大支撑面

通过**正交实验法**，查看正交表，在满足使用面积 $2.28m^2$ 的基础上，进行分析，见

表 5 - 13。

所在列	1	2	实验结果	
因素	宽（m）	长（m）	面积（m²）	效 果
实验 1	0.6	2.5	1.5	<2.28，面积不够
实验 2	0.6	2.6	1.56	<2.28，面积不够
实验 3	0.6	2.7	1.62	<2.28，面积不够
实验 4	0.6	2.8	1.68	<2.28，面积不够
实验 5	0.6	3.0	1.8	<2.28，面积不够
实验 6	0.7	2.5	1.75	<2.28，面积不够
实验 7	0.7	2.6	1.82	<2.28，面积不够
实验 8	0.7	2.7	1.89	<2.28，面积不够
实验 9	0.7	2.8	1.96	<2.28，面积不够
实验 10	0.7	3.0	2.1	<2.28，面积不够
实验 11	0.8	2.5	2.0	<2.28，面积不够
实验 12	0.8	2.6	2.08	<2.28，面积不够
实验 13	0.8	2.7	2.16	<2.28，面积不够
实验 14	0.8	2.8	2.24	<2.28，面积不够
实验 15	0.8	3.0	2.4	>2.28，不倾倒
实验 16	0.9	2.5	2.25	>2.28，倾倒
实验 17	0.9	2.6	2.34	>2.28，倾倒
实验 18	0.9	2.7	2.43	>2.28，不倾倒
实验 19	0.9	2.8	2.52	>2.28，不倾倒
实验 20	0.9	3.0	2.7	>2.28，不倾倒
实验 21	1.0	2.5	2.5	>2.28，倾倒
实验 22	1.0	2.6	2.6	>2.28，倾倒
实验 23	1.0	2.7	2.7	>2.28，不倾倒
实验 24	1.0	2.8	2.8	>2.28，不倾倒
实验 25	1.0	3.0	3.0	>2.28，不倾倒

表 5 - 13　　　　　　　　　　基础平台面积确定正交表

制表：李皓　时间：2013 年 6 月 19 日

　　经过上述实验可以发现，支撑面长度在 2.6m 以下时倾倒，2.7m 以上时不倾倒，则可以确定支撑面长度应在 2.7m 以上。而根据使用面积 2.28m²，则可以知道 2.28/2.7≈0.844，即小车平台宽度最少 0.844m。考虑到使用面积的裕度取 10%，即 0.228，则面积最好在 2.508 以上，则小车宽度应在 0.9m 以上，长度应在 2.8m 以上。再算及加工裕度，取整后，确定小车长度为 3m，宽 1m。

　　为了确定小车的高度，小组成员运用**人体工程学原理**，统计每个检修人员在不同高度的平台上进行检修时弯腰或踮脚尖的次数（见表 5-14）并绘制出带趋势线的**散布图**（见图 5-17）。

表 5-14   **弯 腰 / 踮 脚 尖 次 数**

姓名	平台高度（mm）	700	725	750	775	800	825	850	875	900
李皓		126	119	113	108	101	98	100	109	117
闫明		116	112	107	100	105	110	114	119	121
任建林		119	116	111	104	101	103	107	113	118
牛晓峰		117	115	109	102	98	100	105	109	114
王校丹		136	131	120	114	111	105	103	109	116
邢志刚	弯腰/踮脚尖次数	115	111	108	101	104	108	112	117	120
娄遂山		122	118	112	105	102	102	104	111	115
李世亮		119	116	110	105	101	102	106	112	117
梁江平		127	119	115	110	103	102	103	109	114
胡润阁		111	107	103	103	108	112	116	119	123
段建平		110	105	102	101	107	111	114	117	120

制表：邢志刚   时间：2013 年 6 月 20 日

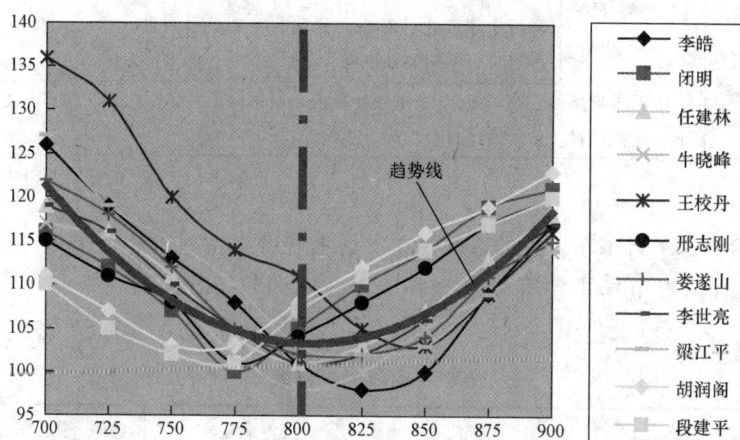

图 5-17   散布图（制图：邢志刚   时间：2013 年 6 月 20 日）

根据散布图中趋势线可看出，平台高度为 800mm 时，人均弯腰/点脚尖次数最少，因此，确定最佳高度为 800mm。

2）其次是考虑材料。考虑到隔离开关整体质量较大，需要满足最基本的机械强度，对材料的选用条件（见表 5-15）是：①硬度在 200HBS 以上；②耐腐蚀；③满足上述条件时，隔离开关越轻越好。

表 5-15　　　　　　　　　　　　　　材料的选用

材料	硬度	耐腐蚀性		密度 (10³kg/m³)	是否采用
需求条件	≥200HBS	耐腐蚀性强		≤8	
1. 铸铁	150~280HBS	铁在自然环境（大气、天然水、土壤）中与铝、钛等相比较，其耐腐蚀性是最差的，因为铁在自然条件下钝化能力弱等多方面因素	差	7.4~7.87	否
2. 不锈钢	187~269HBS	在常温氧化环境（如大气、水、强氧化性酸等）中容易钝化，使表面产生一层以氧化铬为主，保护性很强的薄膜，其腐蚀率极低。	强	7.52~7.85	是
3. 铸造铝合金	45~130HBS	在大气、水及 pH 值为 4.5~8.5 的溶液和其他氧化环境中都有良好的腐蚀性能。但在还原性环境和强酸、强碱中不耐腐蚀	一般	2.64~2.84	否
4. 铸造铜合金	44~169HBS	铜的耐腐蚀性能优良，在大气中不需要防护也不会变色，只有在含硫的环境中才变色。对水、海水、有机物都有良好的耐腐蚀性能	强	8.3~8.9	否
分析	根据需求条件，材料 1、2 满足硬度要求，而材料 1 耐腐蚀性差，在其密度相近的情况下，选择材料 2 作为使用材料比较合适				

制表：兰琦　时间：2013 年 6 月 21 日

3）然后考虑平台小车轮子的选取。在市场上查看了一些脚轮，脚轮已经成为普通的标准件，所调查市场主要有以下三种类型：定向轮、万向轮、带刹车万向轮，见表 5-16。

表 5-16　　　　　　　　　　　　　　基础平台脚轮选择表

项目	标准	定向轮	万向轮	带刹车万向轮
样图	—			

续表

项目	标准	定向轮	万向轮	带刹车万向轮
功能	可旋转	定向，无转动性	可360°转弯	可360°转弯，能刹车
规格	—	5寸	5寸	5寸
最大载荷	≥300kg	350kg	250kg	350kg
材质（耐用性）	耐用性强	高强度聚氨酯（耐用性强）	聚氨酯（PU）（耐用性一般）	高强度聚氨酯（耐用性强）
成本	满足功能时尽量低	25元/个	42元/个	48元/个
是否采用		否	否	是
分析	根据选用标准，在载荷及耐用性都能满足的条件下，选择带刹车功能的万向轮			

制表：邢志刚　时间：2013年6月22日

2. 拆装弹簧设计方案

（1）一级方案设计。小组采用价值工程法对三种方案进行分析对比，见图5-18和表5-17。

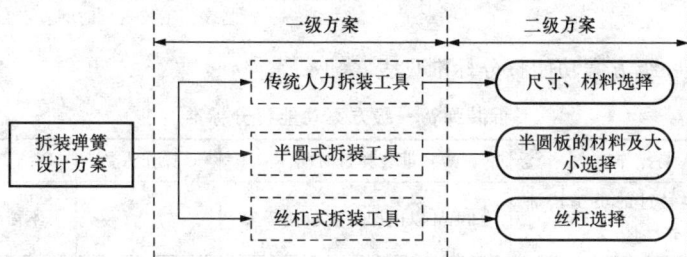

图5-18

表5-17　　　　　　　　　三 种 方 案 对 比

序号	项目	传统人力拆装工具	半圆式拆装工具	丝杠式拆装工具
1	方案说明	利用手力拆装工具，需要三人拆装平衡弹簧、加紧弹簧	利用偏心半圆盘可将平衡弹簧、加紧弹簧压缩，进行拆装	利用丝杠的旋转推进平衡弹簧和加紧弹簧进行拆装，可实现单人操作

续表

序号	项目		传统人力拆装工具	半圆式拆装工具	丝杠式拆装工具
2	样 图				
3	根据表 5-18 打分标准，各项得分	A	5	4	4
		B	2	5	4
		C	0	5	5
		D	5	4	2
	总得分		12	18	15
4	成本		0.039 万元	0.04 万元	0.06 万元
5	功能/成本＝价值		12/0.039＝307.7	18/0.04＝450	15/0.06＝250
6	是否采用		否	是	否
	分析		半圆式拆装平台价值最高，采用		

制表：王校丹　时间：2013 年 6 月 25 日

拆装弹簧一级方案功能打分标准见表 5-18。

表 5-18　　　　　　　　　拆装弹簧一级方案功能打分标准

项目	A 易操作性	B 拆装弹簧时间	C 操作人数	D 维护频率	得分
级别	对没接触过的员工培训 10min 即可掌握	3min 以内即可拆装完毕	1 人	不需维护	5
	对没接触过的员工培训 20min 即可掌握	7min 以内即可拆装完毕	不考虑	1 次/月	4
	对没接触过的员工培训 30min 可掌握	10min 以内可拆装完毕	不考虑	2 次/月	3
	对没接触过的员工培训 50min 才可掌握	13min 以内才可拆装完毕	不考虑	3 次/月	2
	对没接触过的员工培训 70min 以内才能掌握	18min 以内可以拆装完毕	不考虑	1 次/周	1
	对没接触过的员工培训 70min 以上才能掌握	18min 以上才可拆装完毕	2 人及以上	—	0

制表：兰琦　时间：2013 年 6 月 26 日

（2）二级方案设计。确定半圆式拆装工具的尺寸及材料（见表5-19）。

表 5-19

	样图	半圆板直径 D 的确定	力矩杆的长度 L	材料的选取
半圆式拆装工具		在没有力矩杆，仅有半圆柄时能达到拆装弹簧的力矩，以平衡弹簧1132N为限	考虑到省力的效果，在使用一半的最大力气即345N的即能拆装弹簧，来确定力矩杆长度	根据在基础平台中材料选取的分析可知，不锈钢、铸铁硬度最大，再考虑耐腐蚀性，仍然选择不锈钢作为半圆板及力矩杆的材料
拆弹簧的力量	平衡弹簧 1132N 夹紧弹簧 654N 复位弹簧 305N	成年男性手臂拉力约690N，平衡弹簧在压缩到最短时为0.6m，半圆柄作用到作用点的距离为0.6+D，则D至少应满足1132×0.6=690×（0.6+D），计算得D最小为0.38m	力矩杆末端的力作用到作用点上，距离为0.6+0.38+L，则L应满足1132×0.6=345×（0.6+0.38+L），计算得L=0.99m	
确认	经分析，对计算结果四舍五入，半圆板直径确定为0.4m，力矩杆长度为1m，材料选不锈钢			

制表：牛田野　时间：2013年6月26日

3. 调试设计方案

（1）一级方案设计。小组采用优选法对三种方案进行分析对比，见图5-19和表5-20。

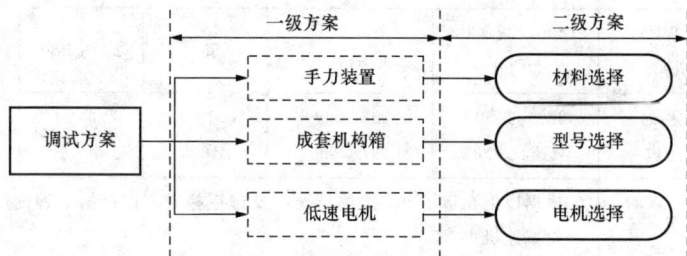

图 5-19

91

表5-20   三 种 方 案 对 比

序号	项目	标准	手力装置	成套机构箱	低速电机
1	方案说明	—	利用齿轮传动装置，制作一套手力操动机构，实现手动调试	利用现成的成套操动机构箱实现手动、电动调试	利用带摇把的低速电机，附加控制回路，实现手动、电动调试
2	样 图	—			
3	成 本	满足功能时尽量低	0.062万元	0.9万元	0.14万元
4	调试功能	可手动、电动	无法电动	可手动、电动	可手动、电动
5	体 积	≤0.3m³	0.1m³	0.4~0.5m³	0.2m³
6	质 量	≤20kg	3~5kg	40~50kg	5~10kg
7	是否采用	—	否	否	是
分析			1. 手力装置无法实现电动调试，不采用； 2. 成套机构箱体积、重量都超过标准，且成本高，不采用； 3. 低速电机各项数据均符合要求，采用		

制表：邢志刚   时间：2013年6月27日

（2）二级方案设计。选定方案以后，对方案的电机进行选择，见表5-21。

表5-21   调试二级方案设计电机选择

电机型号	转速（r/min）	功率（W）	电压（V）	选用标准
TCBP7116 180W B3	960	180	220、380	
伺服电机配套 WPX 涡轮减速机	1400，减速比30:1	47	550	220、380	转速≤100r/min 电压220、380V
伺服电机配R系列—113齿轮减速机	800~1450，减速比3.83	208.88~378.59	0.18~160	220、380	
分析	根据以上在市场上了解的情况以及选用标准，选择第二种伺服电机配WPX涡轮减速机			

制表：娄遂山   时间：2013年6月29日

（四）整体方案汇总确认

整体方案汇总见图5-20。

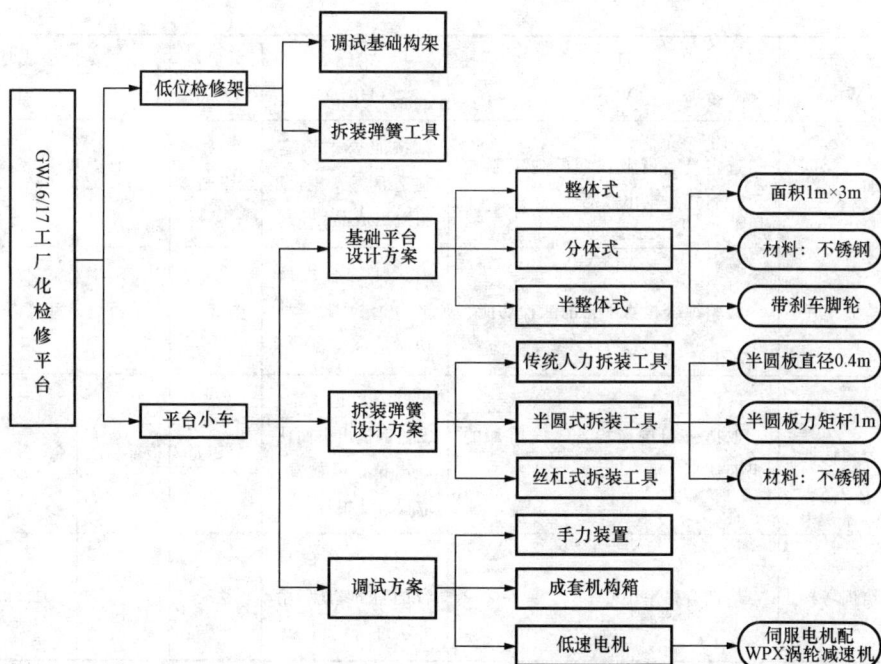

图 5-20 树图

七、制订对策表

对策表见表 5-22。

表 5-22 对 策 表

序号	对策 (What)	目标 (Why)	措施 (How)	负责人 (Who)	地点 (Where)	完成时间 (When)
1	设计图纸	出具整体设计图纸	查阅相关资料，绘制设计图纸及零部件装配图	王校丹	变电检修中心	2013.8.25
2	零部件采购	1. 异步电机（转速≤1500r/min） 2. 减速电机（速比≥30∶1） 3. 接触器（额定电流≥10A） 4. 漏电保护器（动作电流≤30mA） 5. 按钮（额定电流≥10A） 6. 电源盘（导线长度≥50m）	按照目标要求，采购异步电机、减速电机、接触器、漏电保护器、按钮、电源盘等，并出具采购明细单	邢志刚	机电市场	2013.9.5

续表

序号	对策 (What)	目标 (Why)	措施 (How)	负责人 (Who)	地点 (Where)	完成时间 (When)
3	加工制造	选定具备营业执照的加工制造厂，委托加工出成品	按照要求选定制造厂家，监督制造出成品	李皓	制造厂家	2013.9.20
4	检查试用	检验综合检修平台的三种功能	试用综合检修平台，检查三种功能是否实现	娄遂山	仓库	2013.9.22
5	公司认证	取得公司按运检部、安监部的书面认证	对公司运检部、安监部提出书面认证申请，经检测，取得认证报告	牛田野	公司运检部、安监部	2013.9.24
6	培训考核	培训合格率100%	对综合检修平台的标准化使用方法进行培训	兰琦	变电检修中心	2013.9.28

制表：牛田野　时间：2013 年 8 月 13 日

八、对策实施

1. 实施一　设计图纸

2013 年 8 月 15—17 日，小组成员王校丹、胡润阁等进行了现场搜集设备信息并查阅相关资料，之后通过小组集中研讨，确定初步设计图纸。

集中研讨见图 5-21。设计图纸和电机控制回路如图 5-22 和图 5-23 所示。

图 5-21　集中研讨

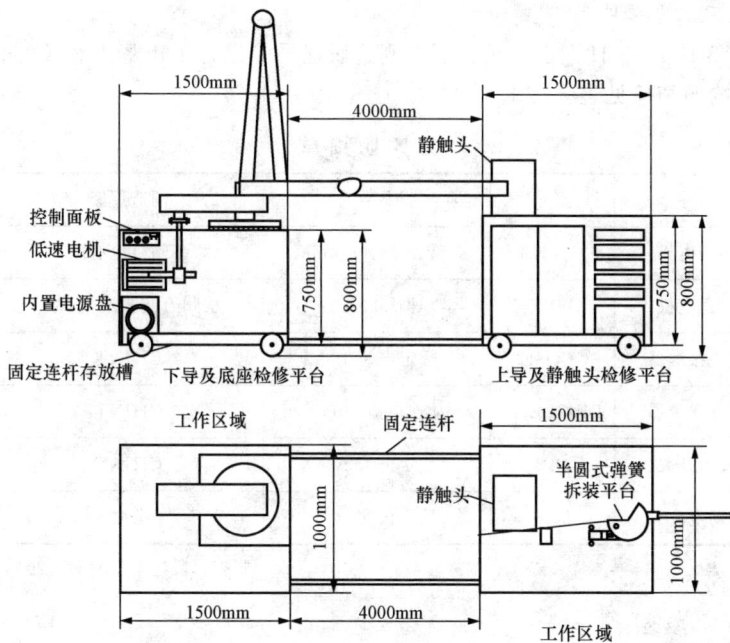

图 5 - 22　设计图纸

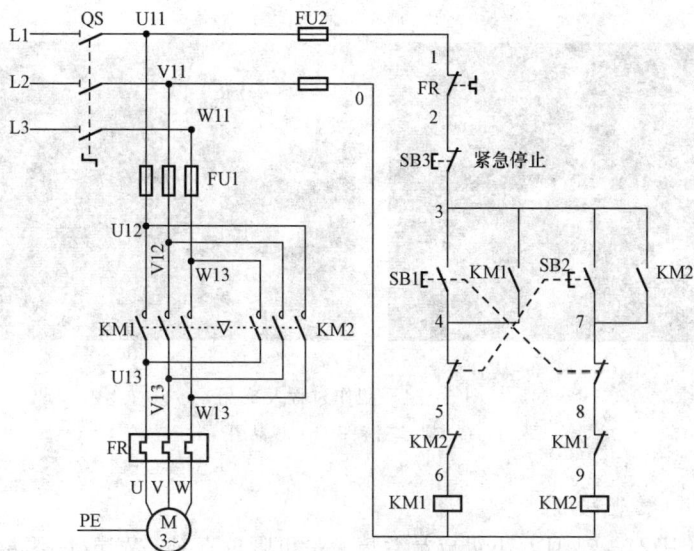

图 5 - 23　电机控制回路

2. 实施二 零部件采购

2013 年 9 月 1—5 日，小组成员邢志刚、段建平等进行了市场上相关零部件的调查及采购。采购明细单见表 5 - 23。

表 5 - 23　　　　　　　　　　　　采 购 明 细 单

序号	名称	型号	参数	制造厂家	数量
1	异步电机	JW7124	转速 1400r/min	上海荃昀机电有限公司	1 台
2	减速电机	WPX	速比 30：1	杭州万潮减速机械厂	1 台
3	交流接触器	CJX1-12	额定电流 10A	CHINT	2 个
4	漏电保护器	DZ47LE-32	动作电流 30mA	CHINT	1 个
5	按钮开关	NP4	额定电流 10A	CHINT	3 个
6	移动电源盘	50m	导线长度 50m	公牛	1 个

制表：段建平　　时间：2013 年 9 月 2 日

3. 实施三 加工制造

2013 年 9 月 6—20 日，小组成员张庆军、邢志刚等按照要求并结合就近原则，选定荥阳进发电力配套设备厂进行委托加工，并进行全程监督。制作过程及成品如图 5 - 24 所示。

(a)　　　　　　　　　　　　(b)

图 5 - 24　制作过程及成品
(a) 制作过程；(b) 成品图

4. 实施四 检查试用

2013 年 9 月 21—23 日，小组成员兰琦、牛田野负责对 GW16/17 型隔离开关综合检修平台进行试用，检查各项功能是否能够实现，见表 5 - 24。

表 5 - 24　　　　　　　　　　　　　检 查 内 容

序号	功能	现场照片	合格标准	检查结果	负责人
1	设备固定		能将隔离开关固定牢固，晃动≤±10°	合格	娄遂山
2	拆装弹簧		所能提供的最大压力≥2000N（可轻松拆装三种弹簧）	合格	兰琦
3	调试		经过调整能够手动、电动分合到位（合闸位置水平度≤±5°、分闸位置垂直度≤±10°）	合格	牛田野

制表：兰琦　时间：2013 年 9 月 23 日

5. 实施五　公司认证

2013 年 9 月 24—25 日，由小组成员牛田野、娄遂山负责，向公司输变电运检部、安全监察质量部提出书面进站申请，经过检测，取得了相应的认证报告，即取得了进入变电站进行实际使用的许可。认证报告如图 5 - 25 所示。

6. 实施八　培训考试

2013 年 9 月 26—28 日，小组组长许东升、李璐负责对中心检修人员进行 GW16/17 型隔离开关综合检修平台标准化使用方法的培训，并进行考试。考试成绩见表 5 - 25。

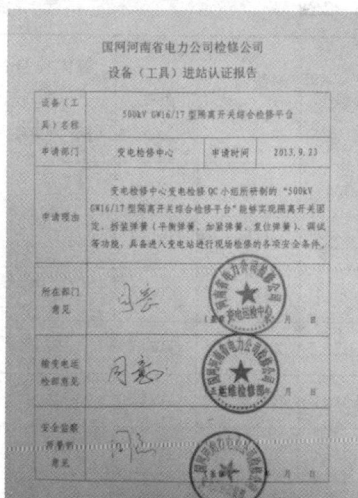

图 5 - 25　认证报告扫描件

表 5 - 25　　　　　　　　　　　　　考 核 成 绩

姓名	李 皓	闭 明	任建林	牛晓峰	王校丹	邢志刚	娄遂山	李世亮	梁江平	胡润阁	段建平
考核成绩	96	91	93	93	94	92	97	90	90	93	91
是否合格	合格	合格	合格	合格	合格	合格	合格	合格	合格	合格	合格
合格率	100%										

制表：李璐　　时间：2013 年 9 月 28 日

九、效果检查

1. 功能目标检查

在对策实施四（检查试用）阶段，已对各项功能进行了检查，设备固定、拆装弹簧、调试都能满足要求。

2. 定量目标检查

2013 年 9 月 30 日—11 月 30 日，共有 7 组 GW16/17 型隔离开关大修工作，其中 1 组由于车辆调配原因，现场未使用综合检修平台，属无效数据，对剩余 6 组有效数据进行统计，见表 5 - 26。

表 5 - 26　　　　　　　　　　　　　统　计　表

设备运行编号	统计时间	类型	解体检修各部分用时（h）			合计用时（h）	检修人数	检修工时（人·时）	回路电阻（μΩ）	是否合格
			拆装弹簧	其他部件	调试					
仓颉变 50211	2013.9	GW16	1.22	4.5	1.32	7.04	4	28.16	96	合格
邵陵变 50232	2013.10	GW16	1.18	4.71	1.25	7.14	4	28.56	102	合格
马寺变 50511	2013.10	GW16	1.21	4.96	1.13	7.3	4	29.2	99	合格
嵩山变 50212	2013.10	GW17	1.26	4.34	1.18	6.78	4	27.12	104	合格
郑州变 50421	2013.11	GW17	1.19	4.7	1.22	7.11	4	28.44	106	合格
陕州变 50331	2013.11	GW17	1.32	4.68	1.11	7.11	4	28.44	97	合格
平均值			1.23	4.65	1.2	7.08	4	28.32	—	100%

制表：娄遂山　　时间：2013 年 11 月 30 日

（1）检修合格率目标（100％）检查。如表5-26所示，6组隔离开关检修后的回路电阻均小于$120\mu\Omega$，全部合格，**合格率达到100%**，目标实现。

（2）工时目标（4人×7.5小时＝30人·时）检查。如表5-29所示，平均工时降低至**4人×7.08小时＝28.32人·时＜4人×7.5小时＝30人·时**，目标实现。

（3）经济效益分析。经济效益体现在诸多方面：人工费、差旅、住宿费、车辆使用费，提前送电带来的经济效益。仅取其中易量化的人工费进行分析，见表5-27。

表5-27 统 计 表

项　目	人工成本计算	计算值
QC活动前	379组/4.5年×5人×8.2小时×200元/（人·时）	69.06万元
QC活动后	379组/4.5年×4人×7.08小时×200元/（人·时）	47.7万元
每年节约人工成本	69.06－47.7＝21.36万元	
研制成本	2.33万元	
第一年节约成本	21.36－2.33＝19.03万元；	
经济效益分析	1. 第一年为公司节约人工成本19.03万元； 2. 以后每年可为公司节约人工成本21.36万元	
备注	1. 检修公司共有500kV GW16/17型隔离开关379组； 2. 规程规定隔离开关的大修周期为4～5年，取平均值4.5年； 3. 人工费用为每人每小时200元，即200元/（人·时）	

制表：王校丹　时间：2013年12月2日

3. 社会效益分析

（1）减少了设备停电时间，保证了数百万负荷的安全可靠供电。

（2）提高了GW16/17型隔离开关检修的标准化程度。

（3）提高了检修人员工作时的安全性。

十、标准化

（1）编制《500kV GW16/17型隔离开关综合检修平台使用说明书》。

（2）"500kV GW16/17型隔离开关综合检修平台"的使用，已纳入检修公司《500kV GW16/17型隔离开关标准化检修流程》。

（3）已在检修公司内部进行了培训并推广使用。

（4）目前国家知识产权局已受理《500kV GW16/17型隔离开关综合检修平台》的专利申请，见图5-26和图5-27。

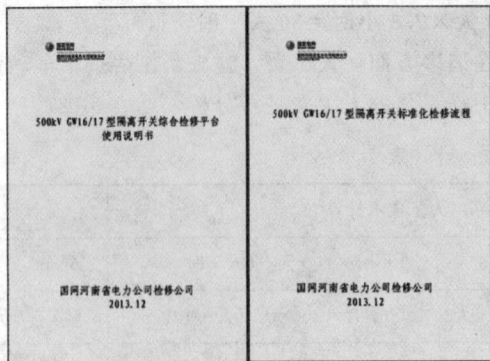

图 5-26 专利申请

图 5-27 受理通知

十一、总结及今后打算

通过小组成员的共同努力，经过研讨、设计、试用、改进、验证等环节，最终成功研制出了 GW16/17 型隔离开关综合检修平台，使现场检修具备了综合检修的条件，在保证检修合格率 100％的前提下，将 GW16/17 型隔离开关平均检修工时从 5 人×8.2 小时＝41 人·时降至 4 人×7.08 小时＝28.32 人·时。无论是功能目标还是定量目标，都达到了期望值，本次 QC 活动圆满成功！

通过此次活动，小组每个成员在 QC 知识、团队协作精神、沟通协调能力、创新意识、专业技术水平等方面都有显著提升，雷达图见图 5-28。

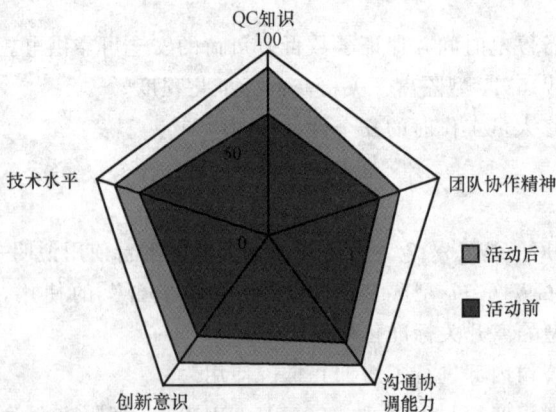

图 5-28 雷达图

今后本小组还将继续积极投入 QC 活动中，明年计划对常用工具进行一些改进，拟定课题为《研制可调节棘轮扳手》。

成果评价

（一）总体评价

变电检修 QC 小组，针对 500kV GW16/17 型隔离开关检修用时长、用人多、拆装难度大的诸多问题，选择"研制 500kV GW16/17 型隔离开关综合检修平台"课题开展活动，课题类型为创新型。经过活动降低了 500kV GW16/17 型隔离开关检修用工量，减少了检修时长，取得了一定的经济效益。

该成果在提出方案、选择并确定最佳方案中注重用数据说话，经过基础平台方案选择并根据人体工程学原理，确定检修平台高度；选择半圆式弹环拆装工具；选择伺服电机配套 WPX 涡轮减速机，能够用数据比对、选择。

（二）存在的问题

1. 程序方面

（1）选择课题多、不直接。成果中用大量的篇幅描述选择课题，违背了选择课题简明扼要，用数据说话的原则。

（2）目标值多 3 个。

（3）方案选择中只关注费用、重量、时间等数据，未关注质量特性值指标的数据，如弹环拆装方案选择，没有关注是否能够顺利拆装及拆装时间等。这一步骤的方案选择用了打分法，也是不妥的。

（4）没有将选择的最佳方案纳入对策表中，最佳方案与对策表中的对策完全不对应，这是逻辑关系的错误。

（5）有的对策实施完成后没有用对策目标检查实施情况，如对策一、二、三等。

（6）经济效益计算夸大，如推算经济效益"以后每年可为公司节约人工成本 21.36 万元"。

（7）没有用数据对标准化执行情况进行跟踪。

2. 方法方面

（1）亲和图错误。没有将每一方案的结构、可能实现的功能、存在的问题等亲和出来。

（2）自创带趋势线的散布图。

（3）正交试验的选表、试验及分析过程都是错误的。

中国质量协会 陈秀云

6 研制电能核查仪

国网郑州供电公司
计量部同业对标 QC 小组

一、小组简介

小组概况见表 6-1。

表 6-1 小组概况

小组名称	计量部同业对标 QC 小组		
课题名称	研制电能核查仪		
课题类型	创新型	成立日期	2007 年 1 月 13 日
小组注册编号	ZGQC2012-005	注册日期	2012 年 3 月 16 日
出勤率	100%		
课题活动时间	2012 年 3 月 16 日— 12 月 10 日	活动次数	16 次
小组成员				

姓名	性别	文化程度	职称	组内职务
陶士利	男	本科	高级工程师	组长
丁洋涛	男	本科	高级工程师	组员
朱惠娣	女	大专	技师	组员
李勤	男	大专	技术员	组员
赵翔	男	大专	技术员	组员
王磊	男	大专	技术员	组员
任晓菲	女	研究生	技术员	组员

制表：朱惠娣 日期：2012 年 3 月 18 日

二、名词解释

电能核查：停电后，工作人员进入开关柜内采集计量装置电度、资产信息，并检查设备外观的工作。如图 6-1 所示，其中电能核查耗时最长，通常为 20min。

开关柜：指生产厂家根据电气一次主接线的要求，将有关高、低电器（包括控制电器、保护电器、测量电器）以及母线、载流导体、绝缘子等装配在封闭或敞开的金属柜体内，作为电力系统接受、分配电能的装置，在电力系统发电、配电、输电、电能转化和消耗中起通断、控制或保护作用。

102

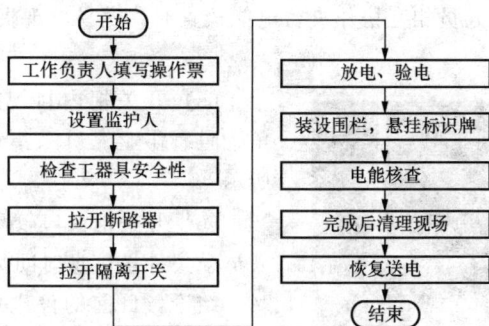

图 6-1 流程图

制图：任晓菲 日期：2012 年 3 月 19 日

三、选定课题

1. 环境背景

（1）2012 年，计量部电能核查作业次数共计 3602 次，随着用电客户的增加，电能核查作业次数也呈上升状态，计量部工作量增加。

（2）电能核查时，作业现场 1 人监护，1 人进入开关柜内进行电能核查并呼唱，1 人进行数据记录，共计 3 人。

（3）工作人员需频繁进出开关柜，以 10kV 开关柜为例：尺寸约为 1000mm×1500mm×2200mm，开关柜内空间（见图 6-2 和图 6-3）狭小，光线弱，造成柜内作业人员采集计量信息困难，容易出现误读。

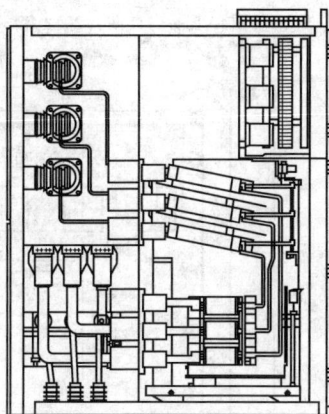

图 6-2 开关柜空间结构

制图：李勤 日期：2012 年 3 月 21 日

(a)

(b)

图 6-3 开关柜空间和光线

（a）开关柜空间狭小；（b）开关柜光线弱

制图：赵翔 日期：2012 年 3 月 23 日

（4）柜内、外作业人员相互协作进行电能核查时，容易出现报数时误传，记录时误听、误记现象。

图 6-4　开关柜内存在视线死角

制图：王磊　日期：2012 年 3 月 24 日

（5）开关柜内目视操作时，存在视线死角，阻碍作业人员采集计量数据，如图 6-4 所示。

（6）开关柜窗口较高（见图 6-5），工作人员采集计量信息时间长，存在安全隐患。

结论：目前的停电电能核查工作，还需人工抄录计量信息，急需一种能够代替人工，实现 100% 准确核查电能信息的装置。

2. 提出课题

小组决定本次 QC 活动课题为研制电能核查仪。课题提出过程见图 6-6。

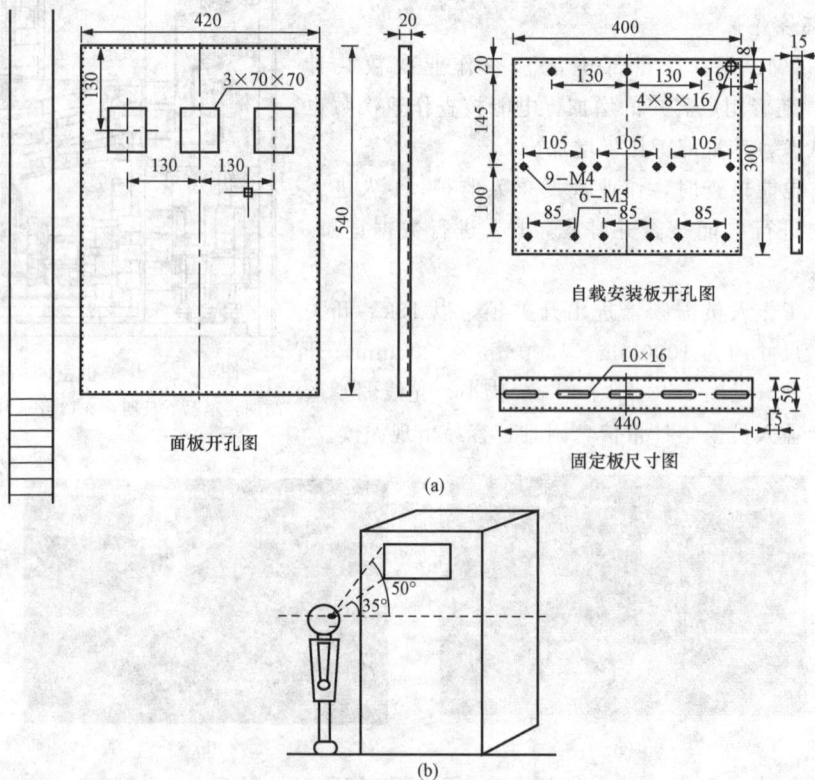

自载安装板开孔图

面板开孔图

固定板尺寸图

(a)

(b)

图 6-5　开关柜窗口

（a）开关柜窗口尺寸；（b）开关柜窗口较高示意图

制图：李勤　日期：2012 年 3 月 28 日

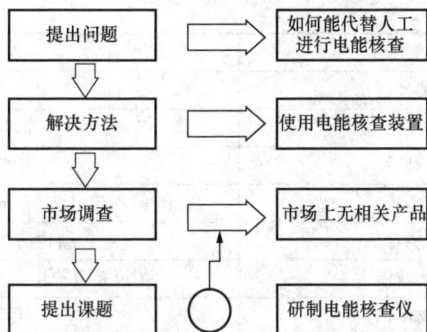

图 6-6 流程图

制图：任晓菲 日期：2012 年 3 月 29 日

四、制订目标

1. 课题目标

经过小组成员的反复讨论，决定本次的 QC 课题目标为：研制电能核查仪装置，代替人工进行电能核查，核查准确率为 100％。

2. 目标可行性分析

小组成员从人员、设备、技术、材料、环境等方面定量分析小组所拥有的资源。

（1）通过市场调查和查阅资料，我们发现条形码扫描仪作为一种成熟的自动识别技术，可方便地实现电能表资产信息抄录。因此借助目前的条码技术、POS 技术等先进技术手段，通过合理的设计，开发新产品代替人工进行电能核查，技术上完全可以实现。

（2）小组技术支持力量雄厚，小组成员中共有高级工程师三名，全体成员均具备扎实的电工基础，且积累了多年的 QC 活动经验，创新能力已被实践证明。

（3）郑州供电公司计量部配有专用检修间，各类工器具配备齐全，具备充足的实施条件。

五、提出方案

（一）开发构想

1. 需求分析

需求分析见表 6-2。

表 6-2 需 求 分 析

序号	装置要求	现实效果
1	作业人员人身安全	安全距离＞2.0m
2	采集数据正确率	达到 100％

序号	装置要求	现实效果
3	无采集盲区	100%覆盖开关柜
4	数据的可靠传输	准确率100%
5	人机对话	30s内实现人机连接
6	体型小巧	不超过250mm×150mm×80mm
7	装置安装容易	结构简单，组装方便
8	足够的续航能力	可反复充电且单次充电可使用2h
9	装置成本低	尽可能低
10	特殊情况下可实现带电核查	绝缘水平>15kV

制表：陶士利　　日期：2012年4月2日

根据以上需求分析，本次 QC 课题设计思路为：使用机器代替人眼进入开关柜内，工作人员可在开关柜外对计量数据进行采集，并传输至电脑，实现人机对话。同时，本设备绝缘水平满足在特殊情况下，110kV 及以下电压等级的带电电能核查，设计思路见图 6-7。

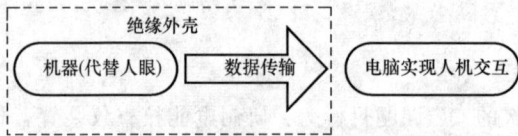

图 6-7　设计思路框图
制图：丁洋涛　日期：2012年4月5日

2. 方案选取

根据课题目标，小组依据以上需求分析进行讨论，提出三种设计方案，见表 6-3。

表 6-3　　　　　　　　　电能核查仪方案

		方案一	方案二	方案三
方案		用潜望镜	用绝缘棒将数据采集装置探入开关柜	机器人实现全自动采集
性能实现可行性	作业人员人身安全	满足	满足	满足
	采集数据正确率	满足	满足	满足
	无采集盲区	不满足	满足	满足
	数据的可靠传输	不满足	满足	满足

性能实现可行性	人机对话	不满足	满足	满足
	体型小巧	不满足	满足	满足
	装置安装容易	满足	满足	满足
	足够的续航能力	满足	满足	满足
	装置成本低	满足	满足	满足
	特殊情况可带电核查	满足	满足	满足
优点		设计方便，结构简单，造价低廉	采集设备技术成熟，结构简单，转角灵活	操作方便，节省人力，数据采集精确
缺点		无法解决光线不足的问题	需小组成员自行研制，需相关技术支持	设计成本过高，技术要求难以达到
方案选择		不采用	√	不采用

制表：朱惠娣　日期：2012 年 4 月 11 日

通过以上分析，最终选择方案二进行设计。

图 6 - 8　设计方案选定

制图：赵翔　日期：2012 年 4 月 12 日

小组成员围绕围绕方案二这一设计思路，对产品结构进行讨论，结构雏形见图 6 - 9。

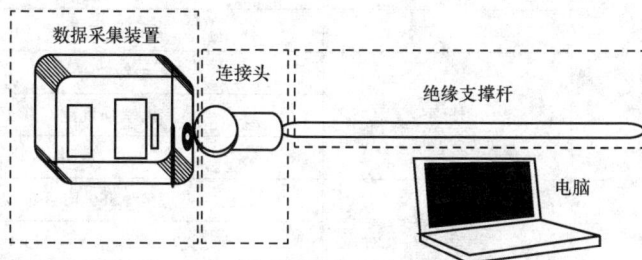

图 6 - 9　电能核查仪结构雏形

制图：李勤　日期：2012 年 4 月 13 日

由图 6 - 9 可以看出，电能核查仪初步结构主要包括数据采集装置、连接头、绝缘支撑杆和电脑四部分，工作原理大致为工作人员手持绝缘支撑杆，通过连接头，将数据采集装置探入开关柜内，代替人工进行电能核查，核查信息通过一定的数据传输模块传输至电脑，实现人机对话。

用图 6 - 10 所示的亲和图归纳整理。

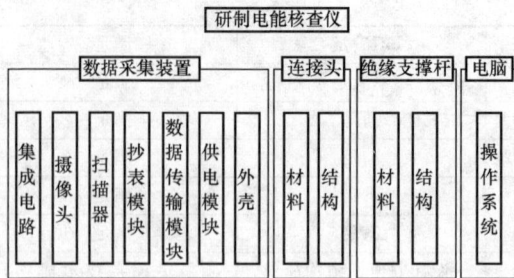

图 6-10 亲和图

制图：任晓菲　日期：2012 年 4 月 16 日

经小组分析讨论，各个元器件技术或尺寸上所需达到的要求见表 6-4。

表 6-4　　　　　　　　各元器件技术或尺寸上所需达到的要求

元　器　件		要　　求
数据采集装置	集成电路	布线简单、可靠
	摄像头	像素大于 400×320，VGA 视角大于 40°
	扫描仪	电能表二位条码识别准确率 100%
	抄表模块	电度信息自动抄录
		抄录准确率 100%
	数据传输模块	传输准确率 100%
		传输无延迟
	供电模块	电容量大于 5000mA
	外壳	绝缘水平＞15kV
		机械强度越高越好
		透明
连接头	万向接头	0°～360°均可定位
		绝缘水平＞15kV
支撑杆	绝缘支撑杆	纵向强度越高越好
		绝缘水平＞10kV
操作系统	核查仪控制台	电能表电度、资产信息可视化友好界面
		操作简单、功能齐全

制表：朱惠娣　日期：2012 年 4 月 22 日

3. 产品开发制作流程

产品开发制作流程如图 6-11 所示。

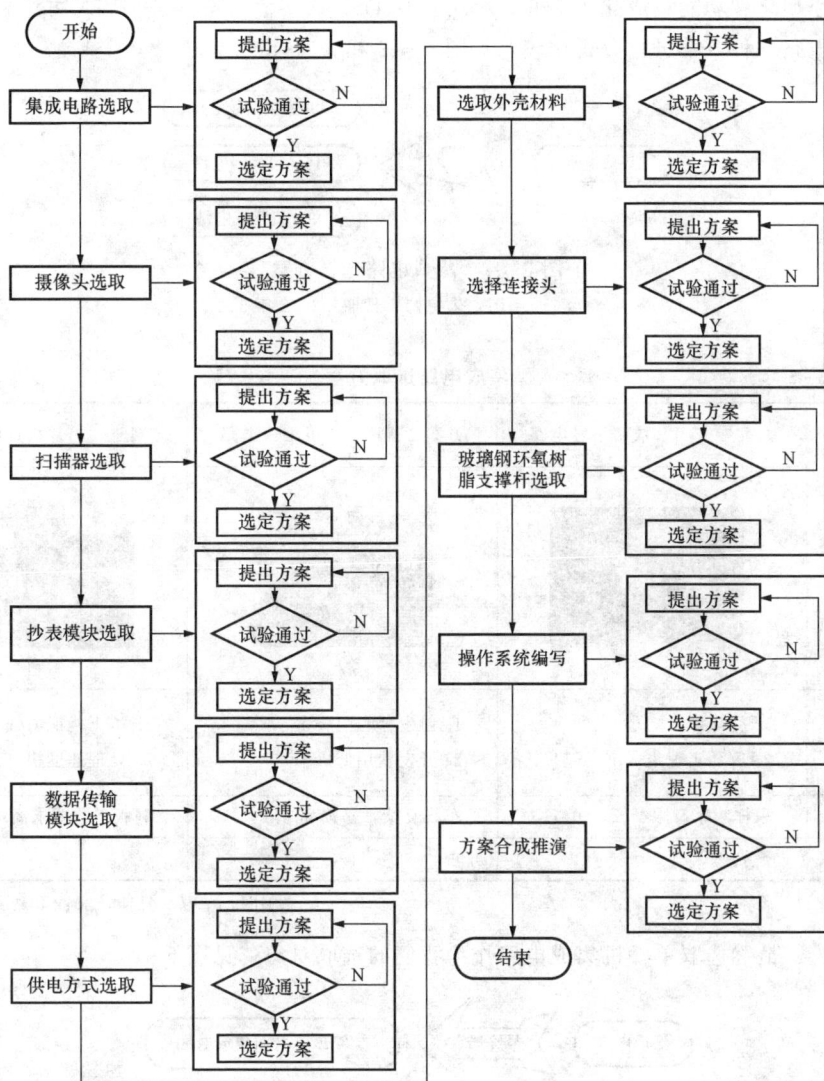

图 6-11　产品开发制作流程

制图：陶士利　日期：2012 年 4 月 26 日

4. 元器件选择

（1）集成电路。开关柜窗口较高，且柜内空间狭小，为保证作业人员将装置探入开关柜窗口，课题组对所研制的电能核查仪体型尺寸提出硬性要求，要求核查仪在实现相同功能情况下，体型尺寸尽量小巧，以便使用起来方便灵活。利用集成电路将摄像头、扫描器、红外抄表模块等元器件集成至一个单晶片上，将大大便于产品封装，同时实现产品的小型化和功能集成化。为此，小组选择 DSP 数字信号电路、FPGA 可编程电路、单片机电路三种方案进行分析比较，见图 6-12 和表 6-5。

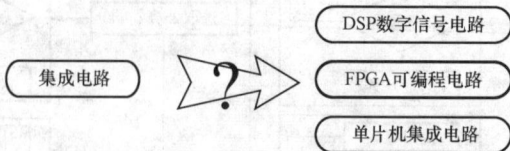

图 6-12 集成电路选择方案

制图：朱惠娣 日期：2012 年 5 月 1 日

表 6-5   集成电路选取方案

集成电路	方案一 DPS 数字信号电路	方案二 FPGA 可编程电路	方案三 单片机集成电路
集成电路			
优点	1. 受环境影响小 2. 容易实现集成（一般）	1. 触发器和引脚多 2. 开发费用低（中）	1. 抗干扰能力强 2. 处理速度快（满足）
缺点	采样频率有限	布线复杂，易损坏	制版工艺要求高
是否选取	否	否	√

制图：王磊 日期：2012 年 5 月 5 日

结论：最终选取单片机集成电路作为我们的选取对象，见图 6-13。

图 6-13 集成电路选定方案

制图：赵翔 日期：2012 年 5 月 5 日

（2）摄像头的选取。作用：利用绝缘杆将摄像头探入开关柜内，摄像头拍摄内容通过数据传输模块传输至电脑，实现人机对话，即作业人员根据摄像头拍摄内容对设备外观进行检查和探伤，同时协助条码扫描设备进行设备唯一性识别码（条码）的读取和电表电度数据的读取。

1）摄像头选择方案见图 6-14 和表 6-6。

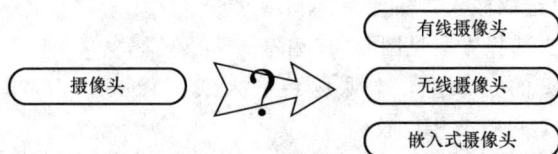

图 6-14　摄像头选择方案

制图：丁洋涛　日期：2012 年 5 月 8 日

表 6-6　　　　　　　　　　摄 像 头 选 择 方 案

种类	有线摄像头	无线摄像头	嵌入式摄像头
图片			
成本	280 元	300 元	30 元
参数	图像传感器：1/3-inch CMOS 视角：60° 有效像素：PAL：682×582 NTSC：510×492 水平解析度：420Lines 供电电压：12V 80mA 视频输出：1Vp-p，75Ω 功耗：960mW 尺寸：32.5mm×26.2mm×18.2mm	图像传感器：1/3-inch CMOS 视角：62° 有效像素：PAL：682×582 NTSC：510×492 水平解析度：380Lines 供电电压：9V 80mA 功耗：720mW 尺寸：23.0mm×25.0mm×20.1mm	图像传感器：1/6″ 视角：25° 像素：640×480 供电电压：1.8VDC±10%、2.8V、3.0V 功耗：60mW 帧率：30fps 尺寸：6.0mm×6.0mm×5.0mm
特点	在集成到本设备时，需要配采集卡或设备嵌入采集卡模块	由于无线摄像头无线通讯封闭性，在集成到本设备时，需要两套无线通信设备接收器，不利于设备的便携性和集成性	数字化采集，与设备 MCU 连接简单，便于集成到设备印制板上，不需要附加多种元器件，体积小巧
方案选定	否	否	√

制表：赵翔　日期：2012 年 5 月 10 日

结论：由于有线摄像头在集成到本设备时，需要配采集卡或设备嵌入采集卡模块，不利于设备的便携性和集成性，所以选取无线摄像头。而相对于普通无线摄像头，嵌入式摄像头不需要其他元器件，且可更方便地集成至集成电路，从产品的结构、体型这一目标角度综合考虑，选取嵌入式摄像头。

2）嵌入式摄像头选择方案见图 6-15 和表 6-7。

在嵌入式摄像头的选取上，本课题将嵌入式摄像头 OV7725 和嵌入式摄像头 OV7670 作为两套方案进行分析比较。

图 6-15 嵌入式摄像头选择方案

制图：王磊 日期：2012 年 5 月 12 日

表 6-7 嵌入式摄像头选择方案

性能 \ 种类	嵌入式摄像头 OV7725	嵌入式摄像头 OV7670
图片		
成本	40 元	25 元
参数	像素：640×480VGA/QVGA 供电电压：1.8～3.3VDC 功耗：900mW 图像传感器：1/4″ 视角：62°（优秀） 帧率：30fps 信号输出：10 位线 尺寸：8.0×8.0×6.0mm	像素：640×480VGA/QVGA 供电电压：1.8VDC±10%；2.8V；3.0V 功耗：60mW 图像传感器：1/6″ 视角：25°（一般） 帧率：30fps 信号输出：8 位线 尺寸：6.0×6.0×5.0mm
有无 LED 灯	有	无
方案选定	√	否

制图：朱慧娣 日期：2012 年 5 月 14 日

从表 6-7 中可以明显看出，两种摄像头像素都能达到要求，这时候就要考虑视角，OV7725 的视角为 62°，OV7670 的视角为 25°，同时，两款摄像头图像传感器配置不同。由于开关柜内光线弱，目视操作时存在视线死角，所以摄像头视角角度和图像传输准确率是选择摄像头的主要指标，在此，小组对 OV7725 和 OV7670 的视角和图像传输准确率分别进行实验验证，实验结果见表 6 - 8。

表 6 - 8　　　　　　　　　　　实　验　结　果

视角角度	20°	30°	40°	50°	60°
OV7725	清晰	清晰	清晰	清晰	稍显清晰
准确率	100%	100%	100%	100%	95%
OV7670	清晰	清晰	稍显模糊	看不清	看不清
准确率	100%	100%	50%	0%	0%

制表：赵翔　日期：2012 年 5 月 15 日

结论：实验结果验证了 OV7725 的视角为 62°，大于 OV7670 的视角，且 OV7725 图像传输准确率明显高于 OV7670。基于开关柜内空间狭小，需要使用视野宽广的摄像头，并且现场光源不足，需要带有 LED 灯的嵌入式摄像头，因此，选择嵌入式摄像头模组 OV7725，见图 6 - 16。

摄像头　⟩最终选定⟩　嵌入式摄像头模组 OV7725

图 6 - 16　嵌入式摄像头选定方案

制图：王磊　日期：2012 年 5 月 16 日

（3）扫描器的选取。作用：进行设备条码的读取和电表电度数据的读取，见图 6 - 17 和表 6 - 9。

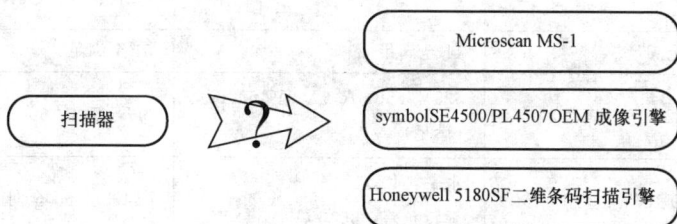

Microscan MS-1

扫描器　⟩?⟩　symbolSE4500/PL4507OEM 成像引擎

Honeywell 5180SF 二维条码扫描引擎

图 6 - 17　扫描器选择方案

制图人：李勤　日期：2012 年 5 月 18 日

表 6 - 9　　　　　　　　　　扫描器选取方案

序号	1	2	3
方案	Microscan MS-1	symbolSE4500/PL4507OEM 成像引擎	Honeywell 5180SF 二维条码扫描引擎

续表

序号	1	2	3
方案图样			
支持条码	一维：UPC(E&A)、EAN、Code39、Code 128、UCC EAN 128、Interleaved、Industrialand Standard 2 of 5、Codabar、Code 93、Plessey、GS1 Databar、PDF417、China Postal Code 支持	一维：所有主要条码 二维：PDF417、MicroPDF417、Composite、RSS、TLC-39、Datamatrix、QR code、Micro QR code、Aztec、MaxiCode	一维：Code 39、Coed128、Codabar、UPC、EAN、交叉 25 码、Reduced Space Symbology、Code93、Codabolck 二维：PDF471、MicnoPDF417、Maxicode、Dala Matrix、QR Code、Aztec、Aztec、AztecMesa、Code49、UCC Composite 邮政码：Postnet（US）、Planet Code、BPO4 State、Canadian Post、Japanese Post、KIX（Netherlands）Post OCR 格式：OCR-A and OCR-B
读取范围	25 至满足	41 至满足	51 至满足
供电输入	5V120mA（满足）	3.3V 650mA，5.0V 600mA（满足）	3.3～5.5V 600mA（满足）
视角	±50°180°（差）	水平：40°，垂直：25° 旋转允差：360°（中）	±40°，360°全向阅读（好）
尺寸	32mm×24mm×11mm（满足）	11.8mm 高×21.5mm 宽×16.3mm 厚（扫描头），25.3mm 高×38.0mm 宽×6.6mm 厚（解码板）（满足）	11.5mm 高×21.6mm 宽×16.0mm 厚（扫描头），22.8mm 高×38.4mm 宽×9.1mm 厚（解码板）（满足）
成本	850 元	1700 元	1450 元
选定方案	否	否	√

实验结果见表 6-10。

表 6-10　　　　　　　　　　　实 验 结 果

识别范围	二维主要条码	20 次识别实验 （√为成功识别，×为不能识别）										正确率
Microscan MS-1	不能识别	×	×	×	×	×	×	×	×	×	×	0%
		×	×	×	×	×	×	×	×	×	×	
symbolSE4500/ PL4507OEM 成像引擎	能识别 40%二维码	√	×	√	×	√	×	√	×	×	×	60%
		×	√	×	√	×	√	×	√	√	√	
Honeywell 5180SF 二维条码扫描引擎	能识别 100%二维码	√	√	√	√	√	√	√	√	√	√	100%
		√	√	√	×	√	√	√	√	√		

制表：赵翔　　日期：2012 年 5 月 22 日

结论：经实验可得，Honeywell 5180SF 成功抄表率达到 100%，达到预定目标，所以选定用 Honeywell 5180SF 二维条码扫描引擎，见图 6-18。

图 6-18　扫描器选定方案

制图：任晓菲　　日期：2012 年 5 月 22 日

（4）抄表器材的选取。

1）通信方式的选取。根据国家电表规约（645/2002）的规定：读取电表数据的方法有三种，分别为 RS485 通信、红外载波通信和交流载波通信，见图 6-19。

图 6-19　通信方式选择方案

制图：陶士利　　日期：2012 年 5 月 23 日

在此，小组对三种通信方式进行分析比较，见表 6-11。

表 6 - 11   通信方式选择方案

方法 \ 种类	RS485 通信	红外载波通信	交流载波通信
图样			
连接方法	需要将设备的 RS485 数据线连接到电表上	将红外读写模块与电表的红外模块对接	在设备上加装交流载波模块，并接交流电
供电电压	5V 或 3V（好）	5V 或 3V（好）	交流电 220V 和 15VDC（差）
功耗	≤10mA（好）	≤10mA（好）	（差）
通信速度	1200b/s、2400b/s（满足）	1200b/s、2400b/s（满足）	300b/s（不满足）
抗电磁干扰能力	强	强	弱
现场操作性	需要打开电表的接线盒，进行接线连接，适合一次性连接，长期使用（差）	不需要与电表接线，适合便携式设备使用（好）	需要打开电表的接线盒，进行接线连接，适合一次性连接，长期使用（差）
连接是否停电	是（不满足）	否（满足）	是（不满足）
操作过程安全性	有危险（不满足）	无危险（满足）	有危险（不满足）
成本	10 元	8 元	100 元
方案选择	否	√	否

制表：朱惠娣　日期：2012 年 5 月 25 日

结论：基于以上方面的考虑选用红外载波通信。

2）红外载波通信模块有两种方案的选取，见表 6 - 12。

表 6 - 12   红外载波通信方式选择方案

序号	1	2
方案	Agilent HSDL-3602	TSOP1836&IR850
方案图样		TR850

序号	1	2
功能	支持全部 IrDA 应用，适用范围广、控制灵活	专用 38kHz 电力用红外通信组合控制简单，接收处理简单
供电输入	2.7～3.6VDC（差）	2.7VDC～5.5VDC（好）
供电	30V（满足）	30V（满足）
传输距离	（不满足）	（满足）
程序研制	困难	简单
尺寸（mm）	4.0×12.2（不满足）	TSOP1838（6.95×6×5.6） IR850（ϕ9.5×11）（满足）
成本	20 元	4 元
是否选取	否	√

制表：王磊　日期：2012 年 5 月 27 日

实验结果见表 6 - 13。

表 6 - 13　　　　　　　　　**实 验 结 果**

实验对象	实测红外抄表距离（m）	10 次试验结果（√为抄表成功，×为抄表失败）										正确率
Agilent HSDL-3602	0.5	√	√	√	√	√	√	√	√	√	√	100%
	1.0	√	√	√	√	√	√	√	√	√	√	100%
	1.5	√	√	×	√	√	×	√	√	√	√	80%
	2.0	×	×	×	×	×	×	×	×	×	×	0%
TSOP1836 &IR850	0.5	√	√	√	√	√	√	√	√	√	√	100%
	1.0	√	√	√	√	√	√	√	√	√	√	100%
	1.5	√	√	×	√	√	√	√	√	√	√	100%
	2.0	√	√	√	√	√	√	√	√	√	√	100%

制表：赵翔　日期：2012 年 5 月 28 日

结论：经多次试验得出结论，TSOP1836＋IR850 在规定距离内抄表成功率达到 100%。且基于电子模块在程序设计方面要简单易行，现使用 TSOP1836＋IR850，见图 6 - 20。

红外抄表　→　最终选定　→　TSOP1836+IR850红外抄表

图 6 - 20　红外抄表选定方案

制图：丁洋涛　日期：2012 年 5 月 28 日

（5）数据传输模块的选取。作用：将摄像头成像通过数据传输模块传输至电脑，实现人机交互，协助条码扫描设备进行设备唯一性识别码（条码）的读取和电表电度数据的读取。

1）无线传输方式选取见表 6-14。

表 6-14　　　　　　　　　　无线传输方式选取方案

序号	1	2	3
方案	HC-05 嵌入式蓝牙串口通信模块 TX(1) KEY(34) RX(2) LED2(32) LED1(31) 3.3Y(12) GND(13)	WIFI 模块（RN-171） 	2.4 无线通信模块（CC2500）
传输要求	采用 CSR 主流蓝牙芯片，蓝牙 V2.0 协议标准。接收需要专用模块（差）	FCC/CE 认证，2.4GIEEE802.nb/g，支持 AdHoc 和 in frastructure 网络，支持 WEP-128、WPA-PSK，WPA2PSK（好）	2400-2483.5MHz 的 ISM 和 SRD 频段，免许可证使用。接收需要专用模块（差）
传输速度	最大传输速度 38.4kb/s（差）	高速传输发送 912kb/s 接收 500kb/s（好）	高工作速率 500kb/s，支持 2-FSK、GFSK 和 MSK 调制方式（差）
传输距离	空旷地有效距离 10m（差）	空旷地有效距离 100m（好）	空旷地通信距离 50～100m（好）
价格	40 元	193 元	40 元
选定方案	否	√	否

制表：陶士利　日期：2012 年 5 月 31 日

结论：基于数据传输模块要考虑传输速度，传输距离以及模块的适应性，所以选择 WIFI 模块。

2）WIFI 模块选取见图 6-21 和表 6-15。

无线传输方式 ❓➡ RN-171

WM-G-MR-09

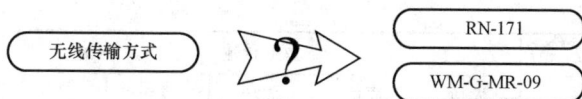

图 6-21　无线传输方式选择方案

制图：赵翔　日期：2012 年 6 月 2 日

表 6-15　　　　　　　　　　　　　　选 取 方 案

性能 ＼ 型号	RN-171	WM-G-MR-09
图样		
电压	3.3V	3.3V
功耗	240mA	260mA
标准	IEEE 802.11b/g	IEEE 802.11b/g
通信接口	UART 和 SPI slave（满足）	SDIO，SPI（满足）
安全性	WEP-128，WPA-PSK（TKIP）and WPA2-PSK（AES）（不满足）	WEP64/128bit，AES，TKIP，WPA，WPA2，CCX V1，V2（满足）
TCP/IP 协议栈	有	有
尺寸（mm）	26.7×17.8	8.2×8.4
Ad-hoc 连接方式	支持	支持
传输速度	1～11Mb/s for 802.11b，6～54 Mb/s for	1～11 Mb/s for 802.11b，6～54Mb/s for
接收灵敏度	−93dBm	−91dBm
价格	193 元（差）	60 元（好）
是否选取	否	√

制表：王磊　日期：2012 年 6 月 4 日

为了装置与电脑交互中数据传输准确率达到 100%，对以下两种装置进行了不同距离多次试验比对，见表 6-16。

表 6-16　　　　　　　　　　　　　　试 验 比 对

方案	距离（m）	数据传输					数据传输准确率
RN-171	2	成功	成功	成功	成功	成功	90%
		成功	成功	成功	失败	成功	
	5	失败	失败	成功	成功	失败	70%
		成功	成功	成功	成功	成功	

续表

方案	距离（m）	数据传输					数据传输准确率
WM-G-MR-09	2	成功	成功	成功	成功	成功	100%
		成功	成功	成功	成功	成功	
	5	成功	成功	成功	成功	成功	100%
		成功	成功	成功	成功	成功	

制表：李勤　时间：2012 年 6 月 5 日

结论：从实验可以看出，RN-171 数据传输模块在传输时有失败的可能，而 WM-G-MR-09 经多次试验可以判定传输信号能力强并且稳定。同时基于模块的尺寸和价格等因素，最终决定选定 WM-G-MR-09 模块，见图 6-22。

图 6-22　数据传输模块选定方案

制图：朱惠娣　日期：2012 年 6 月 5 日

（6）供电方式的选取。

1）供电方式的选取见图 6-23 和表 6-17。

图 6-23　供电方式选择方案

制图：任晓菲　日期：2012 年 6 月 6 日

表 6-17　供电方式选取方案

方案　种类	外置电源	内置电源
方案图样		
电压	3.3VDC 或 5VDC	3.3VDC 或 5VDC
外接转换器	需要（将交流电或电池进行转换）（差）	不需要（好）

续表

方案\种类	外置电源	内置电源
内置电池	不需要	需要
对尺寸影响	将减轻设备整体尺寸、重量（满足）	将增加设备整体尺寸、重量（满足）
对安全性影响	不安全，容易因外接电源线绝缘被高电压击穿，造成设备损坏、人员击伤等事故（不满足）	安全，没有外接电源线（满足）
携带型	不方便，辅助件多（不满足）	方便（满足）
方案选择	否	√

制表：李勤　时间：2012 年 6 月 7 日

结论：从对设备的安全性、可携带性考虑选择内置电源，进行下一步选取。

2）内置电源选取见表 6 - 18。

表 6 - 18 　　　　　　　　　　**内 置 电 源 选 取**

种类	干电池	碱性电池	镍氢/镍镉电池	锂离子电池
方案图样				
电压	1.5V	1.5V	1.2V	3.7V
电池容量 mAH	500～600（差）	2500（中）	500～3000（中）	500～10 000（好）
充电性	不可充电	不可充电	可充电	可充电
充电时间	无（差）	无（差）	慢（中）	快（好）
使用寿命	一次性(不满足)	一次性(不满足)	1000 次以上(满足)	300 次以上(满足)
输出 3.3V 1200mAH	6 节电池组合(差)	3 节电池组合(中)	3 节电池组合(中)	1 节(好)
电池的更换	需要(差)	需要(差)	不需要(好)	不需要(好)
质量	最大(差)	大(中)	大(中)	小(好)
体积	最大(差)	大(中)	大(中)	小(好)
方案选定	否	否	否	√

制表：王磊　时间：2012 年 6 月 8 日

结论：经比较分析，内置电池选取锂电池，它容量大、充电时间快、使用寿命长、体积和重量比其他电池小，在提供可靠的电源时便于设备减小体积和重量。下面进行锂离子电池的选取。

3）锂离子电池的选取见表 6-19。

表 6-19　　　　　　　　　　锂离子电池的选取

性能 ＼ 种类	液体锂离子电池	聚合物锂离子电池
方案图样		
电压	3.7V	3.7V
电池容量（mAh）	500～10 000	500～10 000
锂离子状态	液体	高分子（固态）
单位能量	小（差）	高 50％（好）
尺寸大小和灵活性	一般	好
安全性	一般	好
充电时间	一般恒流-恒压充电方式等待时间长	好利用 IC 定电流充电（缩短 30％）
充放电特性	一般	好
是否选取	否	√

制表：赵翔　时间：2012 年 6 月 9 日

结论：聚合物锂离子电池是具有更高能量密度、小型化、薄型化、轻量化、高安全性、长循环寿命与低成本的新型电池。最终选取聚合物锂离子电池，见图 6-24。

图 6-24　供电方式选定方案

制图：赵翔　日期：2012 年 6 月 9 日

（7）外壳的材料选取。作用：实现产品封装，保护装置内部各个元器件。

外壳材料选取的主要依据为材料的绝缘性和透明性，选取方案见图 6-25 和表 6-20。鉴于本设备需满足特殊情况下 10kV 及以下电压等级的带电核查，因而外壳要求气闭性、绝缘性好，以保证不出现 10kV 带电设备对本设备放电。同时鉴于设备要使用摄像机和条码扫描器，外壳需是透明的。

图 6-25　外壳材料选择方案

制图：朱惠娣　日期：2012 年 6 月 10 日

表 6-20　　　　　　　　　　　　外壳材料选取方案

序号	1	2	3
方案	ABS 树脂	PC 名称：聚碳酸酯	辐射交联聚乙烯
方案选取			
特点	1. 综合性能较好，冲击强度较高，化学稳定性好，电性能良好。 2. 有高抗冲、高耐热、阻燃、增强、透明等级别。 3. 流动性比 PC 好，柔韧性好。 （中）	聚碳酸酯是一种新型热塑性工程塑料，聚碳酸酯有优良的电绝缘性能和机械性能，尤其以抗冲击性能最为突出，韧性很高，允许使用温度范围较宽（－100～130℃），透明度高（誉为"透明金属"）、加工成型方便。刚硬而有韧性，具有高抗冲击性，高度的尺寸稳定性和范围很宽的使用温度，良好的绝缘性及耐热性和无毒性。 （好）	辐射交联聚乙烯绝缘性好、机械强度高、抗老化能力强、耐环境应力性能好、热收缩性好、黏接性能优异，主要用于高压（10、35kV）母排端的保护。 （中）
尺寸	126mm×80mm×39mm （差）	101mm×74mm×33.5mm （好）	135mm×85mm×40mm （差）
选取	否	√	否

制表：王磊　时间：2012 年 6 月 12 日

结论：基于外壳的气闭性、绝缘性和透明性的要求，在外壳的材料选取中选择 PC 材料，见图 6-26。

```
外壳    ==最终选定==>    方案二：PC材料
```

图 6-26　外壳材料选定方案

制图：王磊　日期：2012 年 6 月 12 日

（8）连接头的选取。作用：连接头是支撑杆和本设备的连接件，可使设备处于支撑杆上多种角度，满足现场工作需要。

经分析，连接头最大静摩擦力越大，各个角度的定位能力就越强。影响连接头最大静摩擦力的主要因素有四个，分别为接头材质、接触面积、弹簧压力和端头形状，见表 6-21。

表 6-21　　　　　　　　　因 素-位 级 表

因素	材质	接触面积（cm²）	弹簧挤压力（N）	端头形状
	A	B	C	D
位级 1	铝合金	2.0	10	球状
位级 2	尼龙	1.8	9	圆锥
位级 3	聚四氟乙烯	1.6	8	圆柱

制表：李勤　时间：2012 年 6 月 14 日

接头材质、接触面积、弹簧压力和端头形状不同，连接头最大静摩擦力也不同，在此，小组通过进行正交试验，找出好的制作条件，使得连接头获得最大静摩擦力，试验方案见表 6-22。

表 6-22　　　　　　　　　正交试验方案

	试　验　计　划				试验结果
因素 试验号	材质	接触面积（cm²）	弹簧压力（N）	端头形状	最大静摩擦力 （N）
	A	B	C	D	
1	1(铝合金)	1	3(8)	2(圆锥)	30.8
2	2(尼龙)	1	1(10)	1(球状)	43.7
3	3(聚四氟乙烯)	1	2(9)	3(圆柱)	29.9
4	1	2	2	1	35.4
5	2	2	3	3	35.9
6	3	2	1	2	28.6
7	1	3	1	3	34.2

续表

	试 验 计 划				试 验 结 果
	材质	接触面积（cm²）	弹簧压力（N）	端头形状	最大静摩擦力
因素 试验号	A	B	C	D	（N）
8	2	3	2	2	35.8
9	3	3	3	1	24.9
Ⅰ＝位级1三次 成功率之和	100.4	104.4	106.5	104	Ⅰ＋Ⅱ＋Ⅲ＝ 299.2
Ⅱ＝位级2三次 成功率之和	115.4	99.9	101.1	95.2	
Ⅲ＝位级3三次 成功率之和	83.4	94.9	91.6	100	
极差 R	32	9.5	14.9	8.8	

制表：任晓菲　　时间：2012 年 6 月 20 日

试验结果分析：

1）看一看。比较 9 个试验的最大静摩擦力，容易看出：第 2 号试验的最大静摩擦力最大，为 43.7N；其次是第 5 号试验，为 35.9N，这些数据通过试验直接得到，比较可靠。

因此，直观上看，试验的好条件为 $A_2B_1C_1D_1$。

2）算一算。正交试验中，通过简单的计算，分析计算所得的位级之和Ⅰ、Ⅱ、Ⅲ和极差 R，可以方便地找到更好的条件，以及影响目标因素中的主要因素。

分析各列Ⅰ、Ⅱ、Ⅲ的大小，确定各个因素的位级作用大小：

Ⅰ＞Ⅱ，且Ⅰ＞Ⅲ时，该列因素的位级 1 在产率上比位级 2、3 好；Ⅱ＞Ⅰ，且Ⅱ＞Ⅲ时，该列因素的位级 2 在产率上比位级 1、3 好；Ⅲ＞Ⅰ，且Ⅲ＞Ⅱ时，该列因素的位级 3 在产率上比位级 1、2 好。

那么第一列中：

Ⅰ＝30.8＋35.4＋34.2＝100.4，Ⅱ＝43.7＋35.9＋35.8＝115.4，Ⅲ＝29.9＋28.6＋24.9＝83.4，Ⅱ＞Ⅰ＞Ⅲ，表明"材质因素 A"以位级 2 最好，即"材质因素 A"的好条件为尼龙。

同理可以计算得出，"接触面积因素 B"的好条件为 2.0cm²、"弹簧压力因素 C"的好条件为 10N、"端头形状因素 D"的好条件为球状接头。因此，从计算结果来看，试验的好条件为 $A_2B_1C_1D_1$。与看一看的好条件一致。

结论：当选择尼龙、接触面积 2.0cm²、弹簧压力 10N、球状接头时（见图 6 - 27），可获得最大静摩擦力，保证本设备使用过程中在各个角度均有较好的定位能力，见图 6 - 27。

连接头 → 最终选定 → 尼龙万向头

图 6 - 27　连接头选定方案

制图：任晓菲　日期：2012 年 6 月 20 日

（9）支撑杆的选取。作用：人员手持支撑杆将设备探入开关柜内，扩大人员与带电设备间的安全距离。

1）支撑杆材料的选取方案见表 6 - 23。

表 6 - 23　　　　　　　　　　支撑杆材料选择方案

分类	玻璃钢环氧树脂手工卷制	玻璃钢环氧树脂机械拉挤成型
具体形状		
优点	手工卷制杆的优点是张性大	拉挤成型杆的优点是强度大
缺点	纵向强度相对机械拉挤成型杆小	横向张性相对手工卷制杆小些
是否采用	否	√

制表：朱惠娣　时间：2012 年 6 月 22 日

结论：材料选取为玻璃钢环氧树脂机械拉挤成型的绝缘杆。

2）支撑杆结构的选取方案见表 6 - 24 和图 6 - 28。

表 6 - 24　　　　　　　　　　支撑杆结构选择方案

分类	单杆式	伸缩式
具体形状		
绝缘强度	根据需求不同可选择不同绝缘强度	根据需求不同可选择不同绝缘强度
便携性	质量较大，体积较大，难以携带	质量小，体积小，易携带
实用性	需工作人员移动来调节距离，使用不便	使用方便，可根据使用空间伸缩定位到任意长度
是否采用	否	√

制表：丁洋涛　时间：2012 年 6 月 24 日

图 6 - 28　支撑杆选定方案

制图：王磊　日期：2012 年 6 月 24 日

（10）编写操作系统见图 6 - 29 和表 6 - 25。

图 6 - 29　操作系统选择方案

制图：李勤　日期：2012 年 6 月 26 日

表 6 - 25　　　　　　　　　　　操 作 系 统 编 写

	方案一　电能核查仪 V1.01	方案二　电能核查仪 V2.01
图样		
特点	由电能计量核查软件和视频接收软件组成。主要功能：视频接收、开关条码扫描器、开关摄像机电源和读电表数据等	具有读写系统时间、视频接收、开关条码扫描器、开关摄像机电源、开关辅助照明灯、开关 LED 指示灯和读电表数据等功能，将视频接收直接集中到一起，功能齐全、设计合理、操作简单，使用方便
操作流程图		
是否选取	否	√

制表：赵翔　时间：2012 年 6 月 29 日

结论：基于方案二电能核查仪 V2.01 系统操作简单，设计合理，功能齐全，使用方便，小组使用方案二系统作为核查仪的控制台，见图 6-30。

图 6-30 操作系统选定方案

制图：赵翔 日期：2012 年 6 月 29 日

（二）确定最佳方案

确定最佳方案框图如图 6-31 所示。

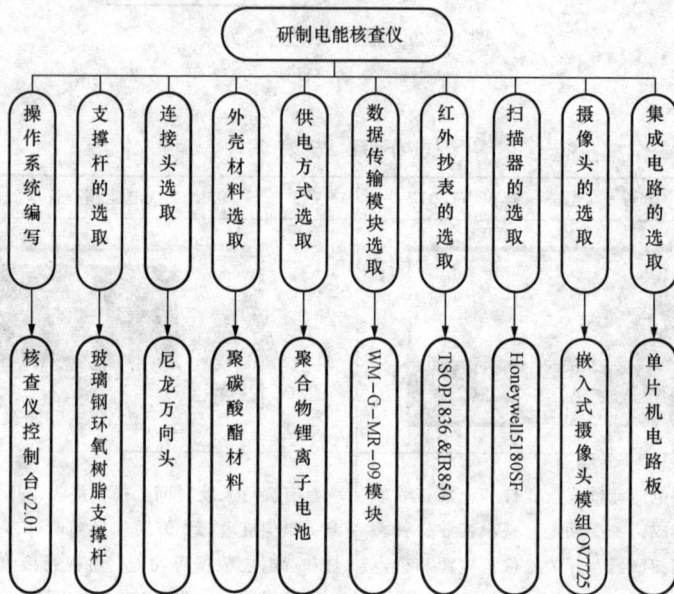

图 6-31 研制电能核查仪最佳方案框图

制图：朱惠娣 日期：2012 年 6 月 30 日

六、制订对策

（一）对策表

对策表见表 6-26。

表 6 - 26   对　策　表

课题	项目	对策	目标	措施	地点	负责人	完成时间
研制电能核查仪	单片机电路	制作单片机电路	信号输出正确率100%	1. 计算机编程控制程序	实验室	丁洋涛朱惠娣	7月5日
				2. 焊接电子元件,连接内部电路	加工厂		
	内嵌式摄像头	制作摄像头嵌入模块	640×480VGA/QVGA 像素和62°视角	1. 购买 OV7725 摄像头	市场	王磊李勤	7月7日
				2. 在电路板上实现优化嵌放	实验室		
	二维码扫描仪	制作二维码扫描模块	识别准确度达到100%	1. 安置在摄像头模组旁边,有足够的光源	实验室	陶士利王磊	7月9日
				2. 制作带有透明窗口的绝缘外壳,增大识别准确度			
	红外抄表装置	安装红外抄表装置	达到2m内精确抄表	1. 采购 TSOP186&IR850 红外抄表装置	市场	陶士利朱惠娣	7月10日
				2. 将红外读写模块与电表的红外模块对接	实验室		
	WIFI模块传输	安装调试 WIFI 模块	达到高速传输发送 700kb/s 接收 450kb/s	1. 在电路上集成,无需 WIFI 外接设备模块	加工厂	朱惠娣任晓菲	7月11日
				2. 采用信号 WPA2 加密			
	聚合物锂离子电池	加入聚合物锂离子电池	电池容量5000mA	1. 整机需要稳定供电	市场	王磊任晓菲	7月12日
				2. 可持续供电 2h 以上			
	聚碳酸酯外壳	制作聚碳酸酯外壳	达到气闭性、绝缘性和透明性的要求	1. 合理设计结构图	加工厂	丁洋涛李勤	7月17日
				2. 赴加工厂进行制作			
	尼龙连接头	制作尼龙连接头	可 0°~360°全方位定位	1. 采用独创的结构	加工厂	陶士利	7月22日
				2. 赴加工厂进行制作			
	玻璃钢环氧树脂支撑杆	选取玻璃钢环氧树脂支撑杆	绝缘强度>150kV	1. 选择合适的制作工艺	实验室	李勤赵翔	7月24日
				2. 选择恰当的长度进行加工			
	操作系统	电能核查仪V2.01	装置操作简单、工作准确率100%	1. 根据工作需要反复调试系统	实验室	赵翔	7月31日
				2. 使用操作系统控制台进行后台操作			

制表:李勤　日期:2012 年 7 月 2 日

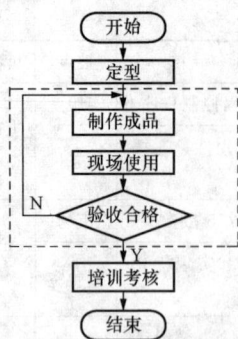

图 6-32　对策实施流程图

制图：赵翔　日期：2012 年 7 月 3 日

（二）相应的对策实施流程图

对策实施流程见图 6-32。

（三）对策实施

1. 对策实施一　定型

措施：整理电路图、线路图、零件清单。

由任晓菲负责整理出定型后的电路图、线路板图和零件清单，零件清单见表 6-27。

表 6-27　　　　　　　　　　　　　　　零 件 清 单

名称	要　　求	尺寸型号（mm）	数量
摄像头	体积小、功耗小、图像信号稳定	6.0×6.0	1
扫描器	识别条码种类多、成本相对合理	11.5 高×21.6 宽×1.60 厚（扫描头）22.8 高×38.4 宽×9.1 厚（解码板）	1
红外读取模块	程度设计方面简单易行，容易实现控制	TSOP1838（6.95 × 5.6）IR850（ϕ9.5×11）	2
连接头	有较好的绝缘性和一定的机械强度	详见图 6-35	1
外壳	气闭性、绝缘性和透明性	101×74×33.5	1
数据传输模块	信号稳定、高速传速、不需要专用模块	26.7×17.8	1
集成电路	功能齐全，传输稳定，兼容性好	90×70×30	1
电源	供电稳定，持续时间长	30	1
螺丝	耐用，防潮，拉伸强度大，机械强度高	M3×2、M2×6 自攻丝	8

制表：任晓菲　日期：2012 年 8 月 2 日

实施情况检查：经组长陶士利检查，达到目标"电路图、线路图、零件清单 100％ 正确"。

2. 对策实施二　制作成品、装置验收

措施 1　制作成品

完善数据采集装置内部接线、探头连接线、装置外观标签。数据采集装置设计图和成品照片分别如图 6-33、图 6-34 所示。连接头设计图、万向头照片和现场操作图如

图 6 -35～图 6 - 37 所示。

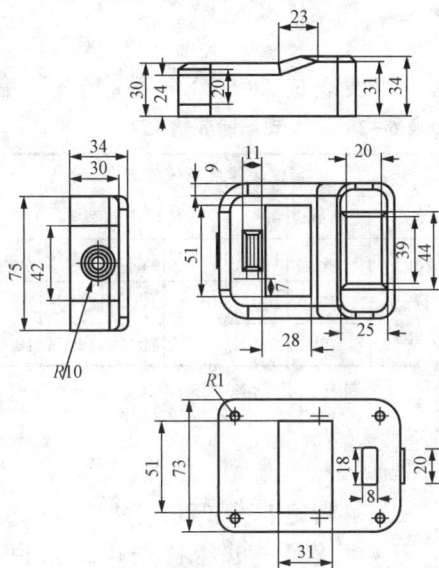

图 6 - 33 数据采集装置设计图（单位：mm）
制图：赵翔 日期：2012 年 8 月 4 日

图 6 - 34 数据采集装置成品实物照片
制图：王磊 日期：2012 年 8 月 5 日

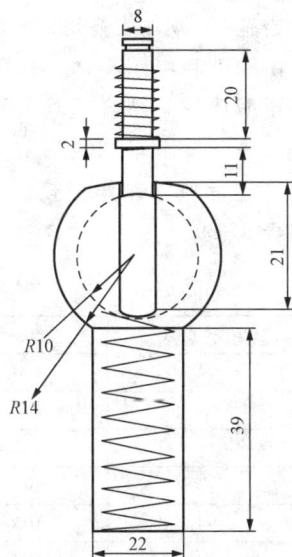

图 6 - 35 连接头设计图（单位：mm）
制图：李勤 日期：2012 年 8 月 5 日

图 6 - 36 尼龙万向头成品照片
制图：任晓菲 日期：2012 年 8 月 7 日

实施情况检查：经组长陶士利检查，达到目标要求"制作出 1 套适用现场的装置成品"。

措施 2　装置验收

由陶士利负责在现场对装置进行现场验收，效果见表 6-28。

图 6-37　现场操作图

制图：朱惠娣　日期：2012 年 8 月 9 日

表 6-28　　　现场验收情况

传输装置现场试验表						
地点	距离(m)	传输准确率				
10kV	25	100%	100%	100%	100%	100%
高压开	50	100%	100%	100%	100%	100%
关柜内	100	100%	100%	100%	100%	100%

制表：丁洋涛　日期：2012 年 8 月 15 日

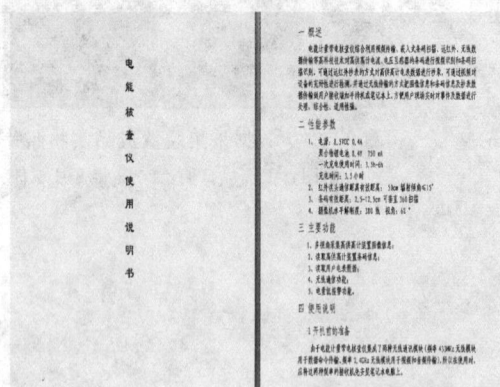

图 6-38　电能核查仪使用说明书

制图：王磊　日期：2012 年 8 月 21 日

3. 对策实施三　培训考核

措施 1　编写培训材料

编写《电能核查仪使用说明书》，见图 6-38。

实施情况检查：达到目标"有一套培训用教材"。

措施 2　现场实操培训和考核

由陶士利组织全体小组人员按使用说明要求，结合现场情况进行学习，并在技术培训之后对全体小组人员进行独立操作考核，考核成绩见表 6-29。

表 6-29　　　　　　　　　　培训考核情况表

姓名	成绩	考核人	考核次数	合格率
于洋涛	优秀	陶士利	4	100%
朱惠娣	优秀	陶士利	4	100%
赵翔	优秀	陶士利	4	100%
任晓菲	优秀	陶士利	4	100%
李勤	优秀	陶士利	4	100%
王磊	优秀	陶士利	4	100%

制表：赵翔　日期：2012 年 8 月 30 日

实施情况检查：经考核，达到"组员 100% 通过考核"的目标。

七、效果检查

成功研制出电能核查仪后，小组对近几次工作中电能核查仪的使用情况进行统计，见表6-30。

表6-30　　　　　　　　电能核查仪目标值检查情况

序号	日期	显示正确率	工作时间（min）	大概节约时间（min）	工作人数
1	2012.09.03	100%	5	15	2
2	2012.09.08	100%	4	16	2
3	2012.09.12	100%	3	17	2
4	2012.09.15	100%	3.5	16.5	2
结论			达到目标值：准确率100%		

制表：朱惠娣　日期：2012年9月19日

表6-30中数据可以看到，电能核查仪在现场使用时，核查准确率达100%，目标值实现。

同时，由于代替人工进行电能核查，无需作业人员频繁出入开关柜，另外，人机交互省去人工抄录、统计电度数据工作，工作效率大大提高，电能核查平均作业时间 t 由通常的20min降为

$$t=(5+4+3+3.5)/4=3.8（min）$$

可见，小组在成功达到目标值，实现100%准确核查电能信息的同时，将电能核查时间从原来的20min降至为4min左右，如图6-39所示。

另外，使用电能核查仪现场作业时，可以省去监护1人，将工作人员由3人降至2人，见图6-40。

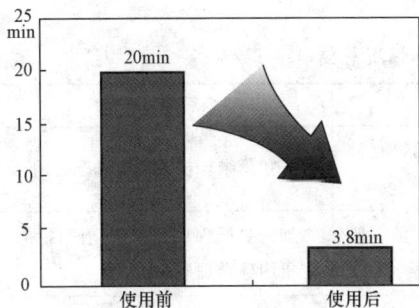

图6-39　降低时间成本示意
制图：任晓菲　日期：2012年10月26日

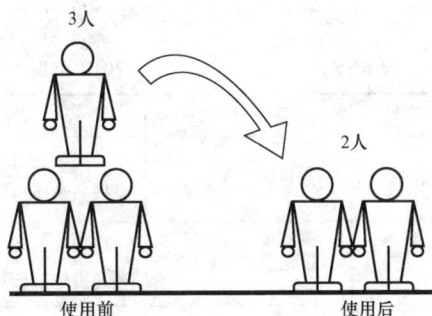

图6-40　降低人力成本示意
制图：赵翔　日期：2012年10月29日

同时，由于在支撑杆及外壳材料选取时，均考虑特殊情况下的带电电能核查作业，

支撑杆及外壳材料耐压水平均在 15kV 以上。现场实践证明，本次 QC 活动所研制的电能核查仪，亦可满足特殊情况下的 10kV 及以下电压等级的电能带电核查工作。

八、标准化

（1）将电能核查仪的电路图、线路版图、元器件列表等资料进行整理，编写电能核查仪作业指导书和电能核查仪产品说明书，如图 6-41 所示。

（2）对电能核查仪进行交流耐压试验合格。计量部已将电能核查仪纳入作业指导书进行标准化管理，如图 6-42 所示，专利申请书如图 6-43 所示。

图 6-41 产品说明书和作业指导书
制图：王磊
日期：2012 年 11 月 6 日

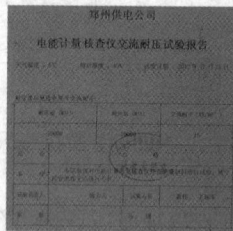

图 6-42 产品说明书
制图：陶士利
日期：2012 年 11 月 15 日

图 6-43 专利申请书
制图：朱惠娣
日期：2012 年 11 月 28 日

九、总结及下步计划

本次活动中，小组成员分工协作，各展所长，发挥创新思维，开发新产品，提高工作效率。各成员在提高个人能力的同时，团队精神、质量意识、问题意识、改进意识和参与意识也大大提高，活动总结见表 6-31。

表 6-31　　　　　　　　2012 年度 QC 小组活动情况总结

序号	活动步序名称	经验（优点）	今后努力方向
1	选择课题	针对实际工作中的问题，有针对性地解决	开拓思维，扩大本组选题范围
2	设定目标	根据实际情况推估目标值，能客观设定目标	加强数据收集和分析，使目标设定更明确合理
3	提出多种方案并确定最佳方案	依据设定目标，各小组成员运用头脑风暴，集思广益，提出各种方案并反复验证	制订方案时，全面考虑方案的有效性和可实施性

序号	活动步序名称	经验（优点）	今后努力方向
4	制订对策表	对策富有创意、目标明确、责任落实	评估和改善对策副作用
5	按对策表实施	合理安排实施计划，事半功倍，有条不紊	合理安排工作周期
6	确认效果	确认实施效果并追踪，确保效果稳定	改进无止境，持续追踪，持续改进
7	标准化	编写产品说明书，并对全体小组成员组织学习和考核	实现新产品的标准化管理，为其他部门提供借鉴经验

制表：陶士利　　日期：2012 年 12 月 8 日

今后，我们将认真总结并发扬本次 QC 活动中的优点，同时，针对其中的不足，进行改进和完善，在 QC 的后续推进中，继续努力，再创佳绩！

成果评价

（一）总体评价

计量部同业对标 QC 小组针对电能核查时用人多，核查难度大，容易出现报数时误传，记录时误听、误记现象，选择"研制电能核查仪"课题开展活动，课题类型：创新型。经过活动，使电能计量核查准确率达到 100%，电能核查时间从原来的 20min 降为 3.8min，电能核查人员由 3 人降至 2 人，达到了预期目标。该成果具有一定的应用价值。

该成果活动过程能够按照创新型课题活动程序进行，提出方案并确定最佳方案，思路清晰，分解方案选择中能够坚持用数据说话，如扫描器选择、通信方式选择等。选择中用数据比对，并通过质量特性值数据的试验验证，选择出有效的对策方案；连接头选择中运用正交试验法，选取了最大静摩擦力的因素位级参数。

（二）程序和方法方面还存在不足

1. 程序方面

（1）选题理由多、无数据、不直接。选择课题中用大量的篇幅陈述选题背景及电能核查的难度，没有电能核查准确率的相关数据。

（2）目标值分析仅凭分析、论证，没有充分的数据证明电能核查准确率 100% 能够达成。

（3）对提出的三个总体方案选择时不是用数据对比选择，仅通过分析"满足"和"不满足"就确定了总体方案。

（4）有的分解方案选择无数据，如集成电路选择、支撑杆选择、操作系统选择等。

（5）实施过程没有按照对策表中的措施分步实施，如对策表中10项对策，实施中只有3个步骤。

（6）没有小组的下一个活动课题。

2．方法方面

（1）亲和图错误，用亲和图的目的是什么不清楚；亲和图中的语言资料描述抽象，如结构、材料等。

（2）正交试验要达到的目的是什么？即最大静摩擦力要达到多少的指标不明确；从正交试验的位级之和看出B、C因素的位级还有潜力可挖，小组没有做进一步分析，以取得更优参数，仅凭直接看和算一算就下结论是不妥当的。

中国质量协会 陈秀云

7 研制带调相功能的三相空气开关插头

国网济源供电公司
运维检修部变电运检室变电检修班 QC 小组

一、小组概况

小组基本情况见表 7-1，小组成员和分工见表 7-2。

表 7-1　　　　　　　　　　　小 组 基 本 情 况

小组名称	变电检修班 QC 小组		成立时间	2010.03
小组理念	突破求新共创佳绩			
课题名称	研制带调相功能的三相空气开关插头			
课题类型	创新型		组　长	孟书海
活动时间	2013 年 4—12 月		注册时间	2013
小组成员	9 人		注册编号	JDQCT-13-28
活动次数	9 次		TQC 教育时间	48h
近年荣誉	2011 年度　河南省电力公司优秀 QC 小组成果三等奖 2012 年度　河南省优秀质量管理小组成果一等奖 　　　　　　河南省电力公司优秀 QC 小组成果二等奖 2013 年度　全国优秀质量管理小组 　　　　　　全国电力行业优秀质量管理小组一等奖 　　　　　　河南省电力公司优秀 QC 小组成果一等奖 2014 年度　河南省电力公司优秀 QC 小组成果一等奖			

制表：王坤　时间：2013 年 4 月 5 日

表 7-2　　　　　　　　　　　小 组 成 员 和 分 工

小组成员	姓　名	性别	文化程度	职称	组内分工
组长	孟书海	男	本科	高级工	协调、效果检查
组员	王　坤	男	本科	中级工	资料整理
	袁雪皎	女	本科	中级工	数据整理
	赵建军	男	大专	技　师	技术策划
	李　健	男	本科	工程师	组织协调
	申会永	男	本科	中级工	资料整理
	李文科	男	本科	中级工	数据收集
	刘　佳	男	本科	中级工	分析实施
	苗　堃	男	本科	中级工	数据分析

制表：王坤　时间：2013 年 4 月 5 日

二、选择课题

(一) 课题的提出

变电设备是电力系统的根基,优良的设备检修和维护质量是电网安全、可靠、经济运行的坚实保障。作为济源供电公司的检修尖兵,小组所在的变电检修班承担着济源电网 6 座 220kV 变电站、14 座 110kV 变电站和 13 座 35kV 变电站、3 万余台(套)变电设备的设备安装、缺陷处理和日常维护工作。长期在现场摸爬滚打,小组始终坚持以服务检修现场为中心,优先选择必要性和可行性突出的课题开展年度 QC 活动。

在年度选题讨论会上,小组全员参与,充分展开"头脑风暴",针对现场工作中的各种问题和挑战,收集了大量课题设想,并运用思维导图将大家的想法整理归纳,如图 7-1 所示。

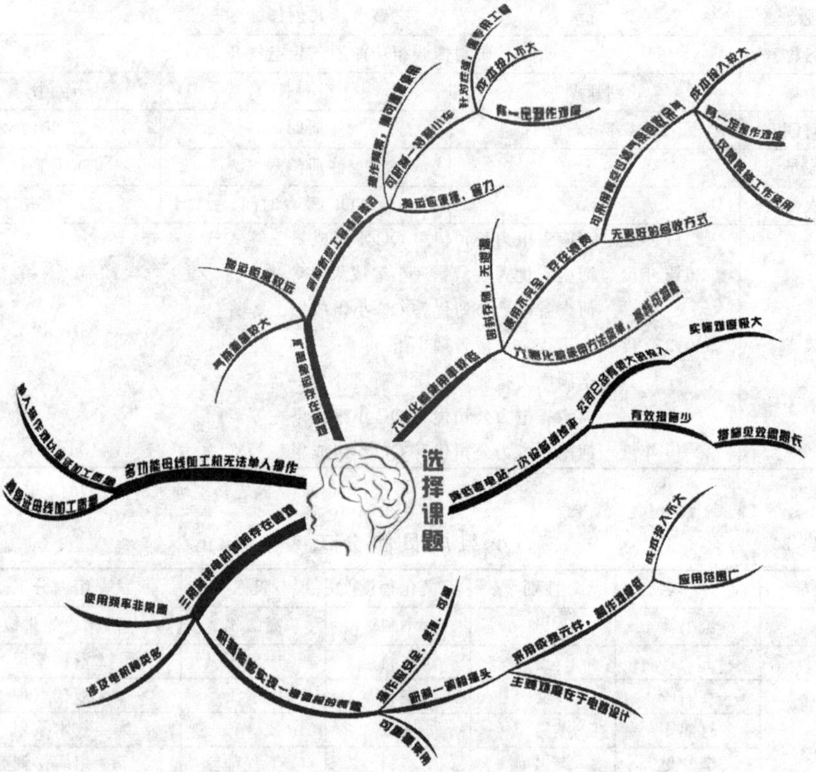

图 7-1 选题思维导图

制图:王坤 时间:2013 年 4 月 12 日

由图 7-1 可以看出,小组提出了三个年度活动备选课题,如图 7-2 所示。

备选课题一：提高六氟化硫气体使用率

六氟化硫断路器以六氟化硫气体作为灭弧和绝缘介质，充气工作是该型断路器维护工作的重要一环，即在灭弧室内六氟化硫气压低于额定值时及时补充，保证气体压力正常，防止设备闭锁情况的发生。

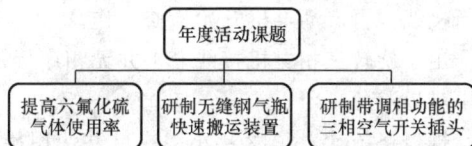

图 7-2 备选课题列举图

制图：袁雪皎 时间：2013 年 6 月 4 日

充气完成后，经常出现六氟化硫气瓶内尚存残余气体（见表 7-3），但气压已降，不足规定的充气压力 0.15MPa，无法满足再次充气的条件。

表 7-3   气瓶残余气体统计

使用前气压	使用完毕后气压	检测人员
0.5MPa	0.13MPa	申会永
0.5MPa	0.12MPa	李文科
0.5MPa	0.2MPa	刘佳

制表：王坤 时间：2013 年 4 月 11 日

小于 10m。因此六氟化硫、氧气及乙炔气瓶搬运与转移中各种气瓶相关参数见表 7-4。

由于气瓶质量大，体积大，日常搬运采用转动滚动搬运方式，虽可单人操作，但操作费力、速度慢，且不安全。因此，小组拟研制一型专用小车，实现气瓶的安全、省力、快捷。小车设想图如图 7-3 所示。

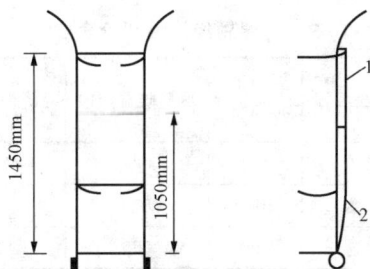

图 7-3 新型可调节式气瓶搬运小车初步设计图
1—带闭锁功能滑轮槽；2—倾斜式保护壳
制图：王坤 时间：2013 年 4 月 11 日

备选课题二：研制无缝钢气瓶快速搬运装置

经统计，2012 年四季度，小组所在班组共进行六氟化硫气体补气操作 35 次，动火作业 10 次。补气操作中，设备所在区域车辆无法通行；动火作业中，氧气瓶与乙炔气瓶距离不得小于 5m，与明火距离不得

表 7-4   各种气瓶参数

气瓶种类	六氟化硫气瓶	氧气瓶	乙炔气瓶
气瓶容量（L）	40	40	40
气瓶高度（mm）	1450	1450	1050
气瓶直径（mm）	219	219	250
气瓶质量（kg）	50	50	40
材质	无缝钢	无缝钢	无缝钢

制表：王坤 时间：2013 年 4 月 11 日

备选课题三：研制带调相功能的三相空气开关插头

旋转三相电机在电力检修现场经常使用，如用于切割机、磁力钻、真空滤油泵等。工作中，必须确保电机相序与电源相序相同，电机才能正常工作；电源接线若相序不对，电机就会反转，威胁操作者和电机的安全。

现场操作中，操作人员将电机的电源线接到检修电源箱内的三相空气开关上。接好后，启动电机检查相序。如果相序错误，就需要重新返回电源箱，调整相序，重新接线，再启动电机开始检修工作。

由于旋转三相电机接线盒上并无相序标示（见图 7-4），因此，接错相序在实际操作中难以避免。

据概略统计，2012 年小组成员共使用旋转三相电机设备 500 余次。按接错相序的概率 50%、每次接线 3min 计算，全年因接错相序累计损失工作时间约 1500min。显然，传统取电方式费时费力，且存在安全隐患。

由于旋转三相电机电源线相序错误时，只需将任意两相相序互换，即可实现电机正转。因此，如果研制一种带调相功能的三相空气开关插头，实现一键调相，即可避免重复接线。装置假想图如图 7-5 所示。

图 7-4 电机接线盒无相序标示

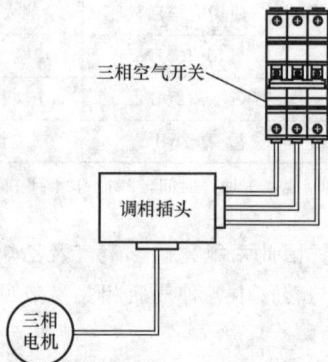

图 7-5 调相装置假想图

制图：王坤 时间：2013 年 4 月 12 日

（二）选题分析

采用价值成本法，从经济性、难度、迫切性、推广价值和可行性五个方面，对三个备选课题进行综合评价。

1. 经济性

课题一需购买真空过滤气泵及其附属设备，粗略估计花费约 2 万元。2012 年四季度全公司气瓶十余只，若全部收集，可节省约 3000 元。课题二因制作难度较大，购买小车材料及人工费约 1000 元，由于使用频率低，预计节省人工费约 500 元（人员时薪 30 元计）。课题三购买材料及人工费约 500 元，鉴于其使用频率高及应用前景广阔，每预期收益约 250 元，见表 7-5。

表 7-5　课题经济性评价表

课题名称	预计花费（元）	预期收益（月）	经济性标幺值
课题一	2 万	3000	6.67
课题二	1000	500	2
课题三	500	250	2

制表：李文科 时间：2013 年 4 月 12 日

2. 难度

课题一需新增设备,操作复杂,需要专项培训;课题二所有部件均需自制,有一定设计制作难度;课题三可采用成熟元件,设计制作难度较低,见表7-6。

表7-6　　　　　　　　　　课题难度评价表

课题名称	设计难度	制作难度	使用培训	操作难度	得分
课题一	无（25）	无（25）	有（0）	大（0）	50
课题二	有（0）	大（0）	无（25）	中（9）	34
课题三	无（25）	低（17）	无（25）	低（17）	84

注　得分计算方法:共四项,每项满分为25分,以操作难度为例,难度大得0分,中得9分,低得17分,无难度得25分。

制表:李文科　时间:2013年4月12日

3. 紧迫性

小组通过对三个课题相应操作模式操作频率、难度和成本耗费三方面的比较,对其紧迫性进行分析,见表7-7。

表7-7　　　　　　　　　　课题迫切性评价表

课题名称	操作频率	操作难度	操作成本	得分
课题一	15瓶/年（0）	无此操作（33）	大（33）	66
课题二	200次/年（16）	低（16）	低（0）	32
课题三	500次/年（33）	大（33）	大（33）	99

注　得分计算方法与表7-6类似。

制表:李文科　时间:2013年4月12日

4. 推广价值

小组从使用频率、使用范围、投资回报比三方面进行分析评价,见表7-8。

表7-8　　　　　　　　　　课题推广价值比较表

课题名称	使用频率	使用范围	投资回报比	得分
课题一	15瓶/年（0）	限于本小组（16）	0.15倍（低16）	32
课题二	200次/年（16）	限于使用气瓶的工作（16）	0.5倍（低16）	48
课题三	500次/年（33）	旋转三相电机设备均可应用（33）	10倍（高33）	99

注　得分计算方法与表7-6类似。

制表:李文科　时间:2013年4月12日

5. 可行性

小组从方案的难易度、基础条件、预期困难三方面进行分析评价,见表7-9。

141

表 7-9   课题可行性比较表

课题名称	难易度	基础条件	预期困难	得分
课题一	50 分 (16.5)	满足 (33)	无 (33)	82.5
课题二	34 分 (11.22)	满足 (33)	无 (33)	77.22
课题三	84 分 (27.72)	满足 (33)	无 (33)	93.72

注 得分计算方法与表 7-6 类似。

制表：李文科 时间：2013 年 4 月 12 日

结合各备选课题特点，小组经过讨论，将难易度、紧迫度、推广价值和可行性的权重依次定为 15%、30%、30%、25%，各个课题的经济性标幺值依次为 6.67、2、2。依据价值成本法计算，根据通用公式：

课题得分＝（难度得分×15%＋紧迫度得分×30%＋推广价值得分×30%＋可行性得分×25%）/经济性标幺值

可知：

课题一得分：$(50×15\%＋66×30\%＋32×30\%＋82.5×25\%)/6.67＝8.6$

课题二得分：$(34×15\%＋32×30\%＋48×30\%＋77.22×25\%)/2＝17$

课题三得分：$(84×15\%＋99×30\%＋99×30\%＋93.72×25\%)/2＝47.7$

由以上分析计算可知：课题三得分最高。

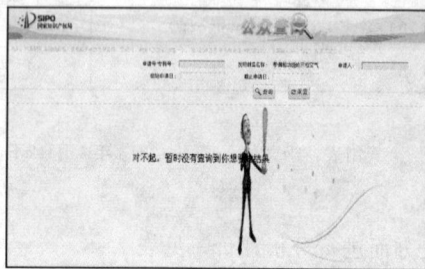

图 7-6 专利查询页面

（三）查新

小组成员通过公司内网的河南电力数字图书馆系统检索了国电、万方、同方和中南海山等文献库，并通过国家知识产权局网上查询工具进行了检索，未发现目前有开展针对三相空气开关技术改进和革新的专利成果和文献报道，见图 7-6。

小组成员询问了气泵、切割机等三相电机的生产厂家，并在与洛阳、许昌、安阳供电公司等兄弟单位的班组技术交流中了解到，其目前采用的三相电机取电操作方式与我们完全相同，没有可供借鉴的创新方式和方法。

（四）确定课题

为减轻变电检修人员的劳动强度，提高工作效率，保障操作安全，小组确定了本次活动的课题：研制带调相功能的三相空气开关插头。

（五）活动计划

为保障活动进程合理有序，小组制订了活动计划，并做甘特图，如图 7-7 所示。

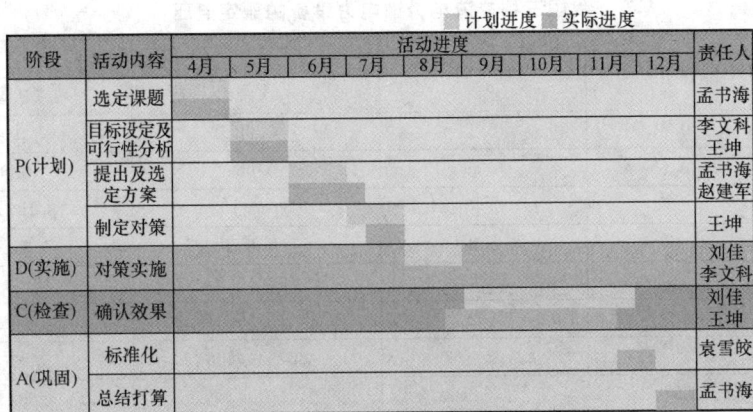

图 7 - 7　小组活动计划甘特图

制图：李文科　时间：2013 年 4 月 22 日

三、设定目标及可行性分析

（一）安全性目标

为防止断路和短路故障威胁操作安全，小组对常用的三相电器额定电流、额定功率和额定电压进行统计分析，见表 7 - 10。

表 7 - 10　　　　　　　　　　　常用三相电器调查表

三相电器类型	额定电压（V）	额定电流（A）	额定功率（W）
切割机	380	7.89	3000
磁力钻	380	5.13	1950
滤油泵	380	1.97	750
真空泵	380	10.52	4000
风　机	380	14.47	5500
焊　机	380	23	8740

制表：王坤　时间：2013 年 5 月 4 日

由表 7 - 10 可知，额定电流以焊机为最大，额定电流为 23A。按照《发电厂电气部分（第四版）》（中国电力出版社，2009）中载流量相关规定，将该额定电流乘以安全系数 $K = 1.5$，计算出**插头载流量应不小于 34.5A**。

为确定检修电源箱内电压值，小组成员查阅了《电力系统稳态分析（第三版）》（中国电力出版社，2007）中电压相关规定，见表 7 - 11。

表 7 - 11　　　　　　我国三相交流电力网电力设备的额定电压　　　　　　　　kV

分类	电网和用电设备	发电机	电力变压器	
			一次绕组	二次绕组
低压	0.38	0.4	0.38	0.4
	0.66	0.69	0.66	0.69
高压	3	3.15	3，3.15	3.15，3.3
	6	6.3	6，6.3	6.3，6.6
	10	10.5	10，10.5	10.5，11
	—	13.8，15.75，18.20	13.8，15.75，18.20	—
		22，24，26	22，24，26	
	35	—	35	38.5
	60	—	60	66
	110	—	110	121
	220	—	220	242
	330	—	330	363
	500	—	500	550
	750	—	750	825

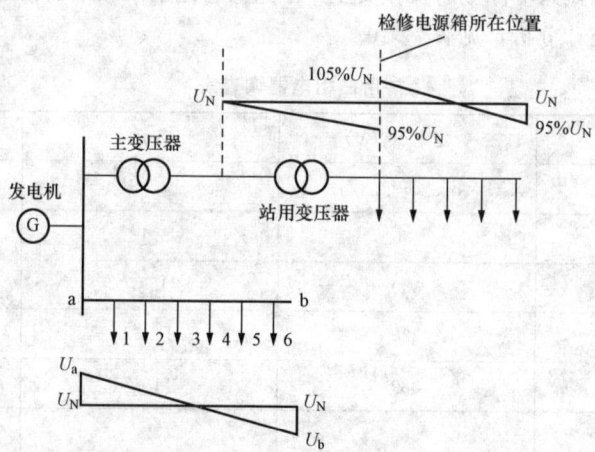

图 7 - 8　检修电源箱电压查询图

制图：李文科　时间：2013 年 4 月 22 日

由图 7 - 8 可知，检修电源箱电压为 $105\%U_N$，即 $105\% \times 400V = 420V$。

因此，插头可耐受电压应不小于 **420V**。

（二）可靠性目标

作为插头类产品，本插头参照"3C"国家标准（GB 1003—2008《家用和类似用途三相插头、插座-型式、基本参数和尺寸》）及其他相关标准对其可靠性进行测试，限

144

于篇幅，列举主要试验项目如下：

（1）绝缘电阻及电气强度试验：绝缘电阻用一个 500V 的直流电压施加 1min 进行测量，绝缘电阻不得小于 5MΩ，实验仪器为兆欧表；电气强度，使用 50Hz 正弦波，试验电压为 2000V，历时 1min，不发生击穿或闪络。

（2）环境应力筛选试验：根据 GJB 1032—1990《电子产品环境应力筛选方法》，通过一些环境应力，如高低温、温湿度、冲击、振动等，把产品中的缺陷找出来。

（3）加速寿命试验：根据 GB/T 2689.1—1981，快速完成产品的寿命测试，发现寿命周期内产品失效的规律，评价产品是否满足要求，为产品在规定的使用时间内符合一定的可靠性指标提出保证。

据此，我们设定可靠性目标：**插头应符合绝缘电阻试验、电气强度试验、环境应力筛选试验和加速寿命试验的要求。**

（三）便捷性目标

由于本次活动是针对现有三相空气开关取电操作而开展的，因此，小组将减少取电操作用时作为便捷性目标，并在 220kV 苗店变电站进行测试，测试结果见表 7-12。

由表 7-11 可知：小组成员取电操作最长用时 312s，最短用时 74s，八名测试人员中，仅有三人一次性完成了操作。

为了解操作各环节的耗时，以便准确设定操作用时目标，小组将取电操作流程进行分解，如图 7-9 所示。

表 旋转三相电机取电操作用时调查

小组成员	操作用时（s）	是否重新接线
孟书海	276	是
赵建军	74	否
王 坤	293	是
李文科	302	是
申会永	101	否
刘 佳	305	是
李 健	99	否
袁雪皎	312	是

制表：王坤 时间：2013 年 5 月 4 日

图 7-9 旋转三相电机取电操作流程
制图：王坤 时间：2013 年 5 月 6 日

由于各变电站检修电源空间距离不同，且路途时间不可避免，非可改进因素，因此路途时间将不计入目标值中。

小组对成员在 220kV 苗店变电站测试的取电操作各环节用时进行分解统计，见表 7-13。

表 7-13   旋转三相电机取电操作用时分解表

小组成员	初次连线用时（s）	检查（s）	重新连线用时（s）
孟书海	70	20	156

续表

小组成员	初次连线用时（s）	检查（s）	重新连线用时（s）
赵建军	55	10	
王 坤	79	25	153
李文科	73	23	160
申会永	75	15	
刘 佳	85	19	162
李 健	76	13	
袁雪皎	87	22	109
平均用时	75	18	158.4

制表：李文科　时间：2013 年 5 月 6 日

由表 7-12，做条形图如图 7-10 所示。

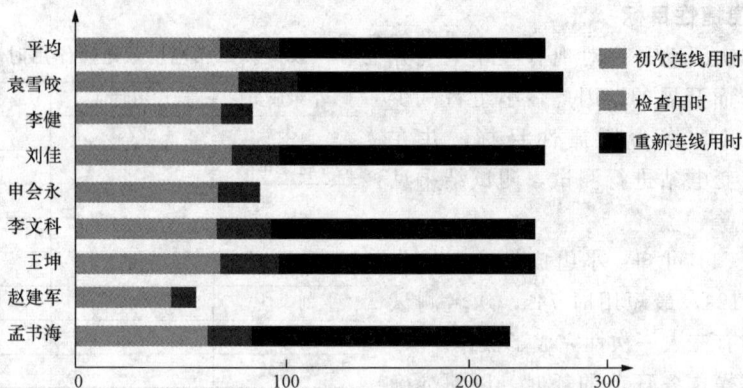

图 7-10　旋转三相电机取电操作用时分解图

制图：王坤　时间：2013 年 5 月 6 日

由图 7-10 可知，取电操作平均用时中，75s 用于初次接线，18s 用于检查相序，158.4s 用于重新接线，如果带调相功能的空气开关插头研制成功，将完全省略"重新接线"工序，则小组成员取电操作最长用时为袁雪皎的 87s＋22s＝109s。

以小组成员最长用时为基准，小组设定便捷性目标：旋转三相电机取电操作用时不大于 109s。

（四）目标可行性分析

1. 安全性目标分析

小组在本次课题活动中，通过采用符合标准的元器件，确保加工工艺，进行必要的检测、试验，可以保证不会发生断路、断路等故障。

（1）按照国家标准，500V 及以下铜芯塑料绝缘线在空气中敷设，载流量见表 7-14。按载流量 34.5A 的标准选型时，选用符合标准的铜芯塑料绝缘线即可满足要求。

表 7 - 14 　　　　　　　　　　　　　　电 缆 载 流 量 　　　　　　　　　　　　　　　A

导线截面 （mm²）	铜 芯 塑 料 线				单相功率 （W）
	25℃	30℃	35℃	40℃	
0.75	16	15	14	13	2860
1.0	19	18	16	16	3300
1.5	24	22	21	19	4148
2.5	32	30	28	25	5500
4	42	39	36	33	7260
6	55	51	48	44	9680
10	75	70	65	59	12 980
16	105	98	91	83	18 260
25	138	129	119	109	23 980
36	170	159	147	134	29 480
50	215	201	186	170	37 400

注 明敷时载流量最高允许温度为 65℃。

制图：王坤　时间：2013 年 5 月 6 日

（2）为满足额定电压的要求，需要选用具备足够绝缘强度的材料。按 GB 2900.5 规定的绝缘材料标准，常用绝缘材料的绝缘强度均远高于本次课题活动 420V 的安全性目标，如最常用的 PVC（聚氯乙烯）绝缘强度为 20kV/mm，见表 7 - 15。

表 7 - 15 　　　　　　　　　　　　　　材 料 电 阻 率

物质名称	电阻率（Ω·m）	物质名称	电阻率（Ω·m）	物质名称	电阻率（Ω·m）
苯	$1.6 \times 10^{11} \sim 1.0 \times 10^{12}$	醋酸乙酯	1.0×10^5	羊毛	$10^7 \sim 10^9$
乙醚	5.6×10^9	己烷	1.0×10^6	丙烯纤维	$10^8 \sim 10^{10}$
丙酮	1.7×10^5	甲醇	2.3×10^4	硅油	$10^{11} \sim 10^{13}$
二硫化碳	3.9×10^{11}	丁酮	1.0×10^5	硅漆	$10^{14} \sim 10^{15}$
乙醇	7.4×10^6	异丙醇	2.8×10^3	沥青	$10^{13} \sim 10^{15}$
醋酸甲酯	2.9×10^3	止丁醇	1.1×10^5	石蜡	$10^{14} \sim 10^{17}$
汽油	2.5×10^{11}	正十八醇	2.8×10^6	凡士林	$10^9 \sim 10^{13}$
轻油	1.3×10^{12}	正丙醇	5.0×10^8	干燥木材	$10^8 \sim 10^{10}$
庚烷	4.9×10^{11}	液态碳氢化物	$10^8 \sim 10^{16}$	硫	10^{17}
煤油	7.3×10^{10}	蒸馏水	1.0×10^4	琥珀	$>10^{18}$
硫酸	1.0	导电橡胶	$2.0 \sim 20$	天然橡胶	$10^{12} \sim 10^{15}$

续表

物质名称	电阻率（Ω·m）	物质名称	电阻率（Ω·m）	物质名称	电阻率（Ω·m）
液氢	4.6×10^{17}	油毡	$10^6\sim10^{16}$	聚苯乙烯[1]	$10^{15}\sim10^{17}$
石油乙醚	8.4×10^{12}	玻璃	$11^{11}\sim10^{14}$	氯乙烯[1]	$10^{10}\sim10^{14}$
乙醛	5.9×10^3	云母	$10^{11}\sim10^{13}$	聚乙烯[1]	$>10^{16}$
醋酸	8.9×10^6	尼龙布	$10^9\sim10^{11}$	环氧树脂[1]	$10^{14}\sim10^{15}$
醋酐	2.1×10^6	纸	$10^5\sim10^8$	聚四氟乙烯[1]	$10^{14}\sim10^{17}$

[1] 绝缘塑料。　　　　　　　　　　　　　　　制表：王坤　时间：2013年5月6日

由以上分析可知，安全性目标可以达到。

2. 可靠性目标分析

由欧姆定律：电压（U）＝电流（I）×电阻（R）可知，在整个回路电流相同时，电阻越大的地方电压就越大，发热就越严重。导线接头作为电阻较大的部位，如接触不良，易因发热引起导线及外壳形变、老化等故障。对此，可采取以下措施：

（1）措施一：规范接线工艺，保障接头。

为保障导线接头连接牢固、可靠，小组采用符合规范的接线工艺，见表7-16。

表7-16　　　　　　　　　导线接线工艺统计表

接头类型	接线工艺	工艺要求
导线与导线连接	一字连接法（见图7-11）、T字连接法	缠绕紧密、无散股、断股和松动
导线与螺丝连接	顺绕法（见图7-12）	顺时针缠绕并压紧、无散股、断股和松动
导线与接线柱连接	螺压法（见图7-13）、钳压法（见图7-14）	压紧、无松动

制表：李文科　时间：2013年5月6日

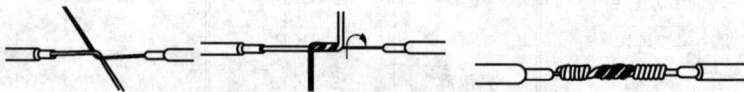

图7-11　导线与导线连接工艺

制图：王坤　时间：2013年5月6日

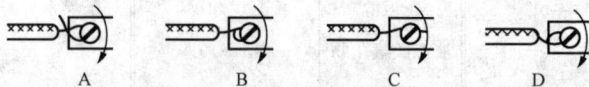

A　　　B　　　C　　　D

图7-12　导线与螺丝连接工艺

制图：王坤　时间：2013年5月6日

图 7-13　导线与螺孔接线柱连接工艺

制图：王坤　时间：2013 年 5 月 6 日

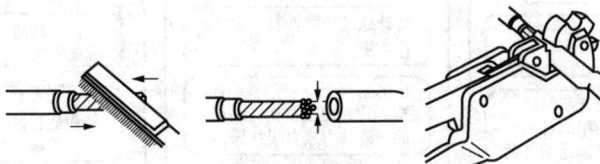

图 7-14　导线与管状接线柱连接工艺

制图：王坤　时间：2013 年 5 月 6 日

（2）措施二：规范选材，防止发热变形。

小组按国家标准规定的绝缘材料耐热等级（见表 7-17）来选择材料，即可达到防止发热变形的要求。

表 7-17　　　　　　　　　　绝缘材料耐热等级

耐热等级	温度（℃）	耐热等级	温度（℃）
Y	90	B	130
A	105	F	150
E	120	H	180

制图：王坤　时间：2013 年 5 月 6 日

3. 便捷性目标分析

便捷性目标是本次课题活动的核心目标。由图 7-10 可知，目标值的设定以小组成员中耗时最多成员的用时为基准。如一键调相插头研制成功，可完全省略"重新接线"工序，所有成员均可在目标时间内完成操作。

综上所述，小组确定：活动目标合理、可行。

四、提出方案并确定最佳方案

（一）方案的提出

小组集思广益，使用亲和图，归纳大家提出的各种设想，如图 7-15 所示。

根据亲和图，小组通过讨论、分析，提出了三个总体方案，如图 7-16 所示。

（二）方案分析、评价和优选

三种总体方案都需符合目前使用的三相空气开关的型式设计，在不破坏该开关材

149

质、结构的前提下，达到小组设定的目标。

三相空气开关结构如图 7-17 所示。根据图 7-18～图 7-20，小组对三个方案进行了综合分析与评价，见表 7-18～表 7-20。

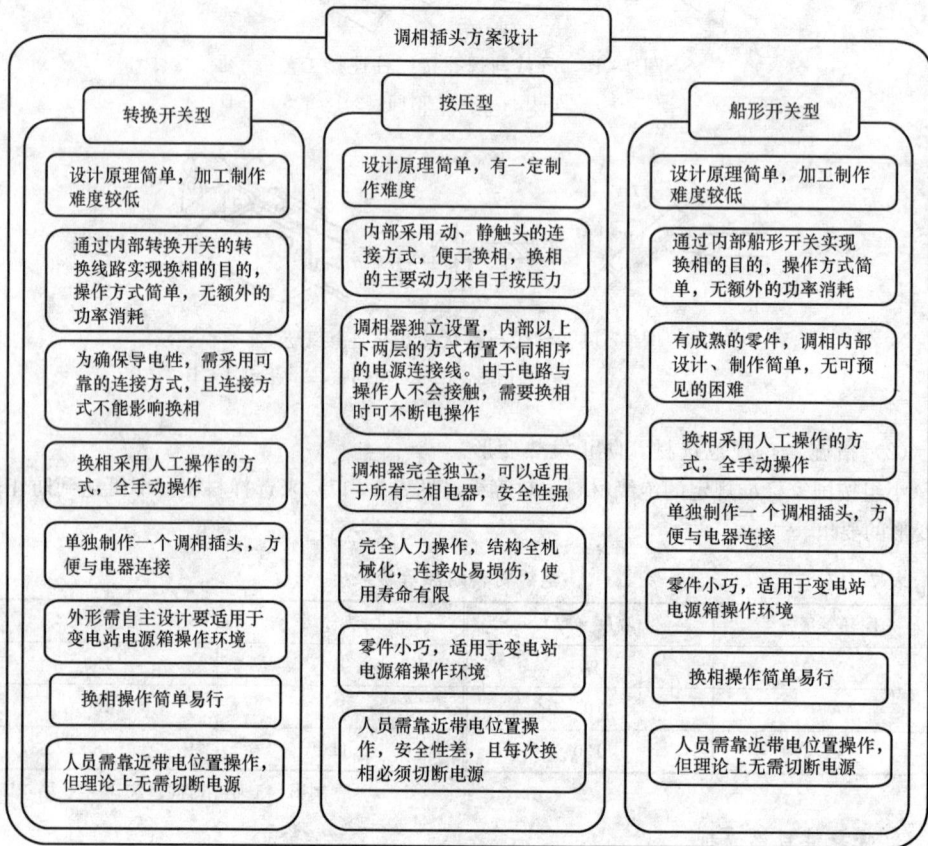

```
                    ┌─────────────────────┐
                    │    调相插头方案设计     │
                    └─────────────────────┘
```

调相插头方案设计

转换开关型
- 设计原理简单，加工制作难度较低
- 通过内部转换开关的转换线路实现换相的目的，操作方式简单，无额外的功率消耗
- 为确保导电性，需采用可靠的连接方式，且连接方式不能影响换相
- 换相采用人工操作的方式，全手动操作
- 单独制作一个调相插头，方便与电器连接
- 外形需自主设计要适用于变电站电源箱操作环境
- 换相操作简单易行
- 人员需靠近带电位置操作，但理论上无需切断电源

按压型
- 设计原理简单，有一定制作难度
- 内部采用动、静触头的连接方式，便于换相，换相的主要动力来自于按压力
- 调相器独立设置，内部以上下两层的方式布置不同相序的电源连接线。由于电路与操作人不会接触，需要换相时可不断电操作
- 调相器完全独立，可以适用于所有三相电器，安全性强
- 完全人力操作，结构全机械化，连接处易损伤，使用寿命有限
- 零件小巧，适用于变电站电源箱操作环境
- 人员需靠近带电位置操作，安全性差，且每次换相必须切断电源

船形开关型
- 设计原理简单，加工制作难度较低
- 通过内部船形开关实现换相的目的，操作方式简单，无额外的功率消耗
- 有成熟的零件，调相内部设计、制作简单，无可预见的困难
- 换相采用人工操作的方式，全手动操作
- 单独制作一个调相插头，方便与电器连接
- 零件小巧，适用于变电站电源箱操作环境
- 换相操作简单易行
- 人员需靠近带电位置操作，但理论上无需切断电源

图 7-15 带调相功能的三相空气开关插头方案设计亲和图

制图：王坤 时间：2013 年 6 月 1 日

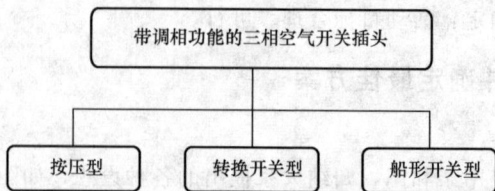

```
        带调相功能的三相空气开关插头
        ┌──────┬──────┬──────┐
      按压型    转换开关型   船形开关型
```

图 7-16 方案提出列举图

制图：袁雪皎 时间：2013 年 6 月 4 日

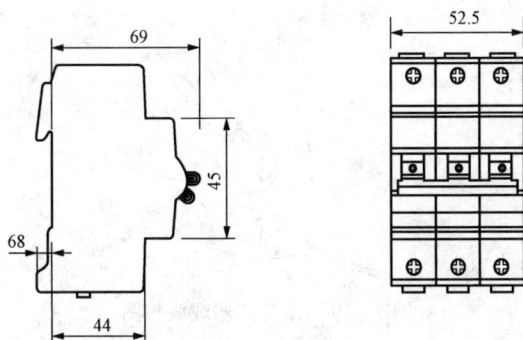

图 7-17　三相空气开关规格图（单位：mm）

制图：李文科　时间：2013 年 6 月 4 日

1. 方案一　按压型

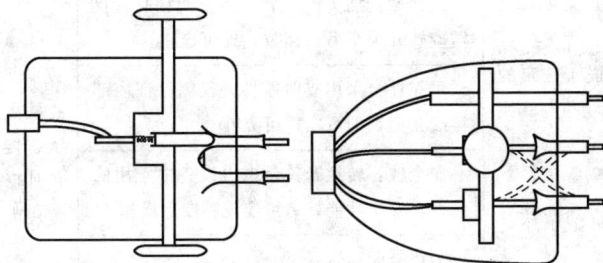

图 7-18　方案一假想图（单位：mm）

制图：孟书海　时间：2013 年 6 月 5 日

表 7-18　　　　　　　　　　　　方案一分析评价

方案内容	特点分析	评　价
1. 根据三相空气开关接口尺寸制作插头。 2. 按压动触头，与不同组别静触头连接，实现相序调换，并用弹簧机构加以锁定。 3. 需要调相时，按下按钮即可	便捷性：插头接好后，需要调相时仅需按下按钮，即可换相	优点：体型小巧，调相方便，制作难度一般。 缺点：采用纯机械的方式换相，调相器安全性、使用寿命均较差；所有原件均需自制
	可靠性：为保证接触良好，内部采用动、静触头设计，以弹簧机构将连接锁定	
	安全性：纯机械换相，为保证安全，必须断电操作，安全性一般	
	制作难度：较大	

时间	2013 年 6 月 5 日	地点	变电检修班
责任人	孟书海、赵建军		

制表：王坤　时间：2013 年 6 月 5 日

151

2. 方案二　转换开关型

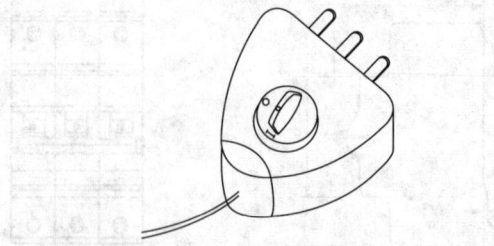

图 7-19　方案二外观假想图

制图：孟书海　时间：2013 年 6 月 6 日

表 7-19 　　　　　　　　　　方案二分析评价

方案内容	特点分析		评价
1. 根据三相空气开关接口尺寸制作插头。 2. 将转换开关内嵌于一定的插头内，外部旋钮的挡位与转换开关内常开、常闭节点对应，形成两种接线组别。 3. 需要调相时，扳动转换开关旋钮即可	便捷性：插头接好后，需要调相时，仅需旋转开关至另一挡位，即可换相		优点：调相方便，制造成本低。 缺点：转换开关体积较大、接线复杂，调相插头的外形及内部设计制作难度较大
	可靠性：采用成熟原件，仅需保证内部接线紧固，即可实现可靠性		
	安全性：转换开关是电力设备中常用的元件，安全性能好，可实现不断电操作		
	制作难度：较大		
时间	2013 年 6 月 5 日	地点	变电检修班
责任人	孟书海、赵建军		

制表：申会永　时间：2013 年 6 月 6 日

3. 方案三　船形开关型

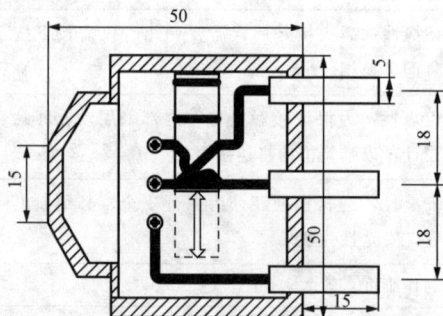

图 7-20　方案三假想图

制图：孟书海　时间：2013 年 6 月 7 日

表 7 - 20 方案三分析评价

方案内容	特点分析	评价
1. 根据三相空气开关接口尺寸制作插头。 2. 将船形开关内置于插头内，按键切换船形开关内部接线，即可调换相序。 3. 需要调相时，拨动船形开关即可	便捷性：船形开关实际上是一种单刀双掷开关，需要调相时，仅需按键即可换相 可靠性：由于采用成熟原件，内部连线仅需保证紧固可实现可靠性 安全性：船形开关是电力设备中常用的元件，安全性能好，可实现不断电操作 制作难度：较低	优点：船形开关体积较小，调相方便，制作难度较低。 缺点：外形及其导电部分需自行设计加工

时间	2013 年 6 月 5 日	地点	变电检修班
责任人	孟书海、赵建军		

制表：申会永 时间：2013 年 6 月 7 日

通过对以上三种方案的综合分析、评价，采用价值工程法，对三种方案进行优选。首先对各方案成本进行分析，方案三最小，见表 7 - 21。

表 7 - 21 成 本 占 用 系 数

方案	实现成本（元）	成本占用系数（C）
方案一	1000	0.43
方案二	800	0.34
方案三	500	0.21

制表：申会永 时间：2013 年 6 月 13 日

小组采用 0～4 评分法，对三种方案的功能性进行评价。目标权重分配上，要在保证安全性和可靠性的前提下考虑便捷性。因此，安全性最重要，其次为可靠性，便捷性居末。评价结果：方案三最高，见表 7 - 22。

表 7 - 22 功 能 评 价 系 数

功能	安全性（F_1）	可靠性（F_2）	便捷性（F_3）	功能评价系数（F_i）
安全性（F_1）	—	1	0	0.1
可靠性（F_2）	3	—	1	0.36
便捷性（F_3）	4	2	—	0.54
合计		11		1

制表：申会永 时间：2013 年 6 月 13 日

由价值系数计算公式 $V = F_i / C$ 可知：方案三价值系数最高，见表 7 - 23。

表 7-23   **价值系数计算表**

方案	成本占用系数（C）	功能评价系数（F_i）	价值系数（$V=F_i/C$）
方案一	0.43	0.1	0.23
方案二	0.34	0.36	1.05
方案三	0.21	0.54	2.51

制表：申会永   时间：2013 年 6 月 13 日

据此，小组选定最优方案：船形开关型。

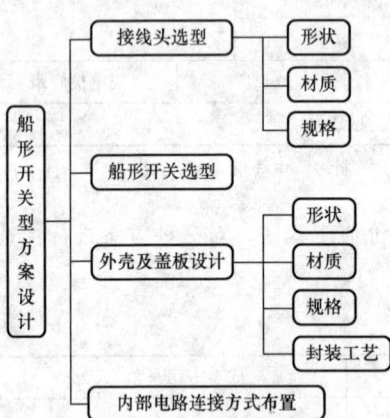

图 7-21 船形开关型设计方案
制图：王坤   时间：2013 年 6 月 18 日

（三）方案设计

船形开关型方案中，接线头需要自制，其性能优劣涉及因素较多；船形开关可从市场上购买成熟元件；外壳及盖板部分需自制，需通过选型确定其形状、材质、规格等；盖板的封装工艺需要分析选定；内部导线的连接方式也需通过对比分析选定。设计方案如图 7-21 所示。

1. 接线头选型

调相插头使用时，需接入空气开关取电。因此，需配合空气开关接口规格，对插头接线头进行选型。经测量，空气开关接口长 15mm、宽 8mm、深 13mm，采用螺丝压紧连接方式。为保证可靠连接，**接线头长度应不小于 13mm**。

接线头其余参数的确定，涉及因素较多，小组采用正交试验法寻找最佳组合。首先列出位级因素表，见表 7-24。

表 7-24   **位级因素表**

位级 \ 因素	材质	截面积（mm²）	截面形状
位级 Ⅰ	铝	4	矩形
位级 Ⅱ	铜	5	圆柱形
位级 Ⅲ	铁	6	不规则形态

制表：袁雪皎   时间：2012 年 6 月 18 日

按照位级因素表，我们进行了 9 次试验，对各种材质和规格组合的接线头，在密封条件下（导热系数小）持续施加 40A 电流（大电流）10min 后，测量其温度变化。试验结果见表 7-25。

表 7-25　　　　　　　　　　　正 交 试 验 表

位号 ＼ 因素	材质 A	截面积 B	截面形状 C	试验结果 温升变化率
1	铝（1）	4mm² （1）	不规则形态（3）	＋14℃
2	铜（2）	1	矩形（1）	＋8℃
3	铁（3）	1	圆柱形（2）	＋16℃
4	1	5mm² （2）	2	＋12℃
5	2	2	1	＋7℃
6	3	2	3	＋18℃
7	1	6mm² （3）	1	＋12℃
8	2	3	3	＋12℃
9	3	3	2	＋15℃
位级Ⅰ结果之和	38	38	27	
位级Ⅱ结果之和	27	37	43	
位级Ⅲ结果之和	49	39	44	
极差（R）	22	2	17	

制表：袁雪皎　时间：2012 年 6 月 18 日

（1）直接看，5 号试验最好，满足标准要求，工艺条件为 $A_2B_2C_1$。

（2）算一算：位级极差 R 的大小决定因素的重要程度。经计算，$R_A=22＞R_C=17＞R_B=2$，位级结果之和最佳排列为 $A_2B_2C_1$，与直接看相同。

据此，小组选定：接线头材质为铜，截面积 5mm²，截面形状为矩形。

2．船形开关选型

调相插头需具备输入端口和输出端口各一个，两个端口各接入三相导线，故船形开关型式选择六脚型，以满足导线接入数量，见表 7-26。

表 7-26　　　　　　　　　　船形开关方案对比

方案目标 待选方案	满足设计功能需求 选择分析	结论
三挡六脚	该开关体型小巧，有三个挡位可以使用，由于换相仅需两挡，超出设计需求	不采用

续表

方案目标	满足设计功能需求	
待选方案	选择分析	结论
两挡六脚	该开关体型小巧，有两个挡位可以使用，满足设计需要	采用

制表：王坤　时间 2013 年 6 月 20 日

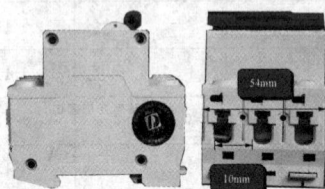

图 7 - 22　空气开关侧面及底面图

制图：刘佳　时间：2013 年 6 月 23 日

3. 外壳及盖板设计

（1）外壳形状。为与空气开关配合使用，外壳与空气开关的连接处应与空气开关规格相匹配。空气开关底部接口宽度 54mm，插孔间距 10mm，如图 7 - 22 所示。外壳前端的设计应与之匹配。外壳形状优选表见表 7 - 27。

表 7 - 27　　　　　　　　　　　外壳形状优选表

方案目标	牢固可靠、装拆便捷	
待选方案	选择分析	结论
长方体	符合空气开关底部接口外形，制作简单	不采用
类插头形状	符合空气开关底部接口外形，人体工程学优化设计	采用

制表：王坤　时间：2013 年 6 月 23 日

（2）外壳材质。外壳是保护使用人员安全的重要部件，因此，外壳材质的选型首要考虑安全性，必须确保外壳绝缘及耐热性能优良。目前常用的空气开关及插头多采用 PE（聚乙烯）或 ABS（聚苯乙烯改进型）材料，其绝缘性能优良，耐热等级均为 F 级，可耐受 150℃左右高温不发生形变。外壳材质优选表见表 7 - 28。

表 7 - 28　　　　　　　　　　　外壳材质优选表

方案目标	牢固可靠、装拆便捷	
待选方案	选择分析	结论
PE 塑料	电绝缘性能优良（电阻率 20kV/mm 以上），耐热等级 F 级，价格低廉	采用

续表

方案目标	牢固可靠、装拆便捷	
待选方案	选择分析	结论
ABS 塑料	电绝缘性能优良（电阻率 20kV/mm 以上），耐热等级 F 级，但价格偏高	不采用

制表：王坤　时间：2013 年 6 月 24 日

（3）外壳规格。规格的选型基于三点要求：一是满足安全性目标，应可耐受 420V 电压；二是满足可靠性目标，结构稳定；三是减小体积、节省材料。

由于 PE 塑料的介电强度可达 20kV/mm 以上，1mm 厚的 PE 塑料完全可以满足 420V 的耐压要求，因此外壳厚度仅需满足结构稳定性即可。

插头需在内部设置船形开关固定槽，并留出一定裕度。经测量，船形开关厚度 4mm。据此选定：外壳厚度为 6mm。

（4）盖板形状。与外壳相匹配，小组选定：盖板形状为类插头形。

（5）盖板材质优选表见表 7-29。

表 7-29　　　　　　　　　　　盖板材质优选表

方案目标	满足安全性目标要求	
待选方案	选择分析	结论
PVC 板	绝缘强度高（电阻率 20kV/mm 以上），韧性好	采用
PE 板	绝缘强度高，但韧性差，易破损	不采用

制表：王坤　时间 2013 年 6 月 24 日

（6）盖板厚度。PVC 板绝缘强度 20kV/mm，1mm 厚的 PVC 塑料完全可以满足 420V 的耐压要求。因此，盖板厚度选型主要考虑结构强度。经查询得知，PVC 材料承压时，形变率仅为 0.2%～0.4%，结构强度非常优异。基于成本，综合考虑加工难度，小组选定：盖板厚度为 2mm。

（7）盖板与外壳封装工艺优选表见表 7 - 30。

表 7 - 30　　　　　　　　　盖板与外壳封装工艺优选表

方案目标	满足安全性目标要求	
待选方案	选择分析	结论
胶粘连接	成本低、连接方便，但不牢固，不易拆、装	不采用
卡扣连接	需要倒模成型，成本高，连接牢固，不易拆、装	不采用
螺丝紧固	成本低、紧固牢靠，便于拆、装	采用

制表：王坤　时间 2013 年 6 月 24 日

紧固螺丝需将厚度为 2mm 的盖板紧固到宽度为 6mm 的外壳侧壁断面上，因此，螺丝的直径应小于 6mm，长度大于 4mm。常用的最小螺丝直径为 3mm，其长度为 8mm，故选定：紧固螺丝为直径 3mm 螺丝。

4. 内部电路连接方式布置

（1）船形开关及接线头的固定方式优选表见表 7 - 31。

表 7 - 31　　　　　　　船形开关及接线头的固定方式优选表

方案目标	满足安全性目标要求	
待选方案	选择分析	结论
螺丝紧固	在外壳内部预留螺丝孔，螺丝紧固船形开关和接线头，制作复杂，安装难度大	不采用
设置固定槽	外壳内壁预留船形开关和接线头固定槽，一体化制作，工艺简单，易安装	采用

制表：王坤　时间 2013 年 6 月 24 日

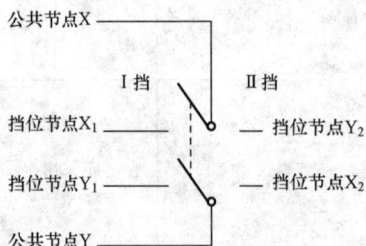

图 7 - 23　船形开关内部电路原理
制图：李文科　时间：2013 年 7 月 5 日

（2）内部电路设计。内部电路设计的目标是实现两相相序的一键调换，小组首先从船形开关内部电路开始分析，船形开关是一种单刀双掷开关，其内部电路原理如图 7 - 23 所示。

由原理图可以看出，船形开关挡位在Ⅰ挡时，公共节点为 X、Y，挡位节点为 X_1、Y_1，节点顺序一致。挡位在Ⅱ挡时，公共节点为 X、Y，挡位节点变为 Y_2、X_2。由于公共节点顺序不变，挡位节点顺序的互换，会导致输出电流相序互换，符合设计目标要求。

小组根据船形开关电路原理图，绘制带调相功能的三相空气开关插头电路设计原理图,如图 7-24 所示。

如图 7-24 所示,输入端相序为 A、B、C,其中,A 相接入船形开关节点 X_1 和 X_2,C 相接入船形开关节点 Y_1 和 Y_2,B 相则不接入船形开关。当船形开关挡位分别在 Ⅰ、Ⅱ 挡时,电流通路如图 7-25 所示。

当船形开关挡位在 Ⅰ 挡时,A 相电流流经 X_1 节点→X 节点至输出端(图中点画线),C 相电流流经 Y_1 节点→Y 节点至输出端(图中双点画线)。此时,输入相序为 A、B、C,输出相序为 A、B、C,如图 7-25(a)所示。

当船形开关挡位在 Ⅱ 挡时,A 相电流流经 X_2 节点→Y 节点至输出端(图中点画线),C 相电流流经 Y_2 节点→X 节点至输出端(图中双点画线)。此时,输入相序为 A、B、C,但输出相序则切换为 C、B、A,如图 7-25(b)所示。

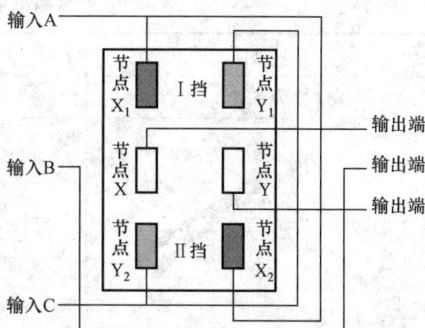

图 7-24 带调相功能的三相空气开关插头电路设计原理
制图:李文科 时间:2013 年 7 月 5 日

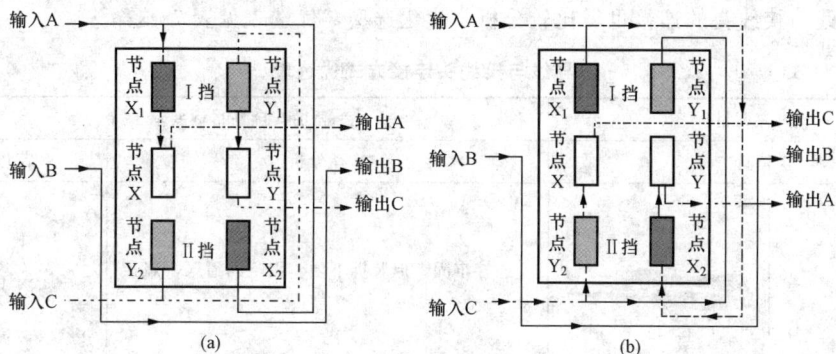

图 7-25
(a)Ⅰ挡时电流通路图;(b)Ⅱ挡时电流通路图
制图:李文科 时间:2013 年 7 月 5 日

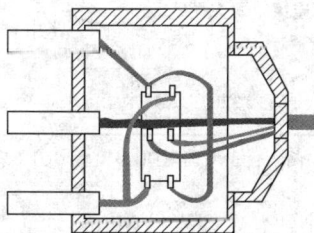

图 7-26 内部电路设计图
制图:李文科 时间:2013 年 7 月 5 日

由此,内部电路设计实现了一键调相的要求,符合设计目标。

根据电路设计原理图,按照尽量减少电线长度、节约材料的原则,绘制内部电路设计图,如图 7-26 所示。

(3)导线、船形开关与接线头连接方式优选表见表 7-32。船形开关有两组共六个接线柱,导线需连接到船形开关接线柱上。

表 7 - 32   导线与船形开关连接方式优选表

方案目标		满足安全性目标要求	
待选方案		选择分析	结论
压接		连接牢固，工艺简单	采用
焊接		连接牢固。因空间逼仄，焊接难度大	不采用

制表：王坤　时间 2013 年 6 月 25 日

导线与接线头的连接也需比较分析，优化选型，优选表见表 7 - 33。

表 7 - 33   导线与接线头连接方式优选表

方案目标		满足安全性目标要求	
待选方案		选择分析	结论
焊接		连接牢固，但装拆不便。因空间逼仄，焊接难度大	不采用
螺丝连接		在接线头一端钻出螺孔，连接牢固，导线装拆方便，钻孔难度小	采用

制表：王坤　时间 2013 年 6 月 25 日

由于接线头截面为 $5mm^2$，紧固螺丝选择常用的最小螺丝，即直径 3mm。

（四）确定最佳方案

图 7 - 27 为最佳方案列举图。

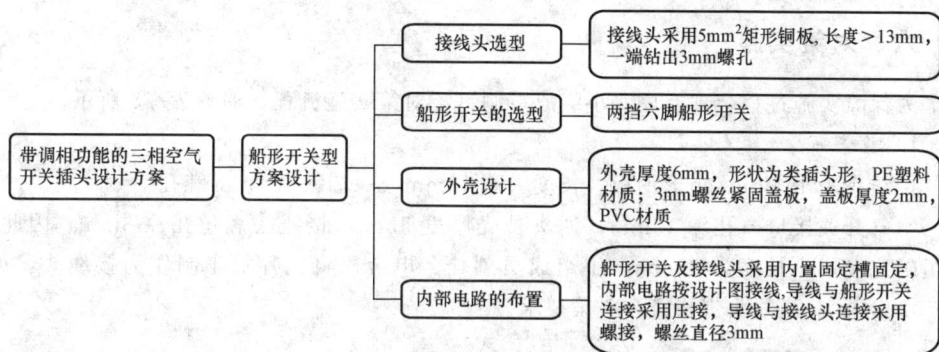

图 7-27 最佳方案列举图

制图：刘佳　时间：2013 年 7 月 5 日

五、制订对策

方案选定后，小组经过认真分析讨论，制订了对策表，见表 7-34。

表 7-34　　　　　　　　对　策　表

序号	对策	目标	措施	地点	完成时间	负责人
1	接线头采用 5mm² 矩形铜板，长度＞13mm，一端钻出 3mm 螺孔	接线头横截面 5mm²，长度＞13mm，载流量≥34.5A	1. 绘制接线头制作图纸。2. 按图纸将铜块加工制作成矩形接线头。3. 载流量测试	变电检修班	2013.07	孟书海
2	船形开关选用两挡六脚型	载流量≥34.5A	1. 购买符合要求的船形开关。2. 载流量测试	变电检修班	2013.07	孟书海
3	外壳厚度 6mm，形状为类插头形，PE 塑料材质。3mm 螺丝紧固盖板，盖板厚度 2mm，PVC 材质	外壳满足绝缘性要求，厚度 6mm，绝缘强度＞420V	1. 绘制外壳设计图纸。2. 制作外壳。3. 绝缘性测试	变电检修班	2013.07	孟书海
4	船形开关及接线头采用内置固定槽固定，内部电路按设计图接线，导线与船形开关连接采用压接，导线与接线头连接采用螺接，螺丝直径 3mm	载流量≥34.5A，相间绝缘强度＞420V，盖板绝缘强度＞420V	1. 将船形开关及接线头安装在固定槽中。2. 连接导电回路。3. 封装盖板。4. 载流量测试。5. 绝缘性测试。6. 功能性测试	变电检修班	2013.07	孟书海

制表：王坤　时间：2013 年 7 月 18 日

六、对策实施

为保障实施过程合理有序，小组成员制订了对策实施流程，如图 7 - 28 所示。

1. 实施一

接线头采用 5mm² 矩形铜板，长度大于 13mm，一端钻出 3mm 螺孔。

空气开关接口插孔深 13mm，插头外壳厚度 5mm，接线头螺丝孔径 3mm，因此，小组确定接线头长度为 22mm。小组成员刘佳、申会永将铜片加工制作为接线头，如图 7 -29 所示。接线头规格符合对策要求。

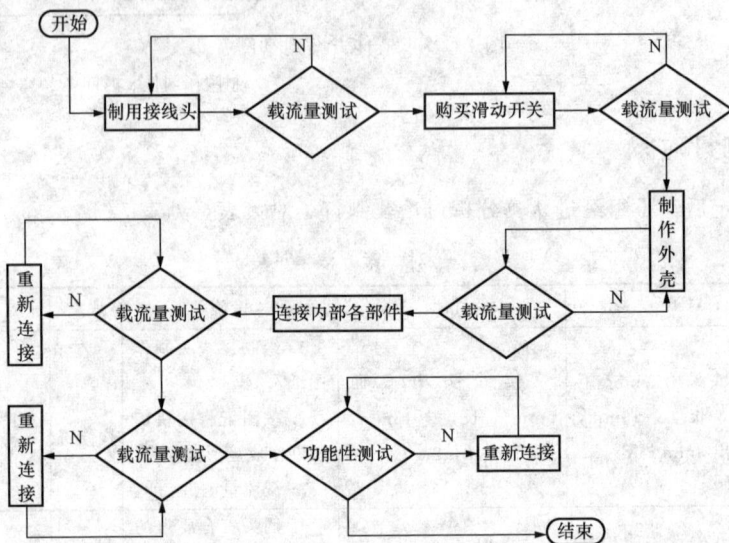

图 7 - 28 对策实施流程图

制图：李文科 时间：2012 年 8 月 1 日

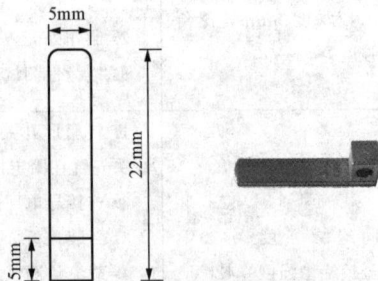

图 7 - 29 接线头规格图及成品

制图：刘佳 时间：2013 年 8 月 1 日

目标检查：小组成员孟书海使用电流发生器对三个制作完成的接线头分别施加 30、35、40A 电流，在室温 25.5℃条件下持续 30min 后，测量结果见表 7 - 35。

表 7 - 35　　　　　　　　　　　　载流量测试记录表　　　　　　　　　　　　℃

施加电流（A）	通电时间（min）	通电前温度	通电后温度	通电前后温差	与室温温差
30	30	25.5	25.3	0.2	0.5
35	30	25.3	25.4	0.1	0.1
40	30	25.7	25.9	0.2	0.4

制表：王坤　时间：2013 年 8 月 3 日

测试结果表明，通电前后温差及与室温温差均未超过 0.5℃，考虑到温度计等设备的误差，可认定为无明显发热，载流量符合要求。

对策一目标顺利实现。

2. 实施二

船形开关选用两挡六脚型。

小组成员李文科按对策要求，购买两挡六脚船形开关，如图 7 - 30 所示。

品牌/型号：JH/MSK-22D18	类型：2P2T
型号：MSK-22D18	用途：电子产品、通信产品、电器产品
机械寿命：10 000(次)	产品认证：ROHS

图 7 - 30　船形开关及说明书

制图：李文科　时间：2013 年 8 月 5 日

目标检查：小组成员孟书海使用电流发生器对船形开关分别施加 30、35、40A 电流，在室温 26℃条件下持续 30min 后，测量结果见表 7 - 36。

表 7 - 36　　　　　　　　　　　　载流量测试记录表　　　　　　　　　　　　℃

施加电流（A）	通电时间（min）	通电前温度	通电后温度	通电前后温差	与室温温差
30	30	26	25.5	0.5	0.5
35	30	26.2	26.5	0.3	0.5
40	30	25.9	26.2	0.3	0.2

制表：王坤　时间：2013 年 8 月 5 日

测试结果表明，通电前后温差及与室温温差均未超过 0.5℃，考虑到温度计等设备的误差，可认定为无明显发热，载流量符合要求。

对策二目标顺利实现。

3. 实施三

外壳厚度 6mm，形状为类插头形，PE 塑料材质；3mm 螺丝紧固盖板，盖板厚度 2mm，PVC 材质。

（1）小组成员李文科按对策要求，绘制外壳设计图如图 7-31 所示，图中预留接线头与船形开关固定槽。

（2）小组成员刘佳按外壳设计图，用铣床加工 6mm 厚度 PE 塑料，加工时预留接线头与船形开关固定槽，如图 7-32 所示。

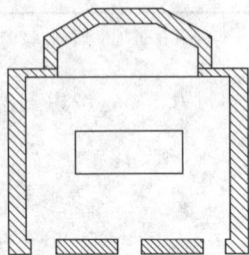

图 7-31　外壳设计

制图：李文科　时间：2013 年 8 月 8 日

图 7-32　加工完成的外壳

制图：刘佳　时间：2013 年 8 月 8 日

（3）小组成员申会永按图纸将 2mm 厚 PVC 板切割加工成盖板，如图 7-33 所示。

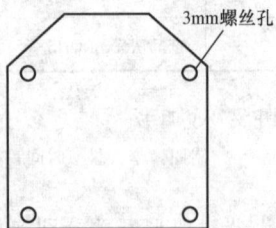

3mm 螺丝孔

图 7-33　盖板图样及成品

制图：刘佳　时间：2013 年 8 月 8 日

目标检查：小组成员刘佳使用绝缘电阻测试仪对外壳进行绝缘性测试，测试结果见表 7-37。

由表 7-37 可知，外壳绝缘性良好，符合对策要求。

对策三目标顺利实现。

表 7-37　　　绝缘性测试记录表

电压挡位	测试电阻	测试人员
500V	无穷大	刘 佳
500V	无穷大	刘 佳
500V	无穷大	刘 佳

制表：王坤　时间：2013 年 8 月 8 日

4. 实施四

船形开关及接线头采用内置固定槽固定，内部电路按设计图接线，导线与船形开关连接采用压接，导线与接线头连接采用螺接，螺丝直径 3mm。

（1）小组成员李文科按对策要求，绘制内部电路设计图，如图 7-34 所示。

（2）小组成员刘佳按照图纸，将船形开关和接线头安装在固定槽中，连接导线、船形开关与接线头，如图 7-35 所示。

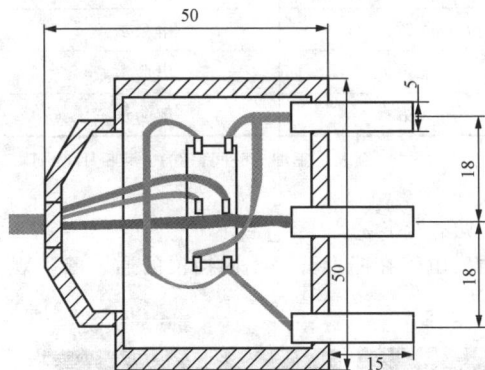

图 7-34　内部电路设计
制图：李文科　时间：2013 年 8 月 9 日

图 7-35　内部接线
制图：李文科　时间：2013 年 8 月 9 日

（3）小组成员申会永用 3mm 紧固螺丝，将盖板封装在插头外壳上，如图 7-36 所示。

目标检查：

（1）小组成员孟书海使用电流发生器对船形开关分别施加 30、35、40A 电流，在 24.5℃室温下持续 30min 后，测量结果见表 7-38。

图 7-36　封装后的插头
制图：李文科　时间：2013 年 8 月 9 日

表 7-38　　　　　　　　　　　载流量测试记录表　　　　　　　　　　　　℃

施加电流（A）	通电时间（min）	通电前温度	通电后温度	通电前后温差	与室温温差
30	30	24.5	24.6	0.1	0.1
35	30	24.3	25.0	0.7	0.5
40	30	24.7	25.2	0.5	0.7

制表：王坤　时间：2013 年 8 月 9 日

测试结果表明，通电前后温差及与室温温差均未超过 0.7℃，考虑到温度计等设备的误差，可认定为无明显发热，载流量符合要求。

（2）小组成员申会永使用绝缘电阻测试仪对相间及盖板进行绝缘性测试，测试结果见表 7-39。

表 7-39　　　　　　　　　　　　绝缘性测试记录表

电压挡位	测试位置	测试电阻	测试人员
500V	A、B 相间	无穷大	申会永
500V	B、C 相间	无穷大	申会永
500V	A、C 相间	无穷大	申会永
500V	盖板	无穷大	申会永

制表：王坤　时间：2013 年 8 月 11 日

由表 7-38 可知，插头绝缘性良好，符合对策要求。

（3）小组成员申会永使用万用表，检测插头电路在船形开关不同挡位的通、断，观察相序转换功能，如图 7-37 所示。

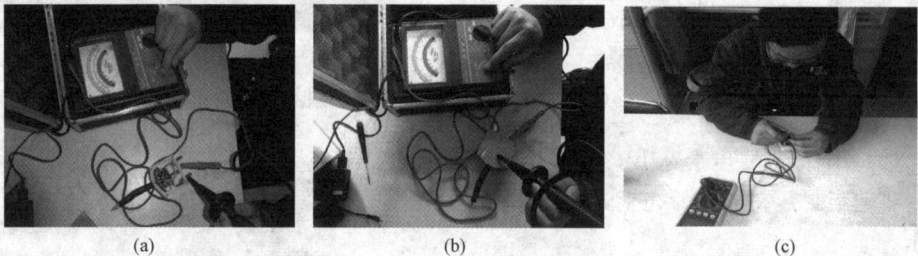

(a)　　　　　　　　　(b)　　　　　　　　　(c)

图 7-37

（a）测试试相间绝缘性；（b）测试盖板绝缘性；（c）功能性测试

经测试，插头功能符合一键调相要求。功能性测试记录见表 7-40。

表 7-40　　　　　　　　　　　　功能性测试记录

挡位	输入电流相序	输出电流相序	测试人员
Ⅰ挡	A、B、C	A、B、C	申会永
Ⅱ挡	A、B、C	C、B、A	申会永

制表：王坤　时间：2013 年 8 月 11 日

对策四目标顺利实现。

七、确认效果

（一）目标确认

经过全体成员的团结协作、共同努力，小组完成了带调相功能的三相空气开关插头的研制，样品如图 7 - 38 所示。

1. 安全性目标确认

小组将制作完成的样品送交公司高压试验班，进行耐压与电流试验。经试验，该样品最大耐受电压为 500V，最大载流量为 45A，试验数据如图 7 - 39 所示。

安全性目标实现！

2. 可靠性目标确认

（1）绝缘电阻及电气强度试验。绝缘电阻试验采用兆欧表，施加 500V 直流电压，持续时间 60s（见图 7 - 40）。试验结果合格，绝缘电阻为无穷大，试验记录见表 7 - 41。

图 7 - 38　制作完成的样品
制图：刘佳　时间：2013 年 8 月 20 日

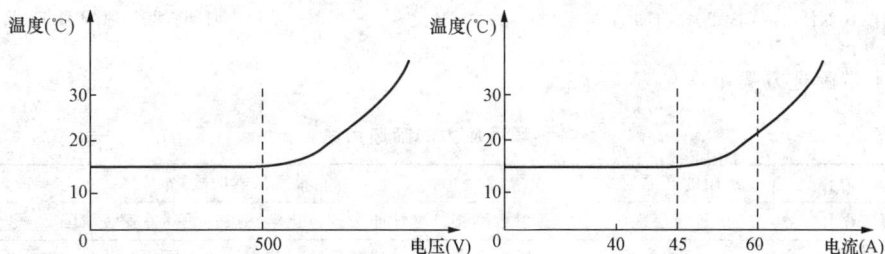

图 7 - 39　耐压与电流试验数据
制图：刘佳　时间：2013 年 8 月 20 日

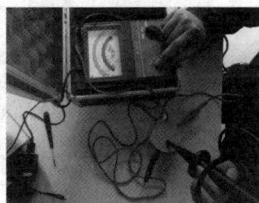

图 7 - 40　兆欧表测试绝缘电阻
制图：刘佳　时间：2013 年 8 月 20 日

表 7 - 41　　　　　绝缘电阻试验记录

电压挡位	测试电阻	测试人员
500V	无穷大＞5MΩ	申会永
500V	无穷大＞5MΩ	申会永
500V	无穷大＞5MΩ	申会永

制表：王坤　时间：2013 年 8 月 11 日

电气强度试验采用电气强度试验仪，对样品外壳施加电压 2000V、50Hz 正弦波，持续时间 60s，如图 7 - 41 所示。试验中未发生击穿或闪络，样品电气强度合格。

（2）环境应力筛选试验。将样品送交河南省电子产品质量监督检验所，委托进行环境应力筛选试验。试验报告见图 7 - 42。

图 7 - 41　电气强度试验
制图：刘佳　时间：2013 年 8 月 20 日

由 GJB 1032—1990《电子产品环境应力筛选方法》提供的环境应力试验方法如图 7-43 所示。

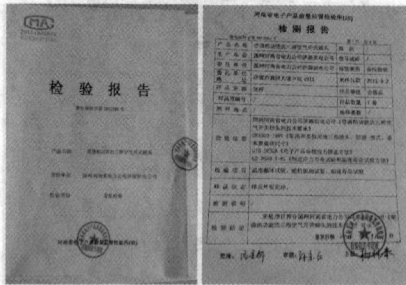

图 7-42 委托试验检测报告
制图：刘佳 时间：2013 年 9 月 11 日

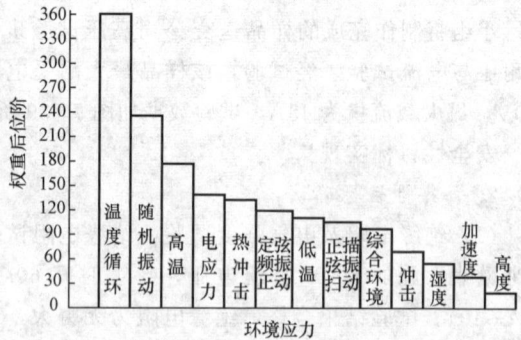

图 7-43 各种外加环境应力的相对筛选效率
制图：刘佳 时间：2013 年 9 月 13 日

附带筛选方案用途见表 7-42。

表 7-42　　　　　　　　　　各种环境应力的筛选用途

筛选应力种类	适用的产品层次	所能激发暴露的缺陷
温度循环	各级层次	参数漂移；电性能失调；化学污染；元器件安装缺陷
随机振动	单元或整机	层次多余物料；连接问题；装配连接、硬件松动与结构问题
高温电应力	各级层次	与时间、电应力等有关的零件缺陷或工艺过程缺陷
高温储存	各级层次	与时间及非电应力等有关的零件缺陷或工艺过程缺陷
热冲击	元器件或印刷电路板	可暴露一般无法测出的暗伤、裂纹及参数变动缺陷
定频正弦振动	元器件层次	可作为工艺检验，暴露硬件之间的连接、接触与焊接问题

制表：刘佳 时间：2013 年 9 月 13 日

根据图 7-42 与表 7-42 分析，选定"温度循环"和"随机振动"两种方案对样品进行试验，以测定其可靠性。试验流程如图 7-44 所示。

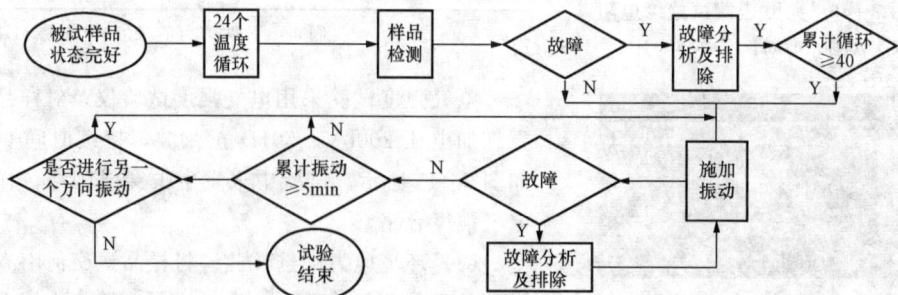

图 7-44 环境应力试验流程
制图：刘佳 时间：2013 年 9 月 13 日

温度循环试验参数记录见表 7-43。

将样品安放在温度循环箱内，进行 24 个周期的温度循环，循环曲线见图 7-45。

表 7-43　温度循环试验参数

项　　目	参　　数
温度范围	$-55 \sim +70℃$
温度变化速率	$\geqslant 15℃/min$
上下限温度保持时间	60min
循环次数	$\geqslant 24$
通/断电	通电
电压拉偏	拉偏
试验中功能或性能测试	进行

（温度循环试验）

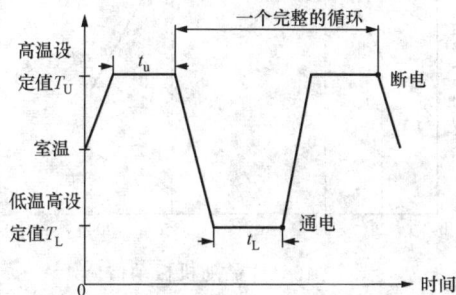

图 7-45　样品的通电温度循环曲线
t_U—高温保持时间；t_L—低温保持时间
制图：刘佳　时间：2013 年 9 月 13 日

制表：刘佳　时间：2013 年 9 月 13 日

循环完毕后，对样品进行详细检查。样品均无异常，外观良好，温度循环试验合格，见表 7-44。

表 7-44　温度循环试验结果

试验项目	温度循环试验	试验目的	验证样品可靠性
温度变化范围	$-55 \sim -70℃$	温度变化率	$15℃/min$
相对湿度	55%RH	送验时间	2013.9.10
试验仪器	万用表、热冷冲击箱	试验时间	2013.9.13

试验过程：先挑选外观合格的样品，万用表测试电路连接合格后，按温度循环设定放入冷热冲击箱内，24 回合后取出样品，用万用表检查内部电路，观察外观是否良好

试验结果：试验运行结束，五个样品均未发展异常，外观良好

试验结论：合格

注　建议下次测试时间为 2014 年 9 月 12 日之前。

制表：刘佳　时间：2013 年 9 月 13 日

随机振动试验参数见表 7-45。

将样品安放在振动台上，进行垂直、水平两个方向各 5min 随机振动，振动谱见图 7-46。

表 7-45　随机振动试验参数

	项　目	参　数
温度循环试验	功率谱密度	$0.04g^2/Hz$
	频率范围	$20\sim2000Hz$
	振动轴向	2
	振动持续时间	每轴 5min
	通/断电	不通电
	电压拉偏	不拉偏
	试验中功能或性能测试	不进行

制表：刘佳　时间：2013 年 9 月 13 日

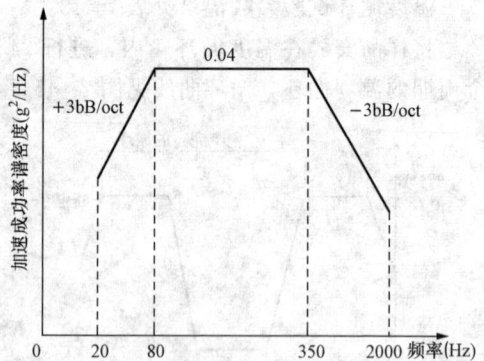

图 7-46　样品随机振动谱

制图：刘佳　时间：2013 年 9 月 13 日

振动完毕后，对样品进行详细检查。样品均无异常，外观良好。随机振动试验合格，试验结果见表 7-46。

表 7-46　　　　　　　　　　　样品随机振动试验结果

试验项目	随机振动试验	试验目的	验证样品可靠性
振动谱密度	$0.04g^2/Hz$	频率范围	$20\sim2000Hz$
相对湿度	55％RH	送验时间	2013.9.10
试验仪器	万用表　振动试验台	试验时间	2013.9.13

试验过程：先挑选外观合格的样品，万用表测试电路连接合格后，固定在振动台上，按试验振动谱启动振动系统，30min 后停止振动，翻转样品，使表面 2 及 4 贴合振动台面，并固定，在此方向上按试验振动谱重启振动系统，30min 后停止振动，取出样品，用万用表检查内部电路，观察外观是否良好

试验结果：试验运行结束，五个样品均未发展异常，外观良好

试验结论：合格

注　建议下次测试时间为 2014 年 9 月 12 日之前。

制图：刘佳　时间：2013 年 9 月 13 日

（3）加速寿命试验。将样品送交省电子产品质量监督检验所，委托进行加速寿命试验（参考依据 GB/T 2689.1—1981《恒定应力寿命试验和加速寿命试验方法》），见图 7-47。

按国家标准提供样品数 5 只，由于样品温度、通电（外加应力）是样品的加速要素，符合阿氏（ArrheniusS）试验模式。对样品做 50℃加速寿命试验，样品失效使用次数分别为 2221、2304、2560、2043、2522 次。

50℃下平均寿命为 $\eta_{\hat{s}}=(2221+2304+2560+2043+2522)/5=2330$（次）

阿氏模式下 50℃（设活化能 $E=1.0eV$）加速试验之加速因子由公式：

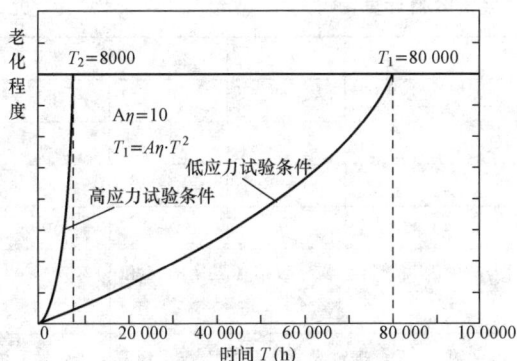

图 7-47　加速寿命试验示意

制图：刘佳　时间：2013 年 9 月 13 日

$$A_{\eta}=\frac{\eta_{n}}{\eta_{a}}=e^{\left(\frac{E}{K}\right)\left(\frac{1}{T_{n}}-\frac{1}{T_{a}}\right)}$$

得出　　　$A_{50}=20$

故该样品在正常温度下（25℃）之平均使用寿命为

$$A_{20}=2330\times20=46\ 600\ （次）$$

由上式可知，该样品的可靠使用寿命为 46 600 次，符合国家标准40 000次的要求，试验报告见图 7-48。

综上所述，可靠性目标实现。

3. 便捷性目标确认

为验证调相插头的便捷性，小组成员在 220kV 苗店变电站进行了旋转三相电机取电操作现场测试，测试结果见表 7-47。

表 7-47　　调相插头取电操作用时记录表

小组成员	操作用时	小组成员	操作用时
孟书海	82s	申会永	79s
赵建军	70s	刘佳	75s
王坤	83s	李健	80s
李文科	78s	袁雪皎	84s
申会永	79s	刘佳	75s
平均耗时：78s			

制表：王坤　时间：2013 年 9 月 13 日

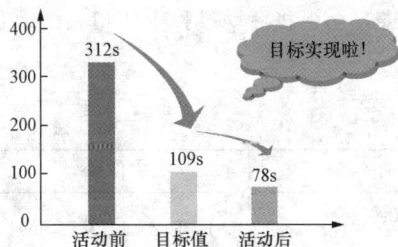

图 7-48　加速寿命试验试验报告

制图：刘佳　时间：2013 年 9 月 13 日

插头型式、规格与空气开关接口匹配，操作便捷。相序错误时可实现一键调相，完全消除了重新接线工序，大幅度缩短了旋转三相电机取电操作时间，小组成员平均用时 78s，短于 109s 的设定目标。便捷性目标实现，见图 7-49。

至此，带调相功能的三相空气开关插头研制成功，本次小组活动的目标完全实现了！

（二）经济效益

小组活动经济效益计算见表 7-48。

图 7-49　便捷性目标检查柱状图

制图：王坤　时间：2013 年 10 月 22 日

171

表 7 - 48 小组活动经济效益计算 元

类别	成本项	单位	数量	金额（元）
支出	1. 铜片、ABS塑料、电线等耗材			50
	2. 船形开关	套	18	54
	3. 误工费			300
	4. 试验费用			500
收益	1. 与2012年同期对比，活动期内减少因频繁拆、装导致损坏更换的三相电源线10m			10
	2. 节约工时费用。活动期内工作日约50天，按每天两个现场工作小组，每组5人，日均操作5次，每次节约工时约3min，人员时薪30元计			3750
经济效益	3750＋10－50－54－300－500＝2856元			

注 仪器仪表用电因电量较少，且无法单独计量，不列入成本计算。

制表：王坤 时间：2013年10月25日

（三）无形效益

带调相功能的三相空气开关插头的研制成功，为检修现场作业提供了一种安全、可靠、便捷、高效的三相电源连接方式，改变了传统的旋转三相电机取电操作模式，实现了一键调相操作，切实降低了操作人员的劳动强度，有效提升了操作人员的安全保障，显著优化了现场作业条件和工作效率。

八、标准化

（一）成果现场应用

小组将带调相功能的三相空气开关插头投入现场应用，持续创造效益。

（二）技术标准化

为确保成果现场应用安全化、标准化、持续改进，小组将活动过程中的相关图纸及测试记录纳入标准化文件，见表 7 - 49。

表 7 - 49 标准化文件

序号	项目	标准化形式	文件名称	文件号
1	调相插头各部件设计图纸	纳入班组档案	《调相插头零件图》	F1－F12－2013.12－001
2	调相插头各部件测试记录	纳入班组档案	《调相插头测试记录》	F1－F12－2013.12－002
3	调相插头使用方法	编制说明书	《调相插头操作手册》	E1－E12－2013.12－001

序号	项目	标准化形式	文件名称	文件号
4	调相插头技术要求	技术改进前移应用于设备的设计制造过程	三相空气开关标准标书《技术需求》部分	JY-2013-4-cg（qp）001

制表：袁雪皎　时间：2013年11月22日

（三）申请专利

将小组成果申请发明专利《一种带调相功能的三相空气开关插头及其连接方法》，已获国家知识产权局受理，受理号：201310168653.6。

申请实用新型专利《一种带调相功能的三相空气开关插头》，已获国家知识产权局授权，授权专利号：ZL 2013 2 0248166.6。专利受理通知书和授权证书如图7-50所示。

图7-50 专利受理通知书和授权证书

九、总结及下一步打算

（一）本次活动总结

此次活动成果的取得，是小组全体成员充分运用工作热情、技能、经验和智慧的结晶，也是大家创新、进取和企业主人翁精神的最好体现！

小组全体成员从创新意识、团队精神、个人能力等五方面，对活动给自身带来的改进与提升进行了自我评价，如图7-51所示。

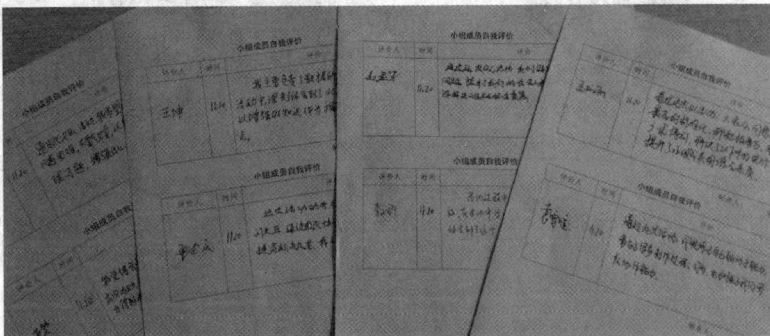

图7-51 小组成员自我评价

制图：王坤　时间：2013年12月20日

根据各小组成员的自我评价表，小组汇总制作了活动前后自我评价表，见表7-50。

表 7 - 50　　　　　　　　　　　活动前后自我评价表

序号	项　目	自我评价	
		活动前	活动后
1	创新意识	3	4
2	团队精神	2	4
3	个人能力	3	4
4	QC 知识	2	4
5	解决问题的信心	3	5

制表：袁雪皎　时间：2013 年 11 月 22 日

　　根据表 7-49，小组绘制了活动前后自我评价雷达图，如图 7-52 所示。由雷达图可以看出，大家都在活动中得到了全方位提升。

　　通过 QC 活动的开展，我们解决了问题，也在过程中收获了信心。我们要将解决现场工作中的问题，作为今后创新努力的方向。

（二）今后打算

　　在本次活动过程中，我们发现在检修电源箱内进行接线时，因箱内空间狭小，操作极为不便，且有触电风险，如图 7 - 53 所示。

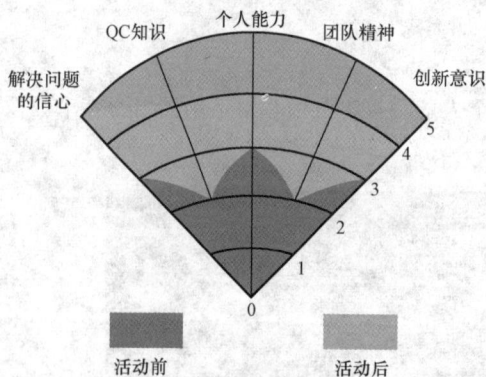

图 7 - 52　自我评价雷达图
制图：王坤　时间：2013 年 12 月 20 日

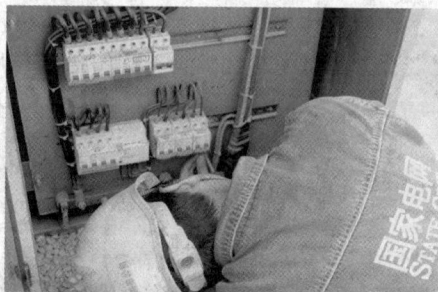

图 7 - 53　检修电源箱内接线图
制图：王坤　时间：2013 年 12 月 25 日

　　小组成员经过讨论分析，拟研制一型检修电源箱接线专用工具（见图 7 - 54），该工具应具备适应电源箱内空气开关接线的型式设计，自动化程度高，操作便捷，并具备实时验电功能，安全可靠。如研制成功，可显著改善检修人员的工作条件、减轻劳动强度，提高工作效率。

正反转按钮　　金属接触点

3mm

73mm

175mm

可抽取式开口

3mm

73mm

带电指示灯

175mm

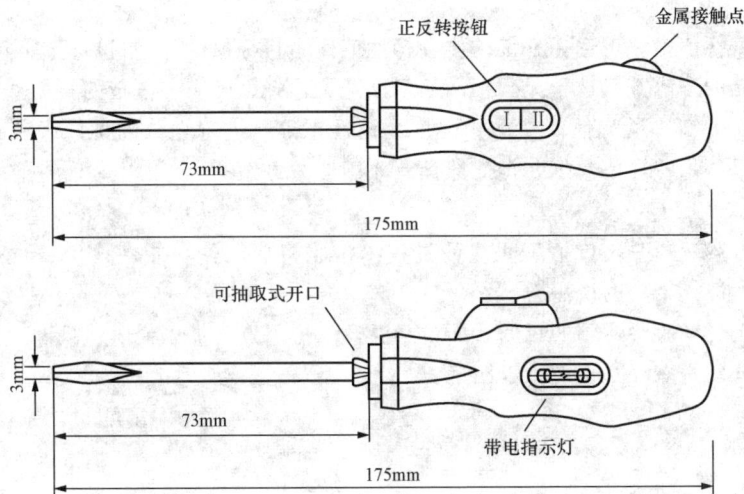

图 7-54　空气开关专用工具初步设计图

制图：王坤　时间：2013 年 12 月 26 日

据此，小组选定"研制检修电源箱接线专用工具"作为下一次 QC 活动的备选课题。

成果评价

（一）总体评价

变电检修班 QC 小组在电力检修现场变电检修工作中，三相电源的使用十分普遍。焊机、切割机、真空滤油泵等均为三相交流感应电动机，必须使用三相电源。旋转三相电机电源线相序容易接错的问题，选择"研制带调相功能的三相空气开关插头"课题开展活动。课题类型：创新型。经过活动，改进了传统的操作模式，实现了一键调相，保障了人身安全，减轻了劳动强度，优化了现场作业条件和工作效率。该成果很好地体现了 QC 小组活动"小、实、活、新"的特点，具有典型意义。

该成果活动过程能够按照创新型课题活动程序进行，提出方案并确定最佳方案思路清晰，在课题选择和方案选择时分别采用价值成本法和价值工程法，分解方案选择中能够坚持用数据说话，如接线头选择、外壳规格选择等；接线头选择时运用正交试验法，选取了最小温升变化率的因素位级参数。

（二）程序及方法方面存在的不足

1. 程序方面

（1）选择课题多、不直接。报告中以大量篇幅描述课题的选择过程，违背了选择课题简明扼要、用数据说话的原则。

（2）目标值多。可选择关键的质量特性值作为目标值，其他目标可适当归并。

（3）有的分解方案选择无数据，如船形开关选择、外壳和盖板的材质选择等。选择时应针对关键质量特性如"结构强度、韧性"等，进行充分的试验包括破坏性试验，以取得质量特性值数据，据此选择有效的对策方案。

2.方法方面

（1）方案选择时，价值工程法的过程未做完整展现，功能性评价数据来源不明确，影响了选择结果的说服力。

（2）正交试验要达到的目的，即最小温升，这一点应加以说明；且温升的允许值和目标值分别是多少，也应予以明确。

中国质量协会　陈秀云

8 缩短 220kV 变压器保护单次定检时间

国网平顶山供电公司
继电二班开拓者 QC 小组

电力变压器是电力供应的核心设备，国家电网公司供电可靠性考核指标中有"220kV 及以上变压器可用系数与非计划停运率和计划停运率"等有关变压器的考核指标。变压器保护定检的目的是为了确定保护装置的元件是否良好，回路接线、定值及特性等是否正确，以提高变压器保护的正确动作率，保证变压器设备的安全运行。变压器保护定检时，必须退出保护，停止变压器运行，因而将直接影响变电站电力负荷供应能力和安全运行状态，甚至影响整个系统的稳定性。

根据统计，以往的变压器保护装置定检效率低，停电时间长，针对这一现状，平顶山供电公司继电二班开拓者 QC 小组积极攻关，经过多次的调查及论证，寻求合理的解决办法，缩短 220kV 变压器保护装置的单次定检时间，以提高供电可靠性指标。

一、小组概况（见表 8 - 1）

表 8 - 1   小 组 概 况

小组名称	平顶山供电公司继电二班开拓者 QC 小组		
小组类型	攻关型	注册编号	PD-2012-21
成立时间	2008 年 1 月	注册时间	2012 年 1 月
课题名称	缩短 220kV 变压器保护单次定检时间		
活动时间	2012 年 1—12 月		
活动次数	36 次	出勤率	100%
TQC 教育时间	39h/人		
小组获奖情况简介	• 《消除 500kV 线路保护定检时的安全隐患》获 2008 年平顶山供电公司 QC 成果二等奖 • 《缩短 220kV 线路保护定检时间》获 2010 年平顶山供电公司 QC 成果一等奖 • 《缩短微机保护传动试验时间》获 2011 年平顶山供电公司 QC 成果三等奖 • 《提高继电保护装置检验效率》获 2012 年平顶山供电公司 QC 成果二等奖		
小组获奖情况简介			

制表：朱珂 制表时间：2012 年 1 月 20 日

　　小组成员是多年从事继电保护工作的生产骨干和技术能手，具有较高的专业技术水平和丰富的工作经验，始终以提高工作效率为目的，通过解决实际生产中的问题，确保设备安全可靠运行。小组成员及组内分工情况见表8-2。

表8-2　　　　　　　　　　　　小组成员及组内分工情况

姓　名	性别	文化程度	职　称	职务	组内分工
李晓航	男	本科	高级工	工作负责人	组长、全面组织
朱　珂	女	本科	工程师	工作负责人	现场实施，材料整理
曹玲玲	女	本科	技师	工作负责人	现场实施，材料整理
邢路芳	女	本科	技师	工作负责人	现场实施，材料整理
栾立民	男	本科	高级工程师	专业经理	技术指导
赵功展	男	研究生	工程师	专业副经理	技术指导
徐耀辉	男	本科	技师	班长	现场实施，材料整理
杜世民	男	本科	高级技师	继电专责	技术指导
郭仲亮	男	本科	高级技师	班长	现场实施，材料整理
陈宗彦	男	本科	高级技师	工作负责人	现场实施，材料整理

制表：朱珂　制表时间：2012年1月20日

二、选题理由

规程规定　⟹　《继电保护及系统安全自动装置检验条例》规定：220kV及以上变压器保护装置单次定检时间一般为18h。

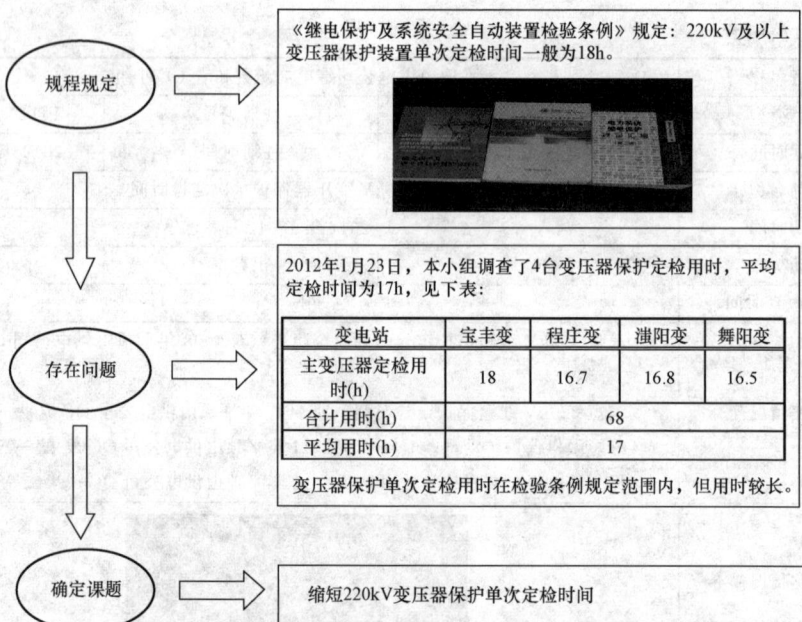

存在问题　⟹　2012年1月23日，本小组调查了4台变压器保护定检用时，平均定检时间为17h，见下表：

变电站	宝丰变	程庄变	潢阳变	舞阳变
主变压器定检用时(h)	18	16.7	16.8	16.5
合计用时(h)	68			
平均用时(h)	17			

变压器保护单次定检用时在检验条例规定范围内，但用时较长。

确定课题　⟹　缩短220kV变压器保护单次定检时间

三、现状调查

1. 现状调查一

2012年3月，小组成员李晓航、邢路芳对4座变电站变压器单次定检停电时间进行调查，调查结果见表8-3。

表8-3　　　　　　　220kV变压器保护单次定检停电时间调查　　　　　　　　　h

变电站	宝丰变	程庄变	滍阳变	舞阳变
主变压器台数	2	2	2	2
主变压器定检停电时间 2011年以前	40	32	40	32
主变压器定检停电时间 2011年以后	24	24	24	24
变压器定检停电时间缩减率	40%	25%	40%	25%

制表：曹玲玲　制表时间：2012年3月10日

由表8-3可以看出，220kV变压器保护单次定检停电时间均有不同程度的缩减。缩短工作时间，提高220kV变压器定检效率势在必行。

2. 现状调查二

按照继电保护定检工作流程，2012年3月，小组成员李晓航、邢路芳对4台220kV变压器保护单次定检各环节用时进行了调查，见表8-4。

表8-4　　　　　　　220kV变压器保护单次定检各环节用时调查　　　　　　　　h

工作项目	工作项目用时				平均用时
	宝♯2变	程♯1变	滍♯1变	舞♯2变	
做安全措施	1.4	1.6	1.5	1.1	1.4
保护逻辑试验	9.5	8.6	8.8	9.1	9
带开关传动	3.2	2.9	2.8	3.1	3
清扫	1.8	1.5	1.4	1.3	1.5
恢复措施	1.8	1.5	1.7	1.4	1.6
其他	0.3	0.6	0.6	0.5	0.5
合计用时	18	16.7	16.8	16.5	17

制表：李晓航　制表日期：2012年3月20日

对上述各项数据进行深入分析，按平均用时多少进行排列，并计算出累计时间和累计百分比得到统计分析表，见表8-5。

表 8-5   220kV 变压器保护单次定检各环节用时统计分析

工作项目	时间（h）	累计时间（h）	百分比（%）	累计百分比（%）
保护逻辑试验	9	9	53	53
带开关传动	3	12	17.6	70.6
恢复措施	1.6	13.6	9.4	80
清扫	1.5	15.1	8.9	88.9
做安全措施	1.4	16.5	8.2	97.1
其他	0.5	17	2.9	100
合计 $N=17$（h）				

制表：徐耀辉　制表日期：2012 年 3 月 20 日

根据表 8-5，小组成员绘制出变压器保护定检时间排列图，见图 8-1。

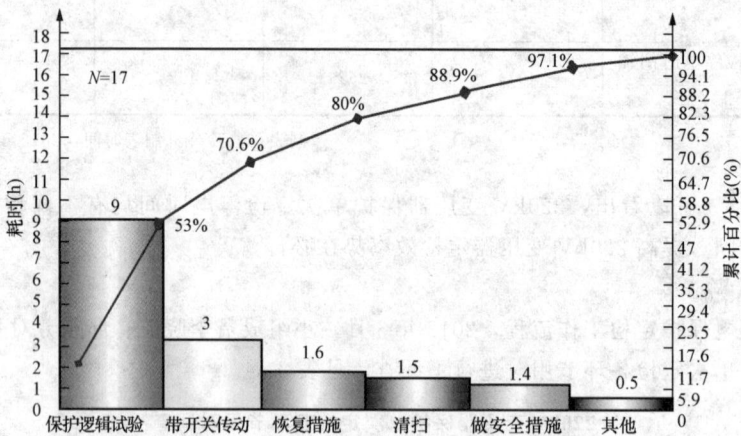

图 8-1　220kV 变压器保护单次定检时间排列图

制图：李晓航　日期 2012 年 3 月 20 日

结论："保护逻辑试验"是"220kV 变压器保护单次定检时间"的关键少数。

3. 现状调查三

根据关键少数项目"保护逻辑试验"的工作流程，2012 年 3 月，小组成员朱珂、曹玲玲对"保护逻辑试验"各环节用时进行调查，见表 8-6。

表 8-6   220kV "保护逻辑试验"各环节用时调查   h

工作项目	工作项目用时				平均用时
	宝＃2 变	程＃1 变	滏＃1 变	舞＃2 变	
核对定值	0.2	0.3	0.2	0.5	0.3
检查模拟量	0.6	0.3	0.5	0.6	0.5

续表

工作项目	工作项目用时				平均用时
	宝♯2变	程♯1变	澄♯1变	舞♯2变	
验证开入量	0.2	0.5	0.3	0.2	0.3
逻辑传动	3.5	2	2.8	2.9	2.8
验证跳闸矩阵	4.88	5.42	4.87	4.83	5
其他	0.12	0.08	0.13	0.07	0.1
合计用时	9.5	8.6	8.8	9.1	9

制表：曹玲玲　制表日期：2012 年 3 月 22 日

对"保护逻辑试验"各环节用时的数据我们进行了深入分析，得出统计分析表，见表 8 - 7。

表 8 - 7　　　　　　　　"保护逻辑试验"各环节用时统计分析表

工作项目	时间（h）	累计时间（h）	百分比（%）	累计百分比（%）
验证跳闸矩阵	5	5	55.6	55.6
逻辑传动	2.8	7.8	31	86.6
检查模拟量	0.5	8.3	5.4	92
核对定值	0.3	8.6	3.4	95.4
验证开入量	0.3	8.9	3.4	98.8
其他	0.1	9	1.2	100
合计 $N=9$（h）				

制表：朱珂　制表日期：2012 年 3 月 22 日

根据"保护逻辑试验"各环节用时统计分析表，绘制排列图，见图 8 - 2。

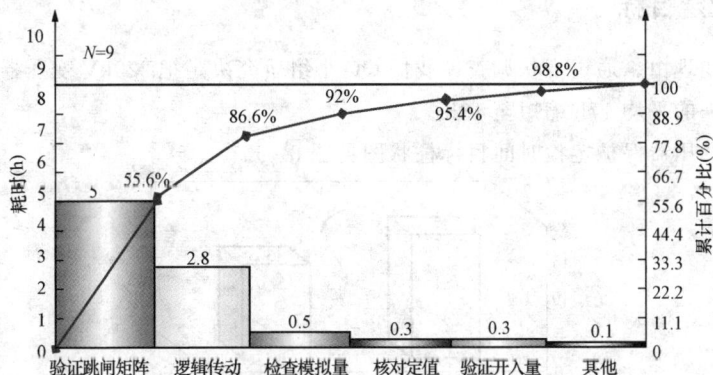

图 8 - 2　"保护逻辑试验"各环节用时排列图

制图：李晓航　日期 2012 年 3 月 22 日

结论："验证跳闸矩阵"是"保护逻辑试验"的关键少数。

"验证跳闸矩阵"占"保护逻辑试验"时间的55.6％。保护逻辑试验各环节用时饼分图见图8-3。

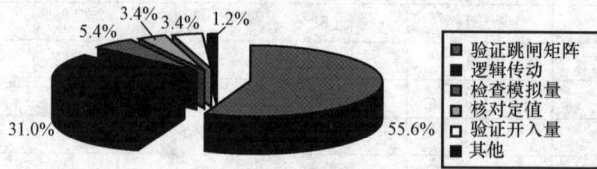

图8-3 保护逻辑试验各环节用时饼分图

制图：曹玲玲 日期2012年3月24日

"保护逻辑试验"占220kV变压器保护单次定检时间的53％。变压器保护单次定检时间各环节用时饼分图见图8-4。

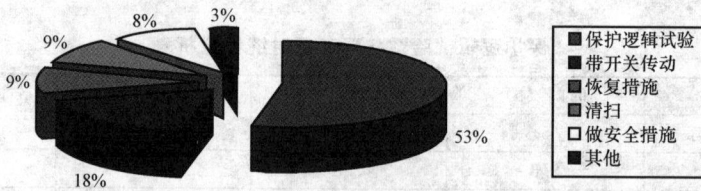

图8-4 变压器保护单次定检时间各环节用时饼分图

制图：李晓航 日期2012年3月24日

"验证跳闸矩阵"时间占变压器保护单次定检时55.6％×53％＝29.4％。

若将"验证跳闸矩阵"时间缩短80％，220kV变压器保护单次定检时间就能缩短1－80％×55.6％×53％＝23％，即将220kV变压器保护单次定检时间缩短至17×(1－80％×55.6％×53％)＝13（h）。

四、设定目标

根据选题理由、通过现状调查，我们QC小组研究决定把220kV变压器保护单次定检时间由原来的平均17h缩短至13h。

220kV变压器保护定检时间目标柱状图见图8-5。

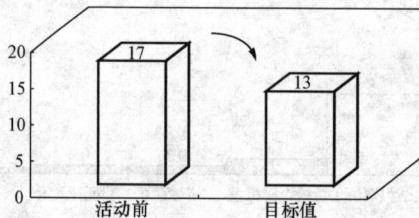

图8-5 220kV变压器保护定检时间目标柱状图

制图：朱珂 日期2012年3月25日

五、原因分析

小组成员发挥集体优势，运用头脑风暴法，集思广益，从人员、仪器、方法、环境四个方面对造成验证跳闸逻辑时间长的因素进行了认真的查找和细致的分析，并绘制因果图，见图 8-6。

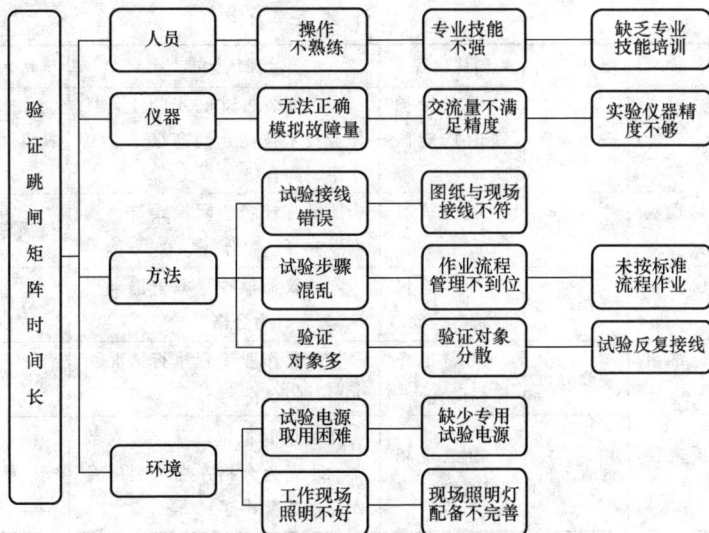

图 8-6　因果分析系统图

制图：李晓航　制图时间：2012 年 3 月 26 日

由因果图我们最终找出了造成验证跳闸逻辑时间长的如下七个末端因素：

1. 缺乏专业技能培训
2. 图纸与现场接线不符
3. 实验仪器精度不够
4. 未按标准流程作业
5. 试验反复接线
6. 缺少专用试验电源
7. 现场照明灯具配备不完善

六、要因确认

针对原因分析中归纳出的七项末端因素，小组成员经过认真讨论，集思广益，制订出切实可行的确认计划表（见表8-8），明确各项末端因素的确认标准、确认人和确认时间，对七项末端因素进行逐一确认。

表8-8　　　　　　　　　　　确认计划表

序号	末端因素	确认方式	确认内容	确认标准	确认人	确认时间
1	缺乏专业技能培训	现场调查	继电保护理论技能测试	员工成绩达到90分以上，且职业技术技能达到高级工以上水平，为合格	杜世民	2012/4/2
2	图纸与现场接线不符	现场调查	现场核对图纸	图纸与现场实际接线符合程度≥90%，为合格	徐耀辉	2012/4/2
3	实验仪器精度不够	现场调查	对实验仪器精度校验	实验仪器模拟量幅值准确度≤0.2%，为合格	曹玲玲	2012/4/5
4	未按标准流程作业	调查分析	现场工作流程调查	标准化作业流程执行情况≥90%，为合格	邢路芳	2012/4/7
5	试验反复接线	调查分析	模拟现场接线试验	接线用时稳定，受接线次数影响小，为合格；规章制度及作业书是否具备	李晓航	2012/4/2-8
6	缺少专用试验电源	现场调查	现场试验电源调查	工作现场有继电保护试验电源，且正常投运使用，为合格	朱珂	2012/4/9
7	现场照明灯具不完善	现场调查	现场照明设施调查	工作现场照明灯具符合标准规范，为合格	郭仲亮	2012/4/10

制表：邢路芳　制表日期：2012年3月28日

遵照要因确认表中的安排，小组成员对七个末端因素逐个展开要因确认：首先对要因1进行确认，见表8-9。

表8-9

要因确认1	缺乏专业技能培训
确认情况	2012年2月26日，由小组成员杜世民负责，对继电保护专业人员进行了技能考核，平均分92.8分，大于标准要求90分，为合格。 技能考核统计表如下：

技能考核统计表：

成绩（分）	100～90	90～80	80～70	平均成绩
人数	16人	3人	2人	92.8

继电保护人员全部达到高级工及以上职业资格。职业资格统计表如下：

要因确认1	缺乏专业技能培训			
确认情况	资格	高级工	技师	高级技师	高级工及以上人员占总人员比例
	人数	11人	8人	2人	100%

（此处为确认情况图片）

结果显示，人员均接受过专业技能培训，人员技能水平现场工作无影响

结论	非要因

制表：杜世民　制表日期：2012年4月2日

接下来小组成员对要因2进行确认，见表8-10。

表8-10

要因确认2	图纸与现场接线不符					
确认情况	2012年4月2日，由小组成员徐耀辉负责，对保护图纸进行现场实际核对，如下表：					

图纸名称	澌1#主变	叶3#主变	计2#主变	舞1#主变	宝2#主变	平均数值
与实际相符率	98%	97%	99%	98%	98%	98%

若图纸与现场的相符度低于90%，就将影响正常的现场工作。

而从表中看出：图纸与实际相符率为98%，大于标准要求90%，对现场工作无影响，因此确认为合格

结论	非要因

制表：朱珂　制表日期：2012年4月2日

针对要因3，小组成员进行确认，见表8-11。

表8-11

要因确认3	实验仪器精度不够
确认情况	2012年4月3日，由小组成员曹玲玲负责，成员徐耀辉、李晓航在实验仪器厂家的配合下，对保护试验仪进行精度试验。共计试验40次，幅值精确度统计如下：

验证项目	验证标准
幅值准确度	误差小于0.2%

制表：徐耀辉　制表日期：2012年4月5日

对要因确认 3 进行单样本 T 假设检验：小组成员徐耀辉、李晓航在实验仪器厂家的配合下，对保护试验仪进行精度试验。共计试验 40 次，幅值精确度统计见表 8 - 12。

表 8 - 12

序号	幅值准确度（%）	序号	幅值准确度（%）	序号	幅值准确度（%）	序号	幅值准确度（%）
1	0.11	11	0.13	21	0.20	31	0.15
2	0.13	12	0.20	22	0.20	32	0.17
3	0.20	13	0.10	23	0.13	33	0.16
4	0.13	14	0.04	24	0.13	34	0.18
5	0.20	15	0.05	25	0.16	35	0.17
6	0.07	16	0.20	26	0.14	36	0.16
7	0.08	17	0.16	27	0.17	37	0.15
8	0.04	18	0.20	28	0.16	38	0.16
9	0.10	19	0.17	29	0.15	39	0.20
10	0.14	20	0.19	30	0.16	40	0.13

制表：李晓航　制表日期：2012 年 4 月 5 日

求得上述 40 组实验数据的平均值与标准差。

$$\bar{x} = \frac{1}{n}\sum_{i=1}^{n}x_i = 0.15, \quad s = \sqrt{\frac{1}{n-1}\sum_{i=1}^{n}(x_i-\bar{x})^2} = 0.157$$

对统计数据进行单样本 T 假设检验：$n=40$，$\bar{X}=0.15$，$s=0.157$，进而估计仪器总体样本误差是否达到厂家提供的试验数据，即 $\mu_0 = 0.2$。

解　（1）建立假设、确定检验水准 α

$H_0: \mu < \mu_0$（幅值准确度≤0.2%，对验证跳闸矩阵用时的影响小）；

$H_1: \mu > \mu_0$（幅值准确度＞0.2%，对验证跳闸矩阵用时的影响大）。

双侧检验，检验水准：$\alpha = 0.05$

（2）计算检验统计量

$$t = \frac{\bar{X}-\mu_0}{s/\sqrt{n}} = \frac{0.15-0.2}{0.157/\sqrt{40}} = -2.016$$

$$且\ v = n-1 = 39$$

（3）查相应界值表，确定 P 值

$$t_{0.05/2, 39} = 2.023, \quad |t| = 2.016 < 2.023 = t_{0.05/2, 39}$$

$$P > 0.05$$

按 $\alpha = 0.05$ 水准，接受原假设 H_0。

结论：试验装置总体样本误差小于 0.2%，对验证跳闸矩阵用时影响小，见表 8-13。

表 8-13

要因确认3	实验仪器精度不够
确认情况	 试验装置总体样本误差小于 0.2%，对现场工作无影响，确认为合格
结论	非要因

制表：徐耀辉　制表日期：2012 年 4 月 5 日

对要因 4 未按标准流程作业的确认情况见表 8-14。

表 8-14

要因确认4						未按标准流程作业
确认情况	2012 年 4 月 6 日，由小组成员邢路芳负责，依据标准化作业指导书流程，对潼 1# 主变、叶 3# 主变、计 2# 主变、舞 1# 主变、宝 2# 主变定检传动流程吻合度进行统计，如下表：					

传动试验项目	潼 1#主变	叶 3#主变	计 2#主变	舞 1#主变	宝 2#主变	平均数值
吻合度	96%	98%	97%	99%	95%	97%

若传动流程标准化程度低于 90%，将影响正常的现场工作。

从表中看出：传动流程吻合度达到 97%≥90%，对现场工作无影响，确认为合格

结论	非要因

制表：邢路芳　制表日期：2012 年 4 月 7 日

小组成员对要因 5 试验反复接线采取了如下确认方式，见表 8-15。

表 8-15

要因确认5	试验反复接线
确认情况	2012 年 4 月 2—8 日，由小组成员组织，在实验室由相同的专业人员，采用同样的实验装置，分别对不同接线次数下的用时情况进行统计，模拟试验进行 30 次，如下表：

续表

要因确认 5	试验反复接线					
确认情况	序号	接线次数 X	时间（h） Y	序号	接线次数 X	时间（h） Y
	1	1	0.8	16	3	2.1
	2	1	1.2	17	3	2.22
	3	1	0.7	18	3	2.6
	4	1	0.9	19	4	2.7
	5	1	0.6	20	4	2.77
	6	1	0.8	21	4	3.2
	7	2	1	22	4	3.1
	8	2	1.2	23	4	3.4
	9	2	1.5	24	4	3.3
	10	2	1.41	25	5	4.6
	11	2	1.7	26	5	4
	12	2	1.6	27	5	4.2
	13	3	1.8	28	5	4.3
	14	3	2.3	29	5	4.1
	15	3	2.1	30	5	4.2

制表：邢路芳　制表日期：2012 年 4 月 7 日

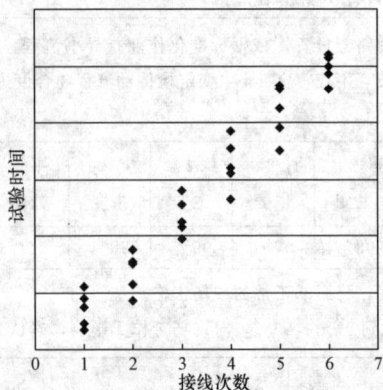

图 8-7　验证跳闸矩阵的试验时间和跳闸次数散布图
制图：邢路芳　制图日期：2012 年 4 月 7 日

对要因确认 5 进行相关系数判断：根据表 8-15 中 30 组实验数据，分别用"接线次数"和"试验时间"为横轴和纵轴，绘制散布图，如图 8-7 所示。

计算：X^2，Y^2，XY，$X+Y$，$(X+Y)^2$

并求得 $\sum X$，$\sum Y$，$\sum(XY)$，$\sum X^2$，$\sum Y^2$，$\sum(X+Y)$，$\sum(X+Y)^2$

得出相关系数数据计算表，见表 8-16。

表 8-16　　　　　　　　　　相关系数数据计算表

No.	X	Y	X^2	Y^2	XY	X+Y	(X+Y)(X+Y)
1	1	0.8	1	0.6	0.8	1.8	3.2

No.	X	Y	X^2	Y^2	XY	$X+Y$	$(X+Y)(X+Y)$
2	1	1.2	1	1.4	1.2	2.2	4.8
3	1	0.7	1	0.5	0.7	1.7	2.9
4	1	0.9	1	0.8	0.9	1.9	3.6
5	1	0.6	1	0.4	0.6	1.6	2.6
6	1	0.8	1	0.6	0.8	1.8	3.2
7	2	1	4	1.0	2.0	3.0	9.0
8	2	1.2	4	1.4	2.4	3.2	10.2
9	2	1.5	4	2.3	3.0	3.5	12.3
10	2	1.41	4	2.0	2.8	3.4	11.6
11	2	1.7	4	2.9	3.4	3.7	13.7
12	2	1.6	4	2.6	3.2	3.7	13.0
13	3	1.8	9	3.2	5.4	4.8	23.0
14	3	2.3	9	5.3	6.9	5.3	28.1
15	3	2.1	9	4.4	6.3	5.1	26.0
16	3	2.1	9	4.4	6.3	5.1	26.0
17	3	2.22	9	4.9	6.7	5.2	27.2
18	3	2.6	9	6.8	7.8	5.6	31.4
19	4	2.7	16	7.3	10.8	6.7	44.9
20	4	2.77	16	7.7	11.1	6.8	45.8
21	4	3.2	16	10.2	12.8	7.2	51.8
22	4	3.1	16	9.6	12.4	7.1	50.4
23	4	3.4	16	11.6	13.6	7.4	54.8
24	4	3.3	16	10.9	13.2	7.3	53.3
25	5	4.6	25	21.2	23.0	9.6	92.2
26	5	4	25	16.0	20.0	9.0	81.0
27	5	4.2	25	17.6	21.0	9.2	84.6
28	5	4.3	25	18.5	21.5	9.3	86.5
29	5	4.1	25	16.8	20.5	9.1	82.8
30	5	4.2	25	17.6	21.0	9.2	84.6
合计	90	70.4	330	210.5	262.1	160.4	1064.7

制表：李晓航　制表日期：2012 年 4 月 7 日

经校核：

$$\sum X + \sum Y = 90 + 70.4 = \sum (X+Y)$$

$$\sum X^2 + 2\sum (XY) + \sum Y^2 = 330 + 2 \times 262.1 + 210.5 = 1064.7 = \sum (X+Y)^2$$

相关系数数据计算正确。

计算 L_{XX}、L_{YY}、L_{XY}。计算公式如下：

$$L_{XX} = \sum X^2 - \frac{\left(\sum X\right)^2}{N} = 330 - \frac{(90)^2}{30} = 60$$

$$L_{YY} = \sum Y^2 - \frac{\left(\sum Y\right)^2}{N} = 210.5 - \frac{(70.4)^2}{30} = 45$$

$$L_{XY} = \sum XY - \frac{\left(\sum X\right)\left(\sum Y\right)}{N} = 262.1 - \frac{(90 \times 70.4)}{30} = 50.9$$

计算相关系数 (r)

$$r = \frac{L_{XY}}{\sqrt{L_{XX}}\sqrt{L_{YY}}} = \frac{50.9}{\sqrt{60}\sqrt{45.3}} = 0.979$$

其中 $N - 2 = 28$，取 $\alpha = 0.05$，可得 $r_\alpha = r_{0.05} = 0.361$

$$|r| = 0.979 > r_\alpha = r_{0.05} = 0.361。$$

结论：接线次数（次）与时间（h）是强正相关，见表 8-17。

表 8-17

要因确认5	试验反复接线
确认情况	接线次数（次）与时间（h）是强正相关。
结论	要因

制表：李晓航　制表日期：2012 年 4 月 8 日

对于缺少专用试验电源这一末端因素，按照要因确认表的确认要求，小组成员展开确认，见表 8-18。

表 8 - 18

要因确认 6	缺少专用试验电源
确认情况	2012 年 4 月 9 日，由小组成员朱珂负责对辖区内 15 座 220kV 变电站控制室及保护小室进行现场调查，均配备有交流电源或专用的交流电源屏，可以保证试验装置取电，符合现场工作要求。 上表数据显示：交流电源或专用交流屏配备均满足要求，现场取用时间短，不影响现场工作
结论	非要因

验证项目	个数	取用时间
交流电源	5	0.1h
交流电源屏	1	0.1h

制表：朱珂　制表日期：2012 年 4 月 9 日

对于要因 7，小组进行确认，见表 8 - 19。

表 8 - 19

要因确认 7	现场照明灯具配备不完善
确认情况	2012 年 4 月 10 日，由小组成员郭仲亮负责对辖区内 15 座 220kV 变电站控制室及保护小室进行现场调查：变电站运行人员定期更换室内照明设备，工作现场照明灯具配备完善符合现场工作要求。 调查结果显示，现场光照条件满足工作人员识图、接线要求，对现场工作无影响。
结论	非要因

验证项目	识图时间（h）	查线时间（h）	识图准确度	接线准确度
徐耀辉	0.1	0.1	99.6%	100%
曹玲玲	0.12	0.11	100%	98%
邢路芳	0.11	0.12	99.5%	99.8%
朱珂	0.14	0.1	99%	99.8%
李晓航	0.15	0.1	99%	99.9%

制表：曹玲玲　制表日期：2012 年 4 月 10 日

经过以上逐一详实的确认，小组成员汇总了各个末端因素的确认结果。在综合各种因素后，得出结论如下：

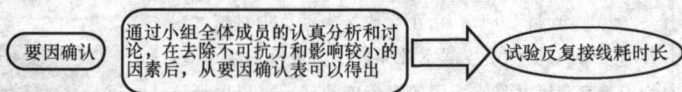

要因确认 → 通过小组全体成员的认真分析和讨论，在去除不可抗力和影响较小的因素后，从要因确认表可以得出 → 试验反复接线耗时长

七、制订对策

1. 提出方案

小组成员集思广益，首先提出了下面五个备选方案。

方案A：改变二次回路接线，将所有涉及开关的跳闸出口引至主变保护屏

方案B：市场购买专用验证指示装置

方案C：增加传动实验人员，用多个万用表同时验证

方案D：制作面板集成式验证指示装置。多个跳闸出口在同一面板集中显示

方案E：制作对线灯，多组对线灯同时使用验证跳闸出口

2. 评价方案

针对上述五种方案，小组成员运用价值工程中价值系数判别法，对上述备选方案进行评价。先计算各个方案价值系数如下：

$$功能评价系数 = \frac{方案的累计得分}{全部方案总分}$$

$$成本系数 = \frac{各方案实现成本}{方案总实现成本}$$

$$价值系数 = \frac{功能评价系数}{成本系数}$$

把备选方案排列起来，各方案之间就其功能性，进行一对一的比较，重要的一方得1分，次要的一方得0分；把每个方案的累计得分除以全部方案总分，得出每个方案的功能评价系数；其中，功能评价系数的大小，表示该方案在现场工作的功能性比重，系数大的功能性大，功能评价系数见表8-20。

表8-20　　　　　　　　　　方案功能评价系数

方案编号	A	B	C	D	E	得分	功能评价系数
A	×	1	0	0	0	1	0.1
B		×	0	1	1	2	0.2
C	1	1	×	0	0	2	0.2

续表

方案编号	A	B	C	D	E	得分	功能评价系数
D	1		1	×	1	3	0.3
E	1		1		×	2	0.2
总分						10	1

制表：邢路芳　朱珂　制表日期：2012年4月11日

计算各方案现实成本（见表8-21），其中：

$$现实成本=经济成本+人力成本$$
$$人力成本=工日×单位工时费用×人数$$

表8-21 方案现实成本

方案编号	经济成本（元）	人力成本（元）			现实成本（元）
		工日	费用	人数	
A	76	2	53	2	288
B	3097	1	53	2	3203
C	423	1	53	6	741
D	995	3	53	5	1790
E	191	2	53	6	827
合　　计					6859

制表：邢路芳　朱珂　制表日期：2012年4月11日

进而，求得各方案的价值系数，见表8-22。

表8-22 方案价值系数

方案编号	功能评价系数	现实成本（元）	成本系数	价值系数
A	0.100	288	0.042	2.38
B	0.200	3203	0.467	0.43
C	0.200	741	0.108	1.85
D	0.300	1790	0.261	1.15
E	0.200	827	0.122	1.64
合计	1.000	6859	1.000	—

制表：李晓航　曹玲玲　制表日期：2012年4月11日

3. 选定方案

对三种价值系数分类进行比照，得到方案对比表，见表8-23。

193

表 8 - 23　　　　　　　　　方 案 对 比

价值系数分类	方案编号	价值系数	评价	对比结论
价值系数小于 1	B	0.43	功能完备但成本过高	不可选
价值系数大于 1	A	2.38	必要功能得不到实现	不可选
	C	1.85		
	E	1.64		
价值系数接近 1	D	1.15	功能与成本匹配合理	最佳方案

制表：李晓航　制表日期：2012 年 4 月 11 日

　　通过运用价值工程，小组成员清晰地看出各备选方案
孰优孰劣，最终确定，选用方案 D 为最终方案，即

　　4. 制订对策实施表

　　针对选定的方案，小组成员认真研究，制订了切实可
行的对策实施表，见表 8 - 24。

方案D：
设计制造面板集成式
跳闸矩阵验证装置

表 8 - 24　　　　　　　　　对 策 实 施

要因	对策	目标	措施	地点	责任人	时间
仪器反复接线	将需要反复验证的跳闸引至一处集中观测接点，避免仪器反复接线	减少接线次数小于2次	1. 制作并配发面板集成式跳闸矩阵验证装置	检修试验工区	朱　珂 李晓航	2012 年 4 月 17—30 日
			2. 在跳闸矩阵验证过程中使用面板集成式跳闸矩阵验证装置	检修试验工区	杜世民 徐耀辉	2012 年 5 月—10 月

制表：杜世民　制表日期：2012 年 4 月 12 日

八、对策实施

依照对策实施表，小组成员分两步进行对策实施。

（一）研制装置

2012 年 4 月 17 日，小组成员合理安排装置研制进度，绘制了装置研制流程图，见图 8 - 8。

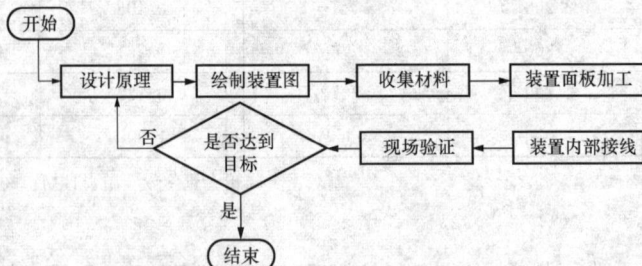

图 8 - 8　装置研制流程图

制图：李晓航　制图日期：2012 年 4 月 17 日

1. 设计原理

4月17—20日，小组成员邢路芳、朱珂在检修试验工区实验室，根据变压器跳闸矩阵表，针对变压器保护装置定检的要求，满足变压器跳闸矩阵出口回路的不同配置，提出了一种新的试验接线策略，自主设计了变压器跳闸矩阵验证装置设计图。

图8-9所示为小组成员进行装置原理设计。

2. 设计装置图

设计出装置原理，小组成员便开始着手装置制作图纸的绘制，见图8-10。

图8-9 　　　　　　　　　　　　　图8-10

制作完成装置设计图和接线图，见图8-11和图8-12。

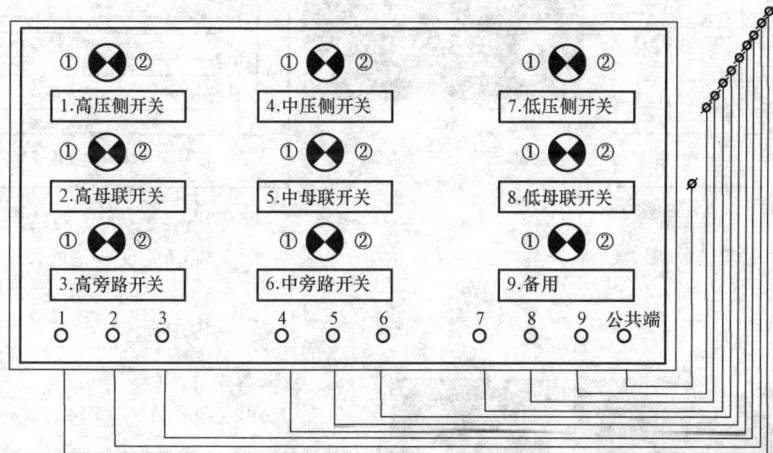

图8-11 　变压器跳闸矩阵验证装置设计图

制图：朱珂　制图日期：2012年4月20日

3. 收集材料

2012年4月21日，小组成员徐耀辉、邢路芳、曹玲玲从废旧材料中收集可用于制作的材料；根据现有材料（见表8-25和图8-13）绘制变压器跳闸矩阵验证装置面板图，见图8-14。

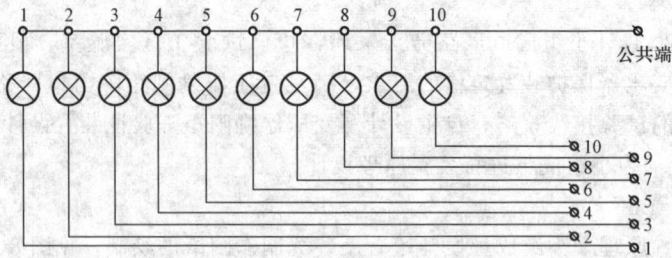

图 8-12　试验接线盒内部接线原理

制图：朱珂　制图日期：2012 年 4 月 20 日

表 8-25　材　料　表

材料	数量
指示灯	9 个
端子排	15 个
接线夹	18 个
面板	1 个
电池模块	1 个
独股线	100m

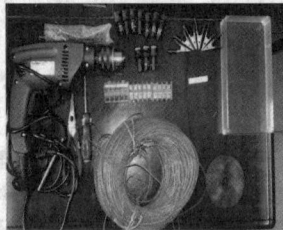

制表：邢路芳

制表时间：2012 年 4 月 21 日

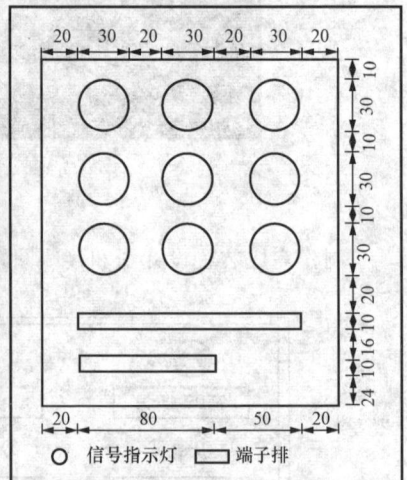

图 8-13

○ 信号指示灯　□ 端子排

图 8-14　变压器跳闸矩阵
验证装置面板

制图：朱珂

制图日期：2012 年 4 月 21 日

4. 装置面板加工

4 月 22—24 日，检修试验工区，小组成员朱珂、李晓航和曹玲玲手工 DIY 跳闸矩阵验证装置面板。图 8-15 所示为小组成员用手枪钻为面板开孔和加工的面板雏形。

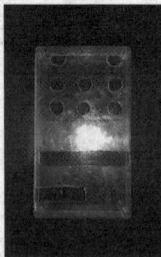

4 月 25—29 日，由小组成员李晓航、朱珂在检修试验工区对之前加工的装置面板精雕细琢，完成接线，见图 8-16。

图 8-15

4月30日，自行设计的面板集成式跳闸矩阵验证装置终于制作完成，图8-17所示为装置正面图和背面图。

(a)　　　　　　　　　　(b)

图 8-16　装置内部接线

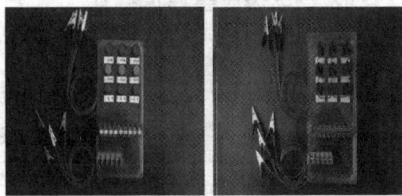

(a)　　　　　　　(b)

图 8-17

(a) 正面图；(b) 背面图

（二）现场验证

2012年5—10月，在检修试验二次专工监督下，对加工好的跳闸矩阵验证装置分别在计山变电站和叶县变电站进行试验，见图8-18。

经现场验证，自行研制的面板集成式跳闸矩阵验证装置准确、可靠，见图8-19。

图 8-18

图 8-19

九、效果确认

（一）对策实施表目标值确认

对策实施后，小组成员针对对策实施表中目标值进行效果检查。2012年5—10月对所辖计山1号主变和叶县3号主变保护单次定检中"验证跳闸矩阵"接线次数进行统计，统计数据见表8-26。

表 8-26　　　　　　　　活动后"验证跳闸矩阵"接线次数调查表

	实施前（次）	实施后（次）
计山变	12	1
叶县变	15	2
平　均	13.5	1.5

制表：李晓航　制表日期：2012年11月5日

数据显示："验证跳闸矩阵"试验接线平均次数为 1.5 次，小于 2 次，达成对策实施表中目标值。

（二）要因改善程度确认

小组成员对上述两座变电站保护单次定检中"验证跳闸矩阵"环节所在的保护逻辑试验用时情况进行统计，统计数据见表 8-27。

表 8-27　　　　　　　　活动后"保护逻辑试验"各环节用时情况调查　　　　　　　　　h

工作项目	工作项目用时		平均用时
	计山♯1 主变	叶县♯3 主变	
核对定值	0.4	0.2	0.3
检查模拟量	0.6	0.4	0.5
验证开入量	0.3	0.3	0.3
逻辑传动	2.7	2.9	2.8
验证跳闸矩阵	0.8	0.8	0.8
其他	0.1	0.1	0.1
合计用时	4.9	4.7	4.8

制表：徐耀辉　制表时间：2012 年 11 月 5 日

对活动后数据再次进行分析，得到活动后环节用时统计分析表，见表 8-28。

表 8-28　　　　　　　　　　活动后环节用时统计分析表

工作项目	时间（h）	累计时间（h）	百分比（%）	累计百分比（%）
逻辑传动	2.8	2.8	58.3	58.3
验证跳闸矩阵	0.8	3.6	16.6	74.9
检查模拟量	0.5	4.1	10.4	85.3
核对定值	0.3	4.4	6.3	91.6
验证开入量	0.3	4.7	6.3	97.9
其他	0.1	4.8	2.1	100

$N = 4.8$（h）

制表：朱珂　制表时间：2012 年 11 月 7 日

根据活动后变压器保护定检时间统计表制作排列图，并与活动前变压器保护单次定检时间排列图相比较，见图 8-20 和图 8-21。

得出结论：活动前的症结"验证跳闸矩阵时间长"已得到明显改善。

（三）活动总目标改善程度确认

症结"验证跳闸矩阵时间长"改善后，计山 1 号主变和叶县 3 号主变保护单次定检用时情况统计见表 8-29。

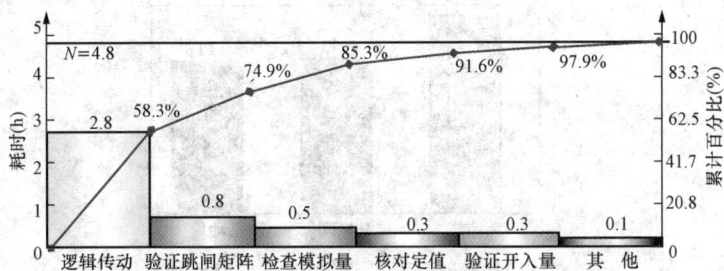

图 8-20　活动后变压器保护单次定检时间排列

制图：李晓航　制图日期：2012 年 11 月 8 日

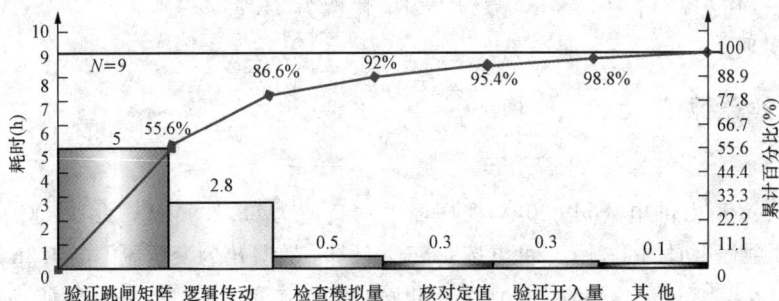

图 8-21　活动前变压器保护单次定检时间排列

制图：李晓航　制图日期：2012 年 3 月 22 日

表 8-29　　　　　活动后 220kV 变压器保护单次定检各环节用时调查　　　　　h

工作项目	工作项目用时		平均用时
	计山♯1 主变	叶县♯3 主变	
做安全措施	1.3	1.5	1.4
保护逻辑试验	4.9	4.7	4.8
带开关传动	3.2	2.8	3
清扫	1.6	1.4	1.5
恢复措施	1.6	1.6	1.6
其他	0.4	0.6	0.5
合计用时	13	12.6	12.8

制表：徐耀辉　制表时间：2012 年 11 月 10 日

根据监测结果，我们绘制了柱状图，对 QC 活动前后变压器保护定检时间进行了对比，见图 8-22。

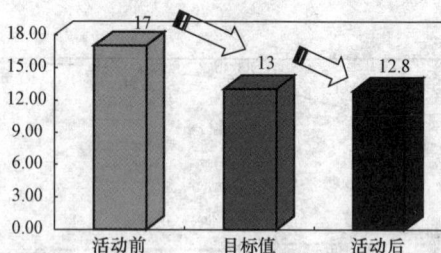

图 8-22　220kV 变压器保护单次定检时间柱状图

制图：邢路芳　制表日期：2012 年 11 月 11 日

由柱状图我们惊喜地发现，在本 QC 小组活动期间，220kV 变压器保护单次定检时间由原来平均的 17h 降为 12.8h，节约 4.2h，降幅为 24.7%。

目标实现！

十、效益评价

1. 经济效益

2012 年平顶山供电公司 220kV 变压器平均负荷为 68.229MW，此次 QC 活动缩短 220kV 变压器停电时间 4.2h，1 度电按 0.56 元计算，计算出因变压器停电 4.2h 造成的损失：$68\ 229 \times 4.2 \times 0.56 = 160\ 474.61$ 元，扣除"集成式变压器跳闸矩阵验证装置"制作成本 995 元，即本次 QC 活动可为公司挽回 $160\ 474.61 - 995 = 159\ 479.61$ 元的经济效益。

2. 无形效益

此次 QC 活动缩短 220kV 变压器停电时间 4.2h，保障了电量供应，提高了供电可靠性，树立了国家电网公司的良好社会形象，有效降低了单台变压器运行的安全隐患，保证了系统的安全稳定运行，具有可观的安全效益。

十一、巩固措施

小组成员为巩固本次活动效果，将对策实施表中有效措施纳入班组管理制度，见表 8-30。

表 8-30

序号	有效措施	纳入标准	责任人	完成日期
1	配备面板集成式跳闸矩阵验证装置	二次检修班组工具管理制度	杜世民	2012 年 11 月 12 日
2	在跳闸矩阵验证过程中使用面板集成式跳闸矩阵验证装置	二次检修班组检修制度	徐耀辉	2012 年 11 月 12 日

制表：徐耀辉　制表日期：2012 年 12 月 12 日

小组成员将本次活动巩固期定为 11—12 月份，对该成果巩固期情况进行跟踪检查，见表 8-31。

表 8-31

220kV 变压器单次定检工作项目	220kV 变压器单次定检用时（h）
舞阳变 1 号主变	13
沛阳变 1 号主变	12.4
石龙变 2 号主变	12.5
合计用时	12.6

制表：邢路芳　制表日期：2012 年 12 月 22 日

巩固期跟踪数据显示，活动效果良好。

十二、总结及下一步打算

通过本次活动的开展，小组成员的团队精神、进取精神、服务精神、创新精神和个人能力均有明显的提高，达到了预期的目标，见表 8-32 和图 8-23。

表 8-32

评价内容	活 动 前	活 动 后
团队精神	2	5
进取精神	3	4
服务意识	3	5
个人能力	1	4
创新精神	1	4

制表：曹玲玲　制表日期：2012 年 12 月 25 日

我们准备把"缩短母差保护定检时间"作为下一个 QC 小组活动的课题。

我们相信，只要我们不懈努力，发挥团队每个成员的积极性和创造性，我们一定能把我们电网的生命线打造得越来越坚强！

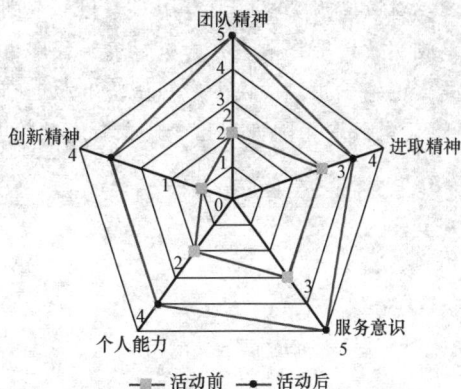

图 8-23

制图：邢路芳　制图日期：2012 年 12 月 25 日

成果评价

(一) 总体评价

继电二班开拓者 QC 小组针对变压器保护装置单次定检时间长的问题，选择"缩短 220kV 变压器保护单次定检时间"课题开展活动，课题类型：攻关型。经过采取制作并配发面板集成式跳闸矩阵验证装置；在跳闸矩阵验证过程中使用面板集成式跳闸矩阵验证装置等有效改进措施，使 220kV 变压器保护单次定检时间由活动前的 17h，降低到活动后的 12.8h，降低了定检用时，提高了供电量，取得了一定的经济效益，实现和达到了预期目标，成果具有实际应用价值。

该成果活动过程能够遵循 PDCA 循环，注重数据、事实说话，如现状调查运用排列图对 220kV 变压器保护单次定检时长进行分层分析，找到问题症结"验证跳闸矩阵"，并为确定目标值提供依据；要因确认能够关注因素对问题症结的影响程度，如确认三"实验仪器精度不够"进行单样本的 T 检验；确认五"试验反复接线"，用散布图分析等；针对关键的要因改进项目能够提出对策，用价值工程评价选择出真正有效的对策。统计技术的正确应用为小组活动、判断提供了科学的依据。

(二) 存在问题

该成果在程序及方法方面还有可改进之处：

对策措施实施后没有用对策目标（即接线次数≤2 次）对实施情况进行检查，而是放在效果检查中一并检查，这是程序方面需要注意的问题。方法方面，因果分析分类不正确，如将"缺少专用试验电源"归为环境类；因果分析中的因果关系不成立如"试验电源取用困难"和"缺少专用试验电源"。

中国质量协会　陈秀云

9 缩短CJ型电动机构安装时间

国网三门峡门供电公司
检修试验专业变电一次检修一班 QC 小组

一、小组概况

检修试验专业变电一次检修一班QC小组

成立时间
2013年2月

课题类型	现场型
本次注册编号	SMDL\2013-0301
本次注册时间	2013年3月

小组成员

姓名	性别	文化程度	职称	职务	人员分工
张 滨	男	大专	技师	技术员	组长
王润妮	女	本科	工程师	副主任	全面协调
张光海	男	大专	技师	班长	质量监督
梅纪东	男	本科	工程师	副主任	技术负责
项祖杰	男	本科	工程师	工作负责人	加工试验
刘江东	男	本科	高级工	工作负责人	资料收集
李旭明	男	本科	助工	工作负责人	幻灯发布

本次课题 → 缩短CJ型电动机构安装时间

活动情况

活动时间	2013年3—12月
QC小组活动次数	32次
接受TQC教育时间	人均70h以上
QC小组成员出勤率	100%

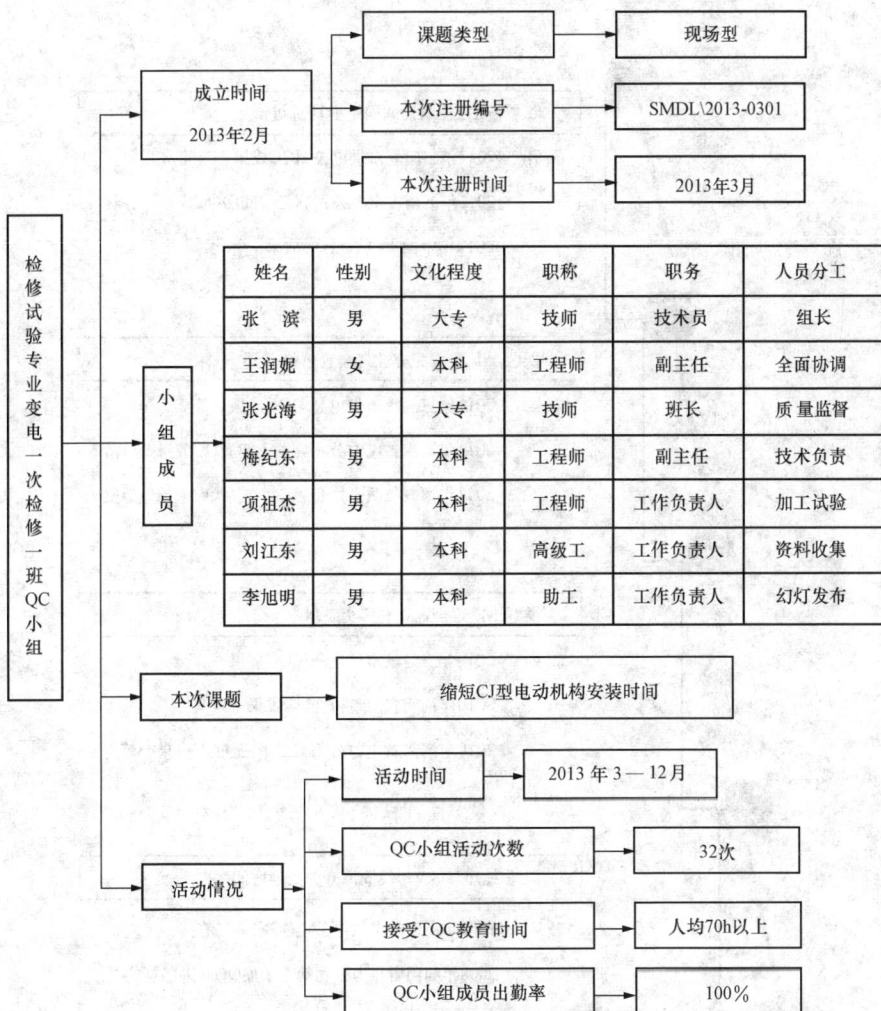

制图：王润妮 时间：2013年3月6日

历年获奖情况：

☆小组获奖

    2012 年荣获"全国电力行业优秀质量管理小组"称号

    2011 年荣获"河南省质量协会优秀质量管理小组"称号

    2010 年被河南省质协授予"质量管理信得过班组"称号

    2010 年获河南省电力公司"优秀 QC 小组"称号

    自 1995 年以来连续被三门峡市供电公司评为优秀班组

    1995 年以来多次被三门峡市供电公司评为优秀 QC 小组

☆课题获奖

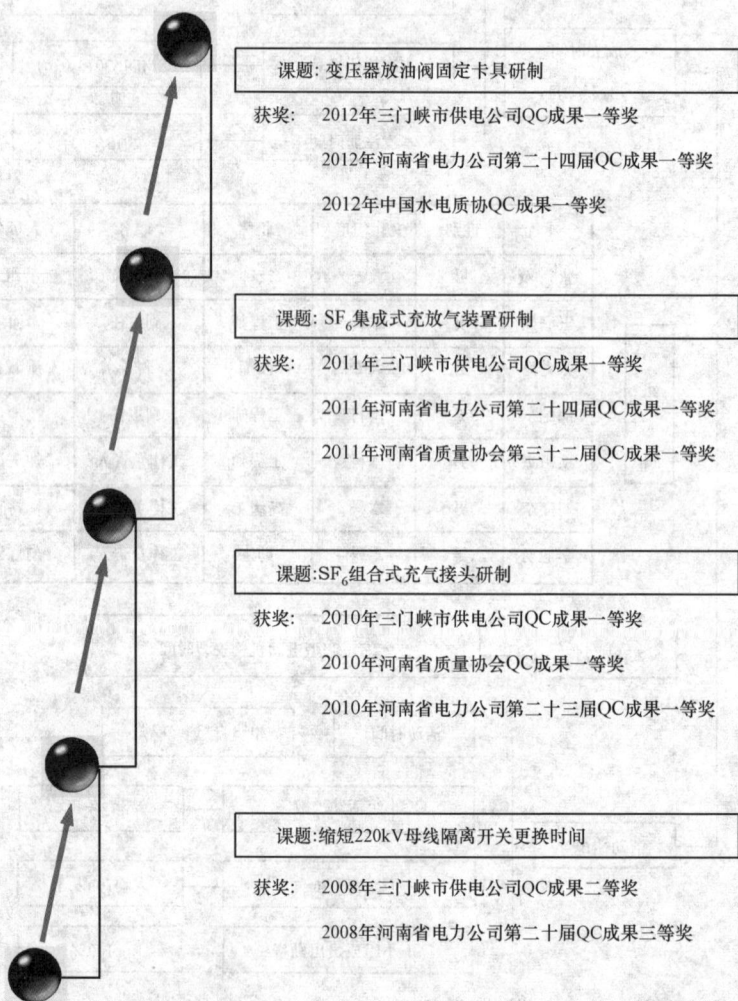

课题: 变压器放油阀固定卡具研制

获奖: 2012年三门峡市供电公司QC成果一等奖

        2012年河南省电力公司第二十四届QC成果一等奖

        2012年中国水电质协QC成果一等奖

课题: SF_6集成式充放气装置研制

获奖: 2011年三门峡市供电公司QC成果一等奖

        2011年河南省电力公司第二十四届QC成果一等奖

        2011年河南省质量协会第三十二届QC成果一等奖

课题: SF_6组合式充气接头研制

获奖: 2010年三门峡市供电公司QC成果一等奖

        2010年河南省质量协会QC成果一等奖

        2010年河南省电力公司第二十三届QC成果一等奖

课题: 缩短220kV母线隔离开关更换时间

获奖: 2008年三门峡市供电公司QC成果二等奖

        2008年河南省电力公司第二十届QC成果三等奖

二、选择课题

公司要求	⇒	检修公司规程中规定：母线隔离开关检修或更换，母线运行非正常状态时间不能超出48h

⬇

工期要求	⇒	公司检修试验专业要求：技改工程中母联隔离开关每台安装时间为16个工时；其中电动机构安装用时要求≤6h

⬇

1.通过调查2012年不同型号母联隔离开关单台安装用时如下：

生产厂商	型号	隔离开关安装用时(h)
江苏如皋	GW16-252	18
湖南长高	GW16-125	17
湖南长高	GW4-110DW	20
河南平高	GW16-252	19

四种型号隔离开关安装过程中，安装用时均超过规定时间16h。

2.隔离开关安装(包括隔离开关就位、电动机构安装、附件连接，整体调试)各阶段平均用时如下：

存在问题	⇒	隔离开关各阶段平均用时柱状图单位,h

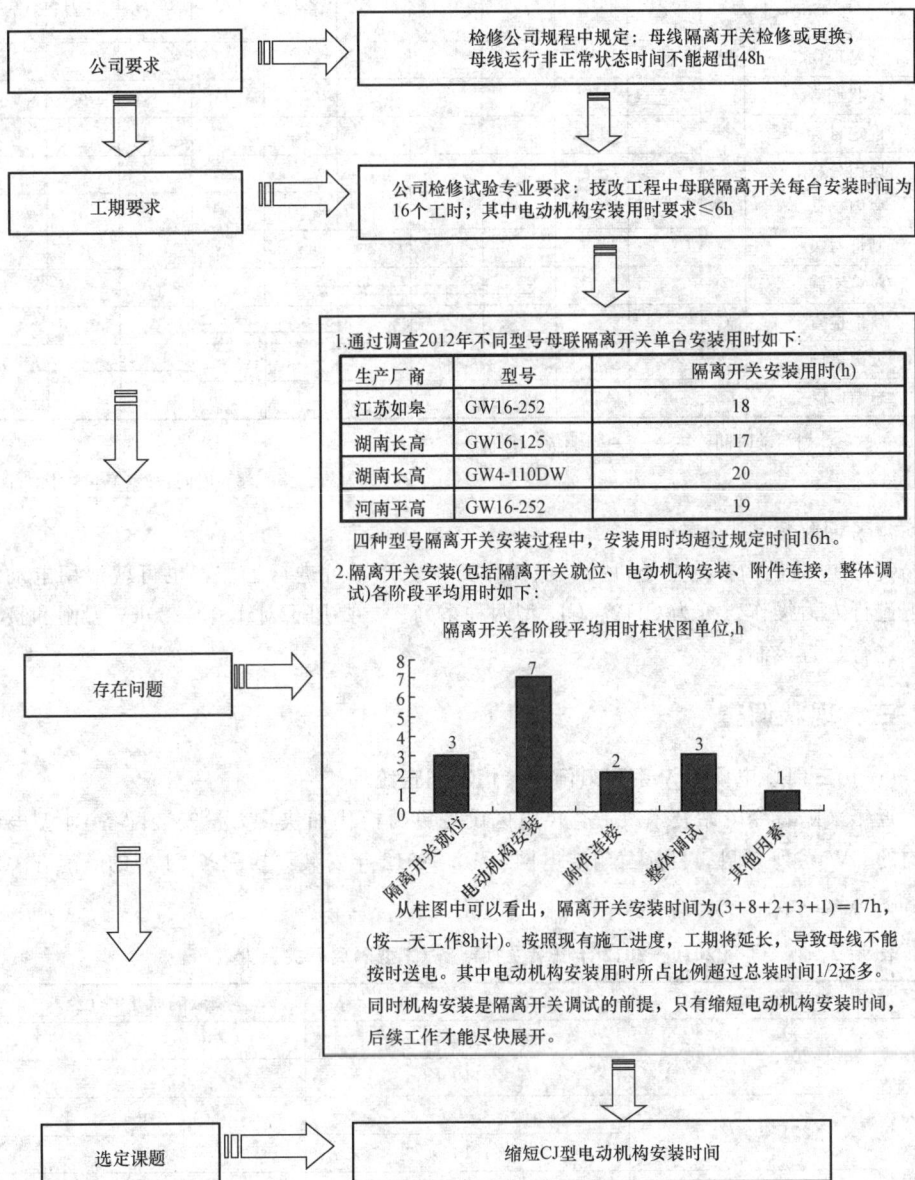

从柱图中可以看出，隔离开关安装时间为(3+8+2+3+1)=17h，(按一天工作8h计)。按照现有施工进度，工期将延长，导致母线不能按时送电。其中电动机构安装用时所占比例超过总装时间1/2还多。同时机构安装是隔离开关调试的前提，只有缩短电动机构安装时间，后续工作才能尽快展开。

⬇

选定课题	⇒	缩短CJ型电动机构安装时间

制图：张滨　时间：2013年3月9日

为了更好地完成"缩短CJ型电动机构安装时间"，活动课题，小组严格按照PDCA循环，制订了活动计划推进表，见表9-1。

表 9 - 1 　　　　　　　　　　　　　　活动计划推进表

步骤＼时间		3月	4月	5月	6月	7月	8月	9月	10月	11月	12月
选题理由	P	--▶									
现状调查	P		--▶								
设定目标	P		--▶								
原因分析	P		--▶								
要因确认	P			----▶							
制订对策	P			--▶							
对策实施	D				------▶						
效果检查	C						------▶				
巩固措施	A								----▶		
总结回顾	A										--▶

------▶ 计划活动时间　　　——▶ 实际活动时间

制表：张光海　时间：2013 年 3 月 12 日

☆名词解释

CJ 型电动机构：为户外机构，供操作刀闸之用，可进行远控，也可就地用电动或摇把进行人力操作。分为 CJ12、CJ7 型两种系列。主要用于对 110、220kV 刀闸和接地开关进行远近控制。

三、现状调查

(一) 三门峡电网 GW 系列刀闸安装情况调查统计

近年来随着变电站技术改造，供电区设备更新换代加快，大量安装配备 CJ 型电动机构的 GW 系列刀闸。目前三门峡电网 2010—2012 年安装更换配备 CJ 型的隔离开关统计情况见表 9 - 2。

表 9 - 2 　　　　　　2010—2012 年安装更换配备 CJ 型隔离开关调查表

年份（年）	电压等级（kV）	安装隔离开关（台）
2010	220	6
	110	8
2011	220	6
	110	10
2012	220	8
	110	28

制表：张光海　时间：2013 年 3 月 10 日

从表 9 - 2 中可以看出，2012 年安装隔离开关的台数达到最高峰，工期紧张，设备升级更新速度快，增加了安装难度，为标准化的施工提出更高标准。隔离开关安装见图 9-1。

(a)　　　　　　　　　　　　(b)

图 9-1　隔离开关安装

(a) 外观；(b) 放大

(二) 每台隔离开关安装时间现状

(1) 隔离开关组装、调试工作流程如图 9-2 所示。

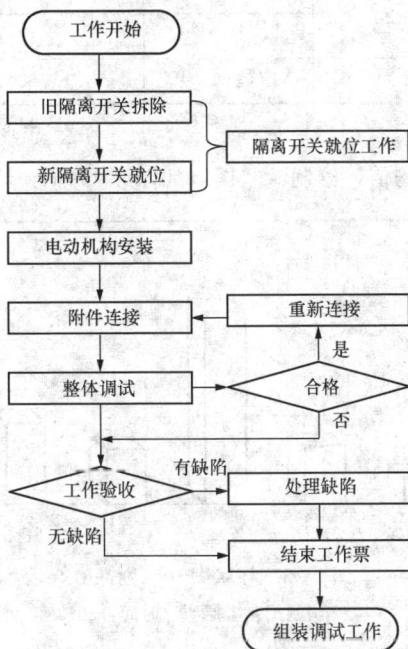

图 9-2　隔离开关组装、调试工作流程

制图：张光海　　日期：2013 年 3 月 17 日

（2）针对东区变电站隔离开关组装、调试工作中各环节安装用时抽查情况统计，见表9-3。

表9-3　　　　　　　　　　　隔离开关安装各环节用时调查表　　　　　　　　　　　　h

地点	设备名称	旧隔离开关拆除	新隔离开关就位	电动机构安装	附件连接	整体调试	工作验收
杜家变	杜韶1东	1.0	2.2	7.6	2.1	3.0	0.9
	高杜2东	0.9	2.1	7.5	2.0	2.9	1.1
	杜碡1南	0.8	2.2	7.1	1.9	3.2	0.8
	杜牵1南	0.7	2.3	7.3	2.0	3.1	1.05
斜桥变	Ⅰ虢桥2东	0.7	2.3	7.1	2.0	3.0	0.9
	Ⅱ虢桥2东	0.8	2.2	7.0	1.9	3.1	1.0
虢都变	虢天1西	1.1	1.9	7.0	2.2	2.8	1.1
	虢铝1西	0.9	2.1	7.2	1.95	2.9	1.05
高村变	Ⅰ砥高2南	1.2	1.8	7.3	2.15	3.3	0.95
	Ⅱ砥高2南	0.8	2.2	7.2	2.1	3.1	0.9
	Ⅰ杭高2南	1.1	2.0	7.1	1.9	2.8	1.1
合计		10	23.3	78.5	22.2	33.2	
平均用时		0.92	2.1	7.1	2	3	

制表：李旭明　时间：2013年3月20日

根据统计表中数据平均值，绘制柱状图，如图9-3所示。

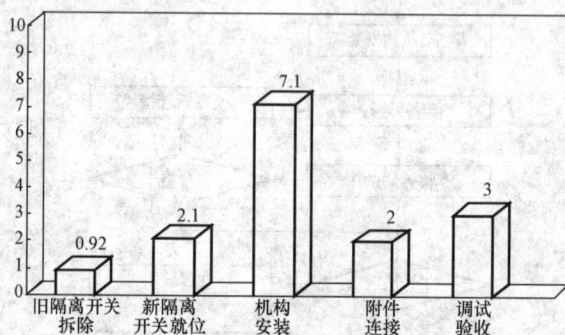

图9-3　柱状图（单位：h）

制图：李旭明　时间：2013年3月21日

从图9-3中可以看出，每台隔离开关电动机构安装时间达7h以上，占总装平均时间的46.9%。

（三）电动机构安装环节用时调查

1. 电动机构安装工序流程分析

图 9-4 为电动机构安装工序流程图。

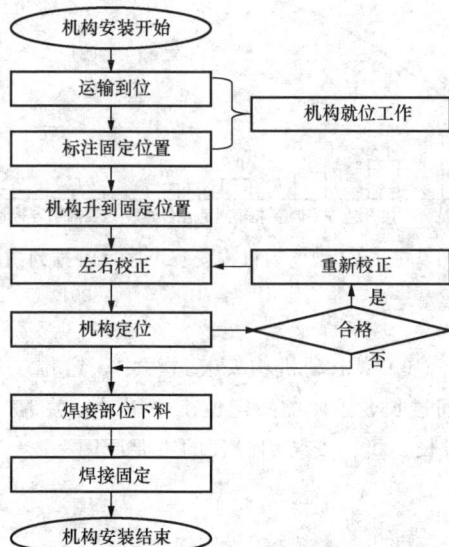

图 9-4　电动机构安装工序流程图

制图：刘江东　时间：2013 年 3 月 25 日

2. 安装工序时间频数统计

为进一步分析机构安装时间长的现状，小组对斜桥变安装 GW4-110W 型隔离开关，CJ 型电动机构安装工序时间频数统计见表 9-4。

表 9-4　　　　　　　CJ 型电动机构安装工序时间频数统计

序号	项目		工序（小时）	百分率（%）	累计百分率（%）
1	定位		2.5	35.2	35.2
2	焊接固定	下料	1	14.1	56.3
		焊接	0.5	7	
3	左右调整		1	14.1	70.4
4	抱箍固定		0.8	11.2	81.6
5	附件组装		0.6	8.4	90
6	包装拆除		0.3	4.2	94.2
7	其他原因		0.4	5.6	100
	合计		7.1	—	—

制表：张光海　日期：2013 年 3 月 29 日

根据调查统计表可绘制出排列图，见图 9-5。

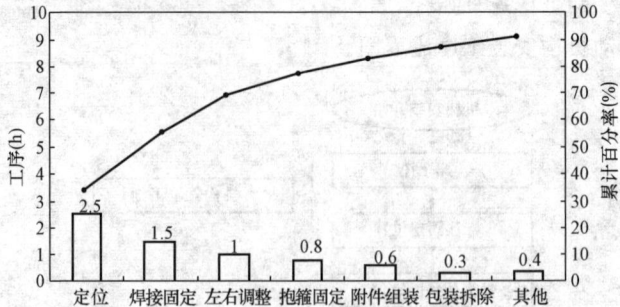

图 9-5　CJ 型电动机构安装工序用时排列图

制图：李旭明　时间：2013 年 3 月 30 日

从以上统计可以看出，CJ 型电动机构安装过程中，定位工序用时占电动机构安装工时的 35.2%，定位时间过长，因此缩短定位工序用时是关键。

结论：安位工序用时长是机构安装用时长的主要原因。

四、设定目标

根据现状调查情况，经小组成员分析讨论，确定每台电动机构安装用时从 7.1h/台缩短为 5.0h/台，作为本次 QC 活动的目标，见图 9-6。

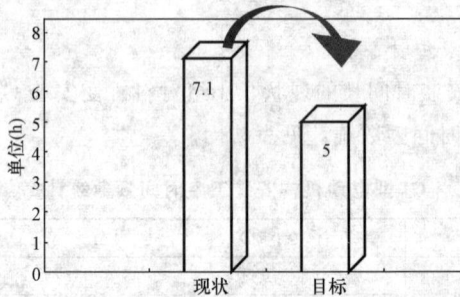

图 9-6　CJ 电动机构安装用时目标确定柱形图

制图：项祖杰　时间：2013 年 4 月 5 日

五、目标设定的依据

目标设定依据见图 9-7。

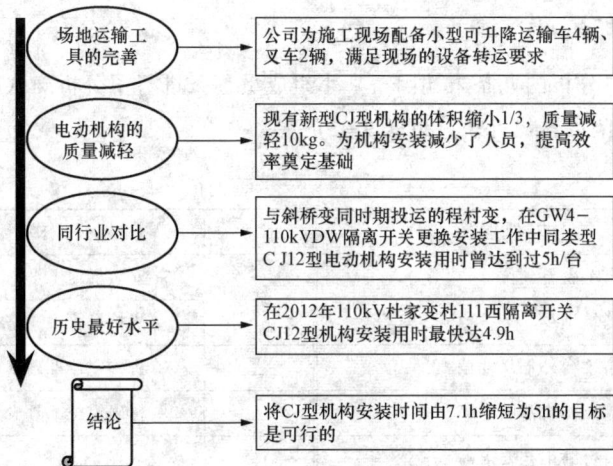

图 9-7 目标设定依据

制图：梅纪东 时间：2013 年 4 月 13 日

六、原因分析

针对安装 CJ 型电动机构定位时间长的现象，我们 QC 小组从人员、设备、材料、方法、环境、测量六个方面进行分析，绘出因果分析图，见图 9-8。

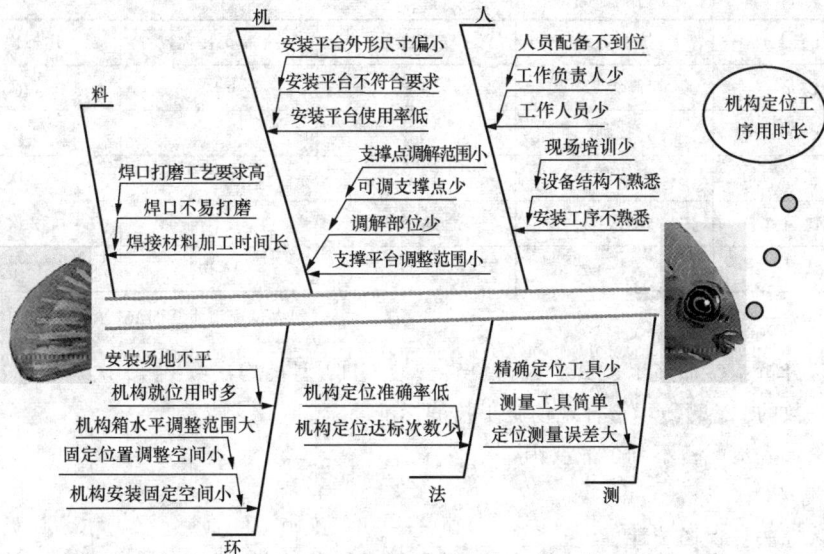

图 9-8 CJ 型电动机构定位工序用时长因素分析鱼刺图

制图：张滨 时间：2013 年 4 月 23 日

七、要因确认

针对鱼刺图中分析的九条末端因素，小组成员逐条进行了分析确认。

（一）末端影响因素统计表（见表 9-5）

表 9-5

因素	末端因素	因素	末端因素
人	1. 人员配备不到位	环	6. 安装场地不平
	2. 现场培训少		7. 机构箱水平调整范围大
机	3. 安装平台外形尺寸偏小	法	8. 机构定位准确率低
	4. 支撑点调解范围小	测	9. 精确定位工具少
料	5. 焊口打磨工艺要求高		

（二）主要原因确认

1. 人员配备不到位

确认方法：现场统计。

标准要求：90％现场施工人员岗位技能达标。

确认内容：对 110kV 斜桥变安装 CJ12 型机构的施工人员进行调查统计，见表 9-6。

表 9-6　　　　　　现场施工人员参加 CJ12 型机构安装次数统计表

姓名	技能等级	安装次数	负责安装次数	达标次数
胡俊龙	高级工	14 次	6 次	5 次
张 滨	技师	14 次	4 次	4 次
项祖杰	技师	14 次	2 次	2 次
郜洪涛	高级工	14 次	2 次	2 次
共 计		14 次		13 次

制表：项祖杰　时间：2013 年 4 月 25 日

确认分析：参加施工人员 5 人，负责安装 CJ12 型机构次数共 14 次，达标次数 13 次（占总数的 92.8％），符合现场施工技能标准要求。

结论：人员配备不到位非要因。

2. 现场培训少

确认方法：现场统计。

标准要求：现场讲解和实际操作培训合格率达 95％。

确认内容：2011—2013 年 CJ 型机构的现场培训次数进行统计，见表 9-7。

表 9 - 7　　　　2011—2013 年现场培训安装 CJ 型机构次数统计

年份	理论讲解（次数）	实际操作（次数）	培训合格（次数）	合格率（%）
2011	12	14	24	92.3
2012	18	10	27	96.4
2013	16	15	31	100
总计	46	39	82	96.5

确认分析：每年现场培训平均 30 次左右，培训合格率达 96.5%. 超过本专业对现场技术培训的考核标准。

结论：现场培训少非要因。

3. 安装平台外形尺寸偏小

确认方法：现场实测＋数据分析。

标准要求：CJ 型电动机构安装平台的使用率达 90% 以上。

确认内容：

（1）CJ 型电动机构外形尺寸进行实地测量统计，见表 9 - 8。

（2）现有支撑平台可承载物体尺寸进行实测统计，见表 9 - 9，支撑平台实物见图 9 - 9。

表 9 - 8　CJ 型电动机构外形统计　mm

机构型号	长	宽	高	质量（kg）
CJ6	560	412	845	95
CJ12	580	440	800	80
CJ7	580	440	800	80

表 9 - 9　现有支撑平台可承载物体统计　mm

类型	长	宽	高	质量（kg）
机械手车平台	850(650)	635(648)	700(642)	60
固定式支撑平台	560	420	800	25
液压式手车平台	900	350	850	85

图 9 - 9

（3）2013 年对 25 台 CJ 型电动机构安装过程中安装平台使用次数统计，见表 9 - 10。

表 9 - 10

类型	一季度	二季度	三季度	四季度	共计	使用次数所占比例
机械手车平台	1	2	1	1	5	20
固定式简易支撑平台	2	3	2	1	8	32

类型	一季度	二季度	三季度	四季度	共计	使用次数所占比例
液压式手车平台	1	3	2	1	7	28
平均使用次数			27%			

确认分析：经过对表9-8和表9-9的对比，现有安装平台的质量、外形尺寸均不符合 CJ 型电动机构的安装标准化施工要求

从表9-10中可以看出，安装平台的使用率仅为27%，低于安装过程中对工器具使用的标准要求。

结论：安装平台外形尺寸偏小是要因。

4. 支撑点可调整范围小

确认方法：现场实测＋数据分析。

标准要求：安装 CJ 型电动机构支撑点可调整范围不小于：左右幅度 50mm；前后幅度 50mm；上下微调幅度 30mm。

确认内容：电动机构安装时，对三种平台调整范围测量统计，见表9-11。

表 9-11

类型	左右幅度（mm）	前后幅度（mm）	上下微调幅度（mm）
机械手车平台	10	10	40
固定式支撑平台	10	10	20
液压式手车平台	10	20	10
平均调整范围	10	13	23

确认分析：对照标准可看出，调整范围均小于安装 CJ 型电动机构支撑点可调整范围的标准要求。

结论：支撑点可调整范围小是要因。

5. 焊接口打磨工艺要求高

确认方法：现场实测。

标准要求：焊缝对接误差不大于 10mm。

确认内容：对不同焊接部位打磨后用塞尺测量误差值，统计表见表9-12。

表 9-12 不同焊接部位误差值统计 mm

打磨部位 测量次数	抱箍与连接 槽钢平焊口	机构与连接 槽钢平焊口	抱箍与连接 槽钢立焊口	机构与连接 槽钢立焊口
第一次	5	4	6	2
第二次	4	3	7	3
第三次	5	4	5	3

续表

打磨部位 测量次数	抱箍与连接 槽钢平焊口	机构与连接 槽钢平焊口	抱箍与连接 槽钢立焊口	机构与连接 槽钢立焊口
平均值	4.6	3.6	6	2.6
平均焊缝对接误差4.2				

确认分析：经过对焊缝的对接口进行测量，平均焊缝对接误差4.2mm，符合标准要求，焊接打磨部位符合加工工艺要求。

结论：焊接口打磨工艺要求高非要因。

6. 安装场地不平

确认方法：现场统计实测。

标准要求：场地运输要求路面平整；机构就位时间小于30min。

确认内容：对斜桥变5台电动机构从设备摆放区运输至安装部位用时统计见表9-13，安装现场见图9-10。

表 9-13   min

间隔名称	桥111甲	桥110东	桥110西	I桥岭甲	I號桥东
机构就位时间	18	20	21	19	20
每台机构就位平均用时19.6					

确认分析：表9-13中统计就位用时19.6min，小于标准要求；场地运输路面符合条件。

结论：安装场地不平非要因。

7. 机构箱水平调整范围大

确认方法：现场实测＋数据分析。

标准要求：4个可调整位置，调整范围不能超出50mm。

确认内容：对斜桥变5台机构，机构箱4个位置水平度调整情况统计见表9-14。

图 9-10 安装现场

表 9-14　　　　　　机构箱水平度调整数据统计　　　　　　mm

调整位置 设备名称	1号位置	2号位置	3号位置	4号位置
桥111甲	60	59	49	58
桥111东	55	54	55	48
I號桥2东	62	55	52	56
II號桥2东	58	50	53	60

续表

设备名称 \ 调整位置	1号位置	2号位置	3号位置	4号位置
桥11PT东	56	48	60	51
总计	291	266	269	273
平均值	58.2	53.2	53.8	54.6

制表：张滨　日期：2013年5月8日

图 9-11

确认分析：从表9-14中统计看出，5台机构，4个位置水平度调整范围均超出标准要求，见图9-11。

结论：机构箱水平调整范围大是要因。

8. 机构定位准确率低

确认方法：现场实测＋数据分析。

标准要求：机构定位准确率达95%。

确认内容：对斜桥变110kV设备技改工程中14台电动机构（操作3次）验收情况随机抽查统计，见表9-15。

表 9-15　　　　　　　　　　电动机构验收指标统计表　　　　　　　　　　　次

间隔名称 \ 项目	输出轴转角		机构转轴灵活		机构分合闸到位	
	达标	非达标	灵活	卡滞	到位	不到位
桥111东	1	2	0	1	1	1
虢桥2东	1	1	2	1	0	2
虢桥2甲	1	2	1	1	1	1
Ⅰ桥岭1西	1	1	2	1	1	1
Ⅰ桥岭1甲	1	1	0	2	1	2
桥112西	1	2	1	2	0	1
共计	7	9	6	8	5	8
占操作次数比例（%）	33.3	42.9	28.6	38.1	23.8	38.1

制表：梅纪东　日期：2013年5月10日

确认分析：输出轴转角，机构转轴灵活程度，机构分合闸到位是检验机构操作准确率好坏的标准。从表9-15中看出，三项指标达标率均未超过50%，未达到施工验收标准。

结论：机构定位准确率低是要因。

9. 精确定位工具少

确认方法：现场统计。

标准要求：施工配备定位测量仪器至少2套。

确认内容：对2013年班组常用测量用具进行统计，见表9-16。

表 9 - 16

测量仪器	定点水平仪	标尺	水平尺	板尺	卷尺
配备数量（套）	3	3	4	6	10

确认分析：依据施工要求上述定位工具足够现场对电动机构安装固定需求。

结论：精确定位工具少非要因。

通过要因论证，确认其主要原因如下：

(1) 安装平台外形尺寸偏小。

(2) 支撑点可调整范围小。

(3) 机构定位准确率低。

(4) 机构箱水平调整范围大。

八、制订对策

对策表见表 9 - 17。

表 9 - 17　　　　　　　　　　　　　对　策　表

序号	要因	对策	目标	措施	地点	时间	负责人
1	安装平台外形尺寸偏小	增加机构安装平台承载面积	1. 平台承载物可360°移动。 2. 支撑平台使用率95%	1. 购置轻型液压升降推车平台。 2. 改进加工推车平台固定调试。 3. 现场测试新平台并记录数据与其他支撑平台对比	加工车间	2013.5.9 — 2013.5.14	张　滨 刘江东
2	支撑点可调整范围小	改进支撑部位调解功能	1. 支撑点调解范围达 50mm 以上。 2. 具有上下微调定位功能	1. 加工制作可以调解的支撑杆。 2. 固定后检验调整范围和调整后支撑点有无变形	加工车间安装现场	2013.5.9 — 2013.8.9	项祖杰 刘江东
3	机构箱水平调整范围大	支撑平台增加不同厚度垫板	垫板应满足机构调整水平度达50mm	1. 加工制作不同厚度垫板。 2. 现场测试垫板对固定位置的调整尺度	加工车间安装现场	2013.5.9 — 2013.8.9	张光海 张占山
4	机构定位准确率低	统计新增机构安装用时以及验收情况	每个施工项目CJ型电动机构安装达标率90%	实地进行测量记录数据与以前的安装记录对比	安装现场办公室	2013.7.1 — 2013.8.9	李旭明

制表：刘江东　日期：2013.5.17

九、对策实施

(一) 增加机构安装平台承载面积

措施 1　购置轻型液压推车平台

对市场调查后，可供选择液压小推车数据，见表 9 - 18。

表 9 - 18

类型 技术数据	液压光滑面 平台车	脚踏式滚珠台面 平台车	迷你型手动 升高车
额定载重（kg）	150	200	400
起升范围（mm）	220～740	520～1000	1100
平台尺寸（mm）	700×450	820×500	1150×580
自重（kg）	44	105	85
价格（元）	1280	4250	8680

实物图见图 9 - 12。

图 9 - 12　实物图

通过对上述三种类型平台的数据以及价格对比，液压光滑面平台车符合要求，同时平台还可以进行改造加工。

措施 2　改进加工推车平台固定调试

(1) 小组根据购置平台尺寸设计出整体台面的改进图纸，见图 9 - 13。

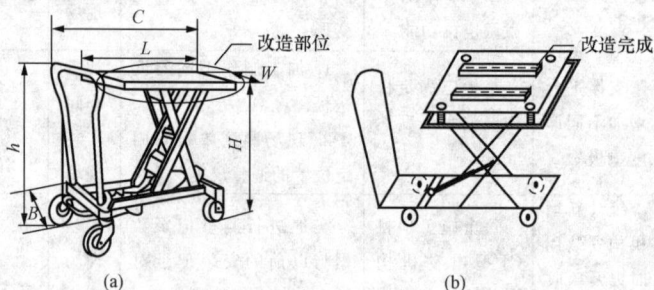

图 9 - 13

（a）改造部位；（b）改造完成

（2）现场进行台面固定件加工，见图9-14。

措施3 现场测试新平台并记录数据与其他支撑平台对比

（1）2013年6月10日—7月1日，在现场施工中对同类型电动机构定位工作时，采用改进型平台推车和未改进型推车同时进行安装定位工作，相关数据统计见表9-19。

图9-14 现场台面固定加工

表9-19

数据项目 \ 类型	改进型平台推车	未改进型平台推车
平台可移动角度	360°	360°
平台尺寸	700mm×750mm	700mm×450mm
机构可移动距离	50mm	20mm
适用机构种类	5种	2种
起升范围	220～800mm	220～740mm

制表：张滨 日期：2013年7月3日

（2）对斜桥变14台CJ12型和2台CJ7A型电动机构安装时，平台推车改进前和改进后使用次数、固定后校正次数进行统计对比，见表9-20、表9-21。

表9-20 改 进 前

型号 \ 项目	使用次数	固定后校正次数
CJ12	2次	1次
CJ7（A）	1次	1次
共计	3次	2次
占总数的百分比（%）	18.8	67

表9-21 改 进 后

型号 \ 项目	使用次数	固定后校正次数
CJ12	14次	1次

续表

项目 型号	使用次数	固定后校正次数
CJ7（A）	2次	0次
共计	16次	1次
占总数的百分比（%）	100	1

通过改进支撑平台的可调节功能，支撑平台使用率达100%，使用后校正率仅为1%，预期目标实现。

实施效果：改进型平台推车具有良好的调节功能，移动范围增加，有效提高了支撑平台使用率。

（二）改进支撑部位调解功能

措施1 加工制作可以调解的支撑杆

绘制加工图纸，见图9-15。

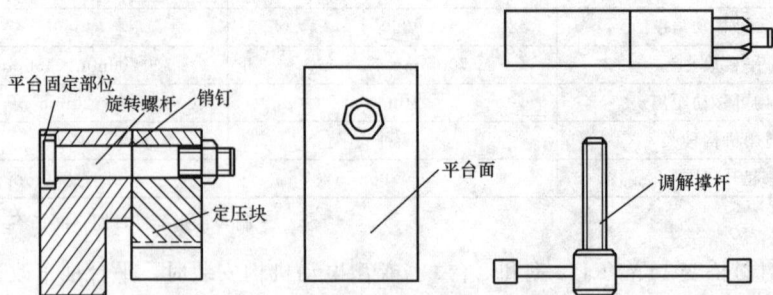

图9-15 加工图

加工车间进行加工，见图9-16。

图9-16

措施 2　固定后检验调整范围和调整后支撑点有无变形

（1）通过参照标准螺栓的有关数据对选用作为支撑杆的 $\phi12$ 长 70mm 镀锌螺栓试验承重能力，见表 9 - 22。

表 9 - 22　　　　　　　　　　承 重 实 验

螺栓直径	长度（mm）	扭力扳手	分析结果
$\phi12$	70	194N、266N、376N 紧固 3 次	376N 力矩扳手紧固丝扣滑丝 1 次
承载重量		最大载重＝700kg	

（2）小组通过对重 80kg 湖南长高 CJ12 型机构定位过程中 1～4 号支撑杆调平衡后，用游标卡尺测量调解高度和支撑杆变形量统计数据，见表 9 - 23。

表 9 - 23　　　　　　　　　　调节高度和变形量

支撑杆	调解高度（mm）	支撑部位变形量（mm）	载重（kg）
1 号	60	0.08	80
2 号	56	0.15	83
3 号	61	0.05	79
4 号	58	0.1	81
平均值	59	0.095	80.75

实施效果：机构定位后检验支撑杆的调节范围最大可调高度 0～60mm，重物状态下升降机构箱体，支撑杆不变形，见图 9 - 17。

图 9 - 17

（三）支撑平台增加不同厚度垫板

（1）绘制垫板的草图，见图 9 - 18。

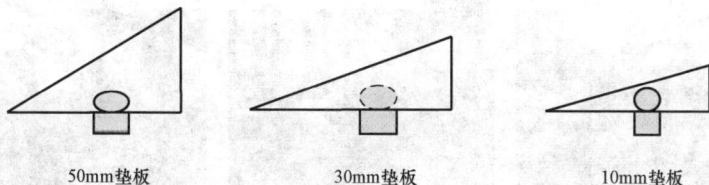

50mm垫板　　　　　30mm垫板　　　　　10mm垫板

图 9 - 18　垫板草图

（2）加工制作垫板现场使用过程图片，见图 9 - 19。

（3）机构箱在水平调整时，支撑点调整到极限后出现水平部位不平衡，使用垫板调校统计数据，见表 9 - 24。

图 9 - 19

表 9 - 24 使用垫板调校统计数据

测试项目 垫板厚度	极限调整范围	垫板使用位置	调整水平度
50mm 垫板	0～50mm	1 号	25°
30mm 垫板	0～30mm	2 号	12°、15°、18°
10mm 垫板	0～10mm	4 号	5°、8°
实际调整范围	0～49mm		

从表 9 - 24 中可以看出，垫板满足机构调整水平范围达 50mm；定位时垫板可调水平度最大达 25°。

实施效果：垫板的使用，增大机构定位时水平调整范围。

（四）统计新增机构安装用时以及验收情况

（1）对斜桥变 110kV 西母改造项目，新安装 7 台电动机构进行测量，现场测量图片见图 9 - 20。

图 9 - 20 现场测量图片

斜桥变 110kV 西母改造项目电动机构验收测量数据统计见表 9 - 25。

表 9 - 25 测 量 数 据

测量项目 间隔名称	机构箱外观 水平误差（mm）	垂直连杆和机构 主轴垂直误差（mm）	安装焊接部位 水平误差（mm）	无极调解抱箍 调整次数
桥 112 西	2	2	3	2
桥 110 西	3	1	1	2
Ⅱ桥岭西	1	2	2	3
Ⅱ桥岭甲	2	1	1	2
Ⅰ桥岭西	1	3	3	1
Ⅰ桥岭甲	4	1	1	2
桥 11PT 西	1	2	1	2
平均值	2.3	2	2.2	2

制表：项祖杰　日期：2013 年 8 月 1 日

电气装置安装工程高压电器施工及验收规范 GBJ 147—1990（第 7.2.1 条操动机构的底架或支架与基础间垫片不宜超过 3 片，其厚度规定不超过 20mm）。

从表 9 - 25 中可以看出，机构的各项误差均小于验收规范中的调整厚度的规定，每台调整次数仅有两次。

（2）依据验收标准对新安装电动机构进行对比。砥柱变 4 台 CJ7A 和 4 台 CJ7B 电动机构投运验收情况统计（使用普通支撑平台安装机构），见表 9 - 26。

表 9 - 26 砥柱变投运验收情况

项目 \ 型号	CJ7A	CJ7B	共计	所占比例（%）
数量（台）	4	4	8	100
投运后机构正常（台）	2	2	4	50
投运后机构非正常（台）	2	2	4	50
每台机构安装平均用时（h）	7.2	7.1	两种型号机构每台固定用时 7.15h	

斜桥变 6 台 CJ12 型、2 台 CJ7A 型电动机构投运验收情况统计（使用改进型液压平台推车安装机构）见表 9 - 27。

表 9 - 27 斜桥变投运验收情况

项目 \ 型号	CJ12	CJ7A	共计	所占比例（%）
数量（台）	6	2	8	100

续表

项目 型号	CJ12	CJ7A	共计	所占比例（%）
投运后机构正常（台）	6	2	8	100
投运后机构非正常（台）	0	0	0	0
每台机构安装平均用时（h）	4.9	4.8	安装用时 4.85h	

从表9-27看出，使用改进型液压平台推车进行机构安装，用时为4.85h，机构投运后正常状态所占比例达100%。

实施效果：由于改进型液压平台推车的使用，定位时误差造成的重复工作大为减少，安装用时仅为4.85h，定位准确率也大为提高，机构正常状态所占比例达100%，实现了缩短电动机构安装用时的目标。

十、效果检查

（一）目标值效果检查

对策实施后，小组成员于2013年8月15日对活动过程中和活动后的CJ型电动机构安装时间进行统计，见表9-28。

表9-28　　　　　　　　　安装时间统计　　　　　　　　　h

序号	机构安装工序	活动前用时	活动预期用时	活动后用时
1	运输就位	0.7	0.7	0.7
2	附件安装	1.4	1.4	1.4
3	机构定位	3.5	1.5	1.0
4	焊接固定	1.5	1.5	1.5
5	可控工序总用时	7.1	5.1	4.6

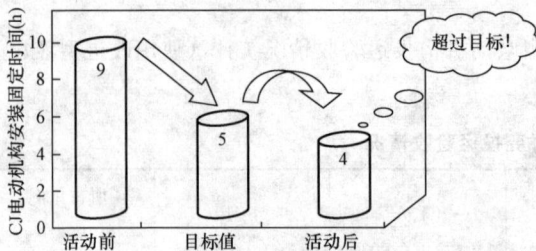

图9-21　目标效果图
绘图：张斌　日期：2013年8月18日

目标效果见图9-21。

结论：从表9-28中看出，CJ型电动机构的安装时间由原来的7.1h/台减少为4.6h/台。

（二）活动实施后与活动前的现状对比

小组对2013年活动实施后8月—9月斜桥变110kV西母设备改

造间隔 CJ 型电动机构安装固定的工作时间统计，见表 9-29。

表 9-29　　　　　　　　　　　　工作时间统计

间隔名称	桥112西	桥110西	Ⅰ桥岭西	Ⅰ桥岭甲	Ⅱ桥岭西	Ⅱ桥岭甲
工作时间（h）	4.5	4.5	4.6	4.4	4.3	4.5

活动前后 CJ 型电动机构安装用时对比柱图见图 9-22。

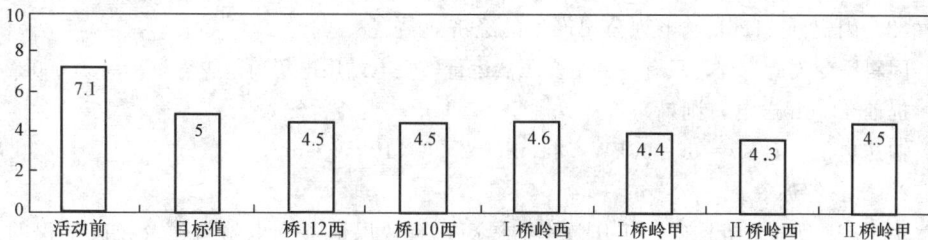

图 9-22　安装用时对比柱图

绘图：张滨　日期：2013 年 9 月 10 日

结论：从图 9-22 中可以看出，影响机构安装固定时间明显减少，和原来对比减少了 2.5h 左右。

（三）无形效果检查

通过电动机构安装小组成员的共同努力，提高了 CJ 型电动机构安装的工作效率，我们 QC 小组仅用了 26.8 个工时就完成了 6 台机构的安装固定工作，经验收合格后为下一步隔离开关调试工作节省出大量时间和施工人员，加快了工程施工进度。通过对机构安装液压平台推车的改进，进一步积累了一次设备安装过程中技术革新带来的成功经验，为今后的创新活动提供了借鉴。

（四）经济效益

1. 直接经济效益

（1）工程工期提前节约效益分析。以斜桥变 110kV 设备改造工程为例，安装 CJ 型机构 16 台。活动前和活动后时间对比统计见表 9-30。

表 9-30　　　　　　　　　　活动前和活动后时间对比

工序	活动前预算安装时间（h）	活动后实际安装用时（h）	对后续工作的影响
隔离开关安装	200	158.4	隔离开关安装提前 41.6h
机构安装时间	113.6	72	提前工时 41.6h，为隔离开关调试节省 5 人

从表 9‐30 可以看出，16 台机构安装节约工时 41.6h，节省人员 5 人。

斜桥变工程费预算：每人每天 113 元，工时费约 14 元。

电动机构固定阶段节约费用：$41.6 \times 14 \times 5 = 2912$（元）

隔离开关调试工作只需 3 人，隔离开关调试实际用时 158.4 个工时，节省其他工时费 $41.6 \times 14 \times 2 = 1164.8$（元），节约人工费 $= 2912 + 1164.8 = 4076.8$（元）

施工现场因工期提前节约电费 $= 41.6h \times 10kW \times 0.725$ 元 $= 301.6$（元）

节约经济效益 $= 4076.8 + 301.6 = 4378.4$（元）

（2）因提前 41.6h 送电为公司产生的经济效益：

因斜桥变改造工程，只有一台主变压器运行，变电站用电负荷减少容量 $P = 50\,000kW$。提前 41.6h 送电，则

输送电能 $= P \times t = 50\,000kW \times 41.6h = 2.08 \times 10kW \cdot h$

2. 社会经济效益

由于 CJ 型电动机构安装工作效率的提高，有效保证了变电站新建及技改工程的工期提前，从而大幅度减少了线路停电时间，保证电网安全稳定运行，为广大人民群众提供了可靠的用电保证，同时也完成了省公司下达的重要指标：供电可靠率不低于99.854%，保障了公司的各项指标顺利完成。

十一、巩固措施

（一）纳入标准化管理

将 CJ 型电动机构安装工作流程纳入部门标准化管理，经公司检修试验专业批准，在 220kV 以下隔离开关电气设备安装工程中编写下面规定予以实施：

（1）编写《110kV 斜桥变技改工程隔离开关现场施工作业指导书》补充 CJ 型电动机构安装工作流程。

（2）《安装 CJ 型电动机构液压平台推车》图纸存档编号 Q/SMD.JX—DA.20132。

（3）制订《安装 CJ 型电动机构液压平台推车使用管理规定》，编号 SDJS.GL.14—2013。

（4）制订《CJ 型电动机构安装工作流程图》，编号 Q/SMD.JX.DL.02—2013。

（5）申请修改《GW4—110DW 隔离开关安装施工作业指导书》中电动机构安装部分内容，编号 Q/SMD.JX.DL.03—2013。

（二）推广效果检查

（1）在 2013 年 12 月 8 日—2014 年 1 月 7 日期间，小组在 110kV 向阳变电站技改工程中对 CJ 型电动机构安装时间统计，见表 9‐31，安装时间柱图见图 9‐23。

表 9-31   安装时间统计

设备	Ⅰ、Ⅱ甘向南，Ⅰ、Ⅱ甘向甲	向 11PT 南	向 112 甲、向 112 南	向 110 南、向 110 北
工作时间（h）	4.5	4.0	4.2	4.5

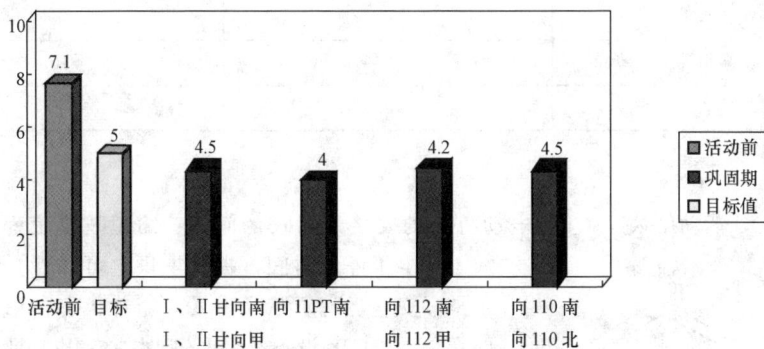

图 9-23　巩固期 CJ 型电动机构安装时间柱图

制图：王润妮　日期：2013 年 11 月 30 日

从图 9-23 中看出，CJ 型电动机构安装时间小于目标值，达到巩固期规定技术指标，同时在投运前电动机构验收一次性通过。

（2）2013 年 11 月，小组将 CJ 型电动机构安装专用型液压平台推车相关图纸资料、实验报告向国家知识产权局申报实用新型专利。同时为进一步检验成果实用性，小组将平台推车的应用情况在公司科技创新成果展中进行推广介绍。

十二、总结回顾及下步打算

1. 总结回顾

3—12 月整个活动期间，我们小组从发现症结入手，一步步严格按照 PDCA 循环程序，查找资料，统计数据，反复论证试验，积聚了大家的聪明才智后才攻克了"缩短 CJ 型电动机构安装固定时间"这个难题。在活动过程中，大家不但提高了自身的业务水平，增强了动手能力，增进了互相之间的协作精神，为今后课题的开展奠定了扎实的基础。同时小组为了促进 QC 小组成员的自我评测能力（见表 9-32）绘制出雷达图如图 9-24 所示。

表 9-32

项目	自我评价	
	活动前（分）	活动后（分）
QC 知识	7	9

227

续表

项目	自我评价	
	活动前（分）	活动后（分）
个人能力	5	8
业务水平	6	8
团队精神	7	10
攻关意识	4	7

2. 下一步打算

本次 QC 活动解决了 CJ 型电动机构的安装用时长的问题，缩短技改工程工期，减少了停电时间，提高了供电可靠性，为电网的安全运行贡献了力量。随着状态检修的全面开展，GIS 设备故障处理时，专用工具的缺乏成为制约 GIS 设备检修维护的重要因素，因此小组将"法兰专用开启工具的研制"作为小组下一个活动课题，沿着革新挖潜、技术改造、科技进步的方向不断提高，用实际行动树立我们一流供电企业的良好形象。

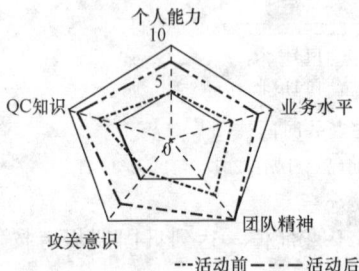

图 9-24 活动前后自我评价对比雷达图

成果评价

（一）总体评价

检修一班 QC 小组，针对技改工程中母联隔离开关安装时间长（其中电动机构安装用时所占比例超过总装时间 1/2 还多），影响施工进度，将导致母线不能按时送电的问题，选择"缩短 CJ 型电动机构安装时间"课题开展活动。课题类型：现场型。成果活动过程基本遵循 PDCA 循环程序，注重事实，以数据说话，经过采取改进加工推车平台固定调试；加工制作可以调解的支撑杆；实地进行测量记录数据与以前的安装记录对比等项措施。使电动机构安装用时从 7.1h/台，缩短活动后的 4.6h/台，课题目标的顺利达成，加快了技改工程的施工进度。

（二）程序及方法方面存在的不足

1. 程序方面

（1）现状调查没有为确定目标值提供依据，找到主要问题症结"机构定位工序用时长"，现状调查就结束了。确定目标值后又进行目标值分析，目标值分析没有对主要问题症结的改进程度进行分析。如自定目标值课题活动程序，现状调查要为确定目标值提供依据；指令性目标值课题没有现状调查这一步骤，确定目标值后要进行目标值分析。一个成果报告中有现状调查又有目标值分析是错误的。

（2）要因确认只和标准要求对比，没有关注因素对问题的影响程度，如要因确认一、二、四等。

（3）关键的要因改进项目不进行对策评价，实施中评价选择，如要因"安装平台外形尺寸偏小"，实施中选择液压小推车、并对其进行改造。

（4）数据描述不一致，如实施四效果检查，每台机构安装平均用时 4.85h，效果检查 CJ 型电动机构安装时间统计表中为 4.6h，效果检查柱状图中为 4h。

（5）计算经济效益时没有减去小组活动费用。

2．方法方面

（1）排列图画图错误；必要的标注如样本量 n、累积频率曲线的（％）等，没有标注。

（2）原因分析中有的因素分析不到末端，如"焊口打磨工艺要求高"等。

中国质量协会　陈秀云

10 小型水电站自动捞渣机的研制

国网南阳供电公司内乡县电业局
勤行精进 QC 小组

一、小组简介

小组概况见表 10-1。

表 10-1　　　　　　　　　　小 组 概 况

小组名称	内乡县电业局勤行精进 QC 小组		
课题名称	小型水电站自动捞渣机的研制	课题类型	创新型
成立时间	2009 年 4 月	小组人数	10 人
注册时间	2013 年 3 月	注册编号	ND/QC-001
活动时间	2013 年 5—11 月	活动次数	12 次
QC 培训	人均受 TQC 知识培训 60h	出勤率	100%

2010 年度《缩短 10kV 线路送电操作时间》荣获市质协二等奖；

2011 年度《双联双挂绝缘子串张紧器的研制》荣获省质协三等奖；

2012 年度《防滑安全带的研制》荣获省质协二等奖

制表：宋辉　制表日期：2013 年 5 月 6 日

小组成员及分工见表 10-2。

表 10-2　　　　　　　　　　小组成员及分工

	姓名	性别	学历	职称	组内职务	小组分工
小组成员	任东朝	男	大专	高级工	组长	组织协调
	宋 晓	女	大专	技师	顾问	指导推进
	宋 辉	男	本科	中级工	专责	策划实施
	李 真	女	本科	中级工	组员	实施发布
	陈国栋	男	大专	助理工程师	组员	改进实施
	邢书理	男	大专	高级工	组员	改进实施
	彭 鹏	男	大专	中级工	组员	改进实施
	张 捷	女	大专	中级工	组员	资料收集
	赵 丽	女	大专	高级工	组员	资料收集
	周 莹	女	大专	高级工	组员	资料收集

制表：宋辉　制表日期：2013 年 5 月 6 日

二、选择课题

1. 选题理由

内乡县电业局宝源水电站位于内乡县宝天曼境内，依山傍水（见图 10-1），是一所小型水力发电站（见图 10-2），其控制室见图 10-3。

图 10-1　内乡县宝天曼自然保护区

图 10-2　内乡县宝源水电站

图 10-3　内乡县宝源水电站控制室

受地理及周边环境影响，站内引水渠及前池经常会有枯枝落叶等渣材废物进入，渣

231

材等漂浮物随水流到达前池沉积（见图 10-4）。渣材若不能及时清理，会堵塞出水口（见图 10-5），使水流流速减慢、动能降低，导致发电可靠性得不到保障，从而影响发电质量。因此，清理水道，排除渣材废物是宝源水电站必不可少的日常工作之一。

图 10-4 宝源水电站前池

图 10-5 宝源水电站前池出水口

目前，国内小型水电站普遍采用人工捞渣的方法进行捞渣作业；每次捞渣前，工作人员要一级一级地登上坡度较陡的众多台阶到达前池，然后需跳入拦污栅网（见图 10-6）上利用双手及铁耙子进行捞渣。

图 10-6 拦污栅网

2. 问题提出

（1）一般小型水电站前池与机房的落差都比较大（60～100m）。宝源水电站机房到前池共有 229 级台阶，且坡度比较大（见图 10-7 和图 10-8），每次通过台阶登上前池，途中必须休息至少一次，每上下一次大约 40min；受人力和条件所限，每次捞渣重量为

5kg 左右，进行人工捞渣时每次用时 20～60min，极为耗时费力。

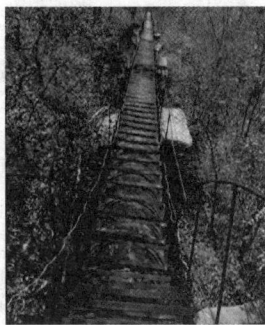

图 10-7　水电站通往前池的台阶（一）　　图 10-8　水电站通往前池的台阶（二）

（2）宝源水电站前池水深为 6m，由于缺乏有效的防护措施，工作人员捞渣时极易掉入前池（见图 10-9）。宝天曼自然保护区绿化较好，前池周围植被茂密，捞渣工作正常每天需 2 次以上，汛期每天需要 4 次以上，存在严重安全隐患。

图 10-9　工作人员人工捞渣情况

3．问题分析

（1）耗时费力的问题。宝源水电站捞渣时，需登上 229 级台阶到达前池然后进行捞渣作业，耗时 2h 左右；正常情况下（视前池存渣情况）每天需捞渣 1 次，耗时约 2h，汛期每天捞渣三四次，需耗费 8h 左右，严重耗费时间、人力。

（2）安全隐患的问题。一般小型水电站前池水深达 6m 以上，周围无护栏保护，工作人员需站在水池岸边进行捞渣作业，稍不小心就容易跌入池内，危险系数比较高。遇到雷雨风雪等恶劣天气，更加人了人工捞渣作业难度和安全隐患。

清理枯枝落叶等渣材废物是小水电站须直面的问题，而现在普遍使用的人工捞渣方法极为耗时费力，并经专家进行风险评估发现也存在着严重的安全隐患。

4. 确定课题

受各方面条件限制，人工捞渣的方法无法避免耗时费力和安全系数低的问题，这就要求我们必须研制出一种能够自动进行捞渣作业的机器来替代现有的人工捞渣法。

我们在网上查询了国内关于水电站捞渣机的研发情况（见图 10-10）。目前国内没有现成的适用于小型水电站的自动捞渣设备，而用于大中型水电站的捞渣机成本太高，不适合在小型水电站使用。

图 10-10　百度查询水电站自动捞渣机

同时，小组成员又在国家知识产权局网站上用关键词"小水电站自动捞渣机"进行了高级搜索，没有查到发明专利及实用新型专利（见图 10-11）。

图 10-11　小水电站自动捞渣机专利查询

因此，QC 小组成员决定本次活动的课题为"小型水电站自动捞渣机的研制"。

三、设定目标

1. 课题目标

针对目前小水电站普遍存在的问题和制约因素，小组成员本着"节约资源，降低成本，简单实用，高效可靠"的原则，确定了这次课题活动的目标。

（1）缩短作业时间，提高捞渣效率。小组成员对一些大中型水电站进行考察（见表10-3）发现，由于投入运用了先进的自动捞渣设备，一般大中型水电站每次捞渣时间大约10min，针对宝源水电站自身情况，我们准备将捞渣时间由原来的2h左右，缩短至15min。

表 10-3   考察大中型水电站捞渣效率统计表

	水电站	捞渣频次（min/次）
	淅川××水电站	9.8
	西峡××水电站	10.6
周边大中型水电站捞渣	南阳××水电站	9.5
	桐柏××水电站	10.5
	邓州××水电站	10.2

制表：宋辉 2013 年 5 月 28 日

（2）实现远控操作，降低安全隐患。正常情况下，就地操作的捞渣方法存在着耗费人力、危险系数高等一系列问题，如遇雷、雨、大风等恶劣天气，更是加大了捞渣作业的难度；通过考察研究，结合自身实际，小组成员决定实现远控操作的目标，即使值班人员坐在值班室内即可观察前池情况，并通过监控设备远距离遥控操作，无需登上前池就地操作。

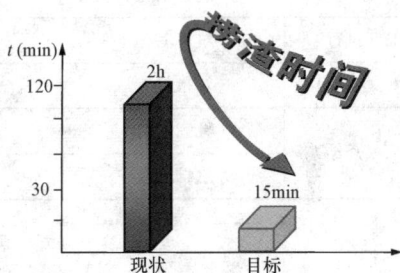

图 10-12

制图：宋辉 制图日期：2013 年 5 月 28 日

2. 目标可行性分析

（1）可控性（见表10-4）。

表 10-4   目 标 可 控 性

目标可控性	通过对其他大中型水电站的考察，结合宝源水电站自身实际情况，我们研究分析发现，宝源站前池高度为 6m，捞渣机作业周期为 12m 左右，把捞渣机打捞速度设定在一定范围内，即可控制调整捞渣时间
	可通过安装监控设备实时监控前池渣材废物沉积情况，并制作远动装置遥控捞渣机，实现远距离遥控操作

（2）人员、技术、管理（见表 10 - 5）。

表 10 - 5　　　　　　　　　　小组实力、技术优势及管理机制

小组实力	技术优势	管理机制
小组成员长期工作在生产一线，具有扎实的理论基础和丰富的实践经验，并且掌握一定的 QC 理论实践知识；在 2010—2013 年三年里，曾获得多项国家实用新型专利	由水电部门组织多年的技术人员参与设计、加工及调试应用，为该工具的研制与试验提供了坚实可靠的硬件设备基础	领导高度重视，相关部门协助配合到位，以生技部和企管部为牵头部门，组织有关技术人员及生产骨干参与设计，并制订合理的工作计划，严格保证了充足的活动时间

通过对主观和客观方面进行的分析可以看出：我们可以实现该目标！

3. 活动计划

为了更好地把握活动进展，小组成员作出 PDCA 活动计划，见表 10 - 6。

表 10 - 6　　　　　　　　　　　活动日程推进计划

PCDA		5 月	6 月	7 月	8 月	9 月	10 月	11 月
P（计划）	选择课题	----→						
	设定目标		----→					
	提出并确定最佳方案			---→				
	制订对策			----→				
D（执行）	对策实施				------→			
C（检查）	效果检查					------→		
A（总结）	巩固措施						----→	
	总结打算							---→

注　计划线 - - - - - →；实施线 ——→。

制表：宋辉　制表日期：2013 年 6 月 5 日

四、提出并确定最佳方案

由于技术所限，我们首先与做类似产品（大中型水电站及火电站自动捞渣机）的生产厂家联系，希望能够联合研发或定做一种适用于小型水电站的自动捞渣机。联系沟通后获悉，其研发周期较长、定做成本太高、安装调试、维护也极为不便，违背了小组"节约资源，降低成本"的原则，大家一致予以否定，见图 10 - 13。

"自己动手，丰衣足食"。结合自身实际，小组成员讨论分析认为，自主研发可有效控制成本、合理安排时间，并且方便实地勘测、设计、加工、试验、改进，天时地利人和，见图 10 - 14。

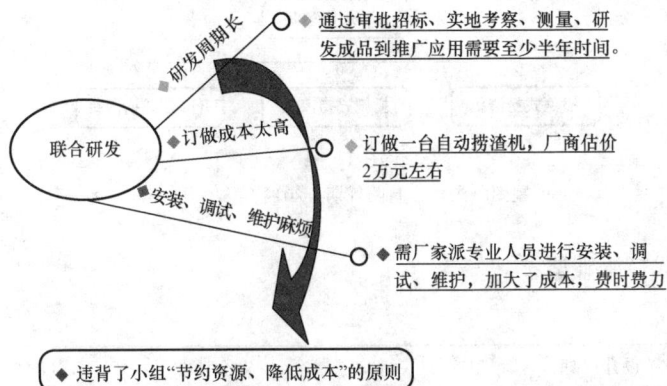

图 10 - 13

制图：宋辉　制图日期：2013 年 6 月 10 日

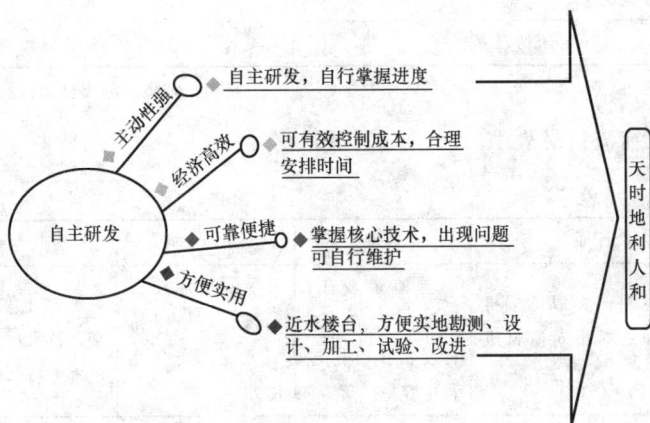

图 10 - 14

制图：宋辉　制图日期：2013 年 6 月 10 日

　　小组成员从经济性、实用性、便捷性等方面进行了综合讨论、分析，一致决定自行研制自动捞渣机。

　　1. 提出方案

　　确定自行研制后，小组成员召开会议，分析讨论，围绕"自行研制自动捞渣机"提出了三种方案，并对方案进行了可行性分析，见图 10 - 15。

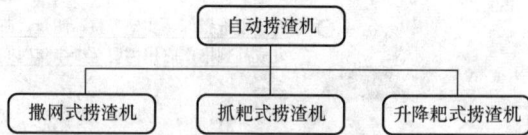

图 10-15

制图：宋辉 制图日期：2013 年 6 月 11 日

（1）撒网式捞渣机见表 10-7。

表 10-7

	设计原理	效率	安全性能	成本	分析结论
方案一	利用尼龙绳等柔软材料制作类似渔网的网状捞渣工具，在前池进行撒网捞渣	捞渣范围大，捞渣量多，但需借助人力，效率一般	易老化破损，不易实现远动操作，安全系数低	制作简单，成本较低	利弊参半
	分析人：宋辉		2013 年 6 月 11 日		

制表：宋辉 制表日期：2013 年 6 月 11 日

（2）抓耙式捞渣机见表 10-8。

表 10-8

	设计原理	效率	安全性能	成本	分析结论
方案二	通过制作类似挖掘机臂的伸缩抓耙对渣材进行抓捞	捞渣量较小，捞渣不稳定，渣材废物在打捞过程中容易掉落	易实现远控自动操作，但操作不方便，安全性能差	制作工艺较复杂，技术难度大，成本太高	弊大于利
	分析人：宋辉		2013 年 6 月 11 日		

制表：宋辉 制表日期：2013 年 6 月 11 日

（3）升降耙式捞渣机见表 10-9。

表 10-9

	设计原理	效率	安全性能	成本	分析结论
方案三	制作捞渣耙对前池拦污栅堆积的废渣进行上下升降捞渣	每次捞渣时间短，但捞渣量较小，效率一般	方便实现远控自动操作，捞渣稳定，安全系数高	制作简单，成本低	利大于弊
	分析人：宋辉		2013 年 6 月 11 日		

制表：宋辉 制表日期：2013 年 6 月 11 日

综合上所述三种方案，小组成员从安全性、实用性、可靠性、易操作性等方面进行了优缺点对比分析，最终确定最佳方案为方案三 升降耙式捞渣机，见图 10 - 16。

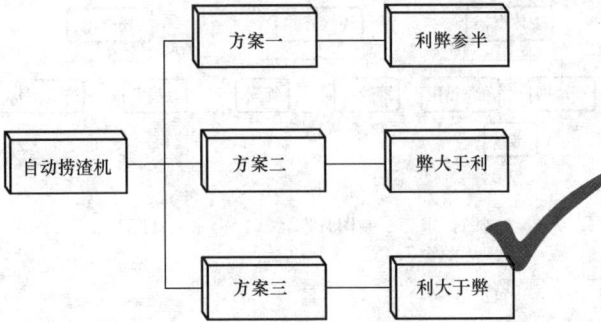

图 10 - 16

制图：宋辉　制图日期：2013 年 6 月 11 日

2. 方案细化

确定最佳方案之后，小组成员运用头脑风暴法，围绕实现小组活动目标，结合实际情况，主要针对升降耙式自动捞渣机的研制提出许多思路和想法，进行归纳汇总实施，并绘制出亲和图，见图 10 - 17。整合亲和图转化为树图，见图 10 - 18。

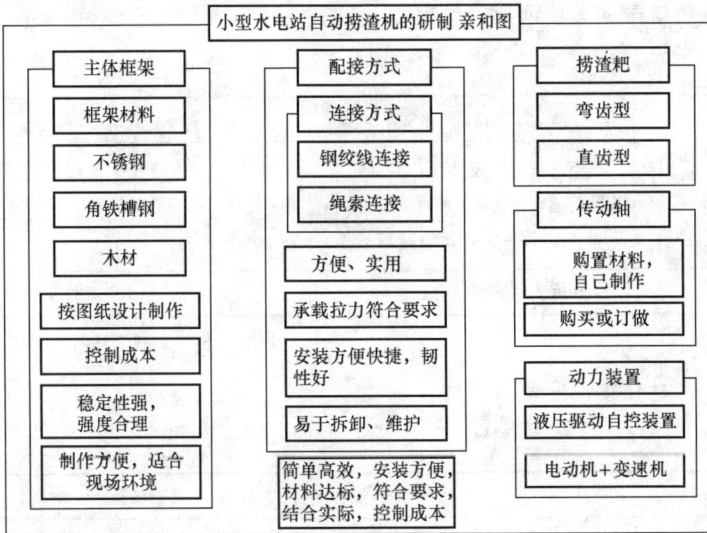

图 10 - 17

制图：宋辉　制图日期：2013 年 6 月 11 日

（1）主体框架材料选择。

方案一　不锈钢焊接框架，见表 10 - 10。

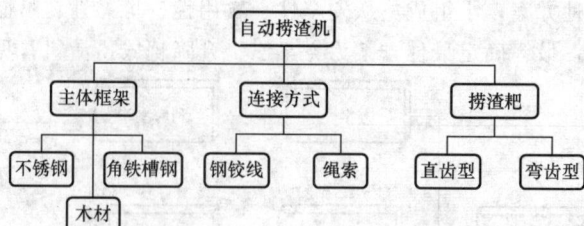

图 10 - 18

制图：宋辉 制图日期：2013 年 6 月 11 日

表 10 - 10

	材料	特点	成本估算	分析结论
方案一	不锈钢	优点：质量轻，安装方便。 缺点：需专业人员制作，材料稳定性不强，承重性差	市场调查估算：材料费 600 元左右、加工制作费用 400 元左右。 合计：1000 元	利弊参半
	分析人：宋辉		2013 年 6 月 12 日	

制表：宋辉 制表日期：2013 年 6 月 12 日

方案二　角铁槽钢焊接框架，见表 10 - 11。

表 10 - 11

	材料	特点	成本估算	分析结论
方案二	角铁槽钢	优点：材料稳定性强，承重性高，形状合适，自己动手即可焊接。 缺点：质量大，运输麻烦	可从安装公司或工地回收废弃角铁、槽钢，成本较低，可控制在 200 元左右	利大于弊
	分析人：宋辉		2013 年 6 月 12 日	

制表：宋辉 制表日期：2013 年 6 月 12 日

方案三　木材制作，见表 10 - 12。

表 10 - 12

	材料	特点	成本估算	分析结论
方案三	木材	优点：承重可靠。 缺点：质量大，运输、制作麻烦，需找专业木工，稳定性差	材料费：200 元左右 加工费：200 元左右 合计：400 元	弊大于利
	分析人：宋辉		2013 年 6 月 12 日	

制表：宋辉 制表日期：2013 年 6 月 12 日

经过以上分析，小组成员综合讨论确定自动捞渣机主体结构材料的最佳方案为方案二 角铁槽钢焊接框架，见图 10 - 19。

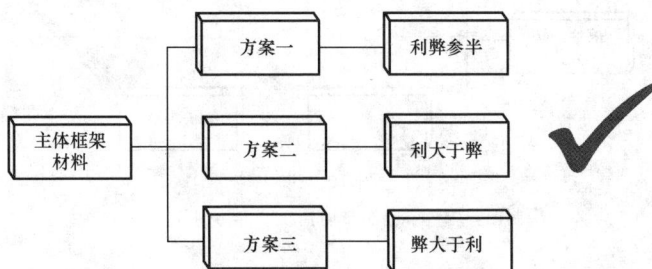

图 10 - 19

制图：宋辉 制图日期：2013 年 6 月 12 日

（2）部件连接方式。

方案一 绳索连接见表 10 - 13。

表 10 - 13 绳 索 连 接

	材料	特点	成本估算	分析结论
方案一	绳索	优点：连接方便、便于操作，承重性一般，韧性一般。 缺点：耐用性差，强度低，易断裂	20m 左右绳索（1cm）； 市场价 28 元	弊大于利
	分析人：宋辉		2013 年 6 月 13 日	

制表：宋辉 制表日期：2013 年 6 月 13 日

方案二 钢绞线连接见表 10 - 14。

表 10 - 14

	材料	特点	成本估算	分析结论
方案二	钢绞线	优点：强度高，韧性强，方便、实用。 缺点：柔性较弱	购买 0.5cm 钢绞线 20m，成本约 30 元	利大于弊
	分析人：宋辉		2013 年 6 月 13 日	

制表：宋辉 制表日期：2013 年 6 月 13 日

通过对连接方式两种方案的分析，小组成员确定自动捞渣机零部件连接方式的最佳方案为方案二 钢绞线连接，见图 10 - 20。

241

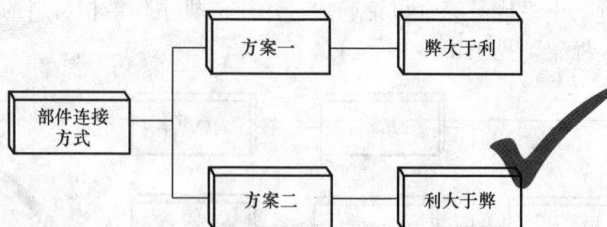

图 10 - 20

制图：宋辉　制图日期：2013 年 6 月 13 日

（3）零部件分析见图 10 - 21 和表 10 - 15～表 10 - 17。

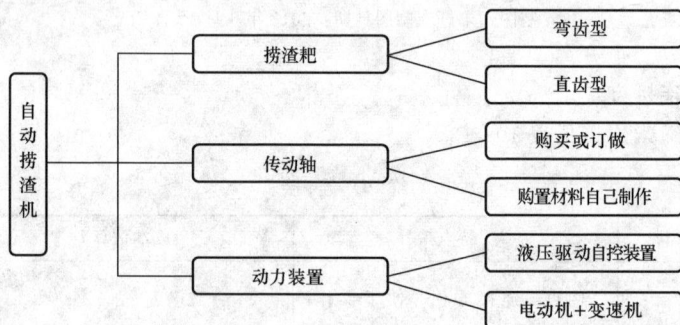

图 10 - 21

制图：宋辉　制图日期：2013 年 6 月 15 日

表 10 - 15

序号	捞渣耙	捞渣质量	优势、弊端	对比结果
1	弯齿型	10～15kg	捞渣稳固、方便，适合打捞树叶等小型漂浮物；但容易缠绕杂物，倒渣困难，制作也比较麻烦	不采用
2	直齿型	20～30kg	捞渣方便，对打捞枯枝断木等稍大型杂物有明显优势；倒渣方便，制作简单	采用

制表：宋辉　制表日期：2013 年 6 月 15 日

表 10 - 16

序号	传动轴	成本估计	优势、弊端	对比结果
1	购买或订做传动轴	通过市场调查估价 1000～1500 元	购买方便、节省制作时间，成本较高	不采用

续表

序号	传动轴	成本估计	优势、弊端	对比结果
2	购置材料自己制作	测量设计后利用钢管、轴承等材料制作。200 元左右	制作麻烦，安装改进方便，成本低	采用

制表：宋辉　制表日期：2013 年 6 月 15 日

表 10 - 17

序号	动力装置	成本估计	优势、弊端	对比结果
1	液压驱动自控装置	通过市场调查估价 6000 元左右	智能化程度高，操作维护简单，但成本太高	不采用
2	电动机、减速机组合	市场调查估价电动机 300 元左右，减速器 200 元左右	组装较麻烦，但可大幅节约成本，操作简单	采用

制表：宋辉　制表日期：2013 年 6 月 15 日

对自动捞渣机零部件配置的细化、分析后，小组成员确定了自动捞渣机的配置构造方案，见表 10 - 18。

表 10 - 18

零部件配置	捞渣耙	传动轴	动力装置	采用
	直齿型	购买材料自己制作	电动机＋变速机组合	
	自动捞渣机的配置构造			

制表：宋辉　制表日期：2013 年 6 月 15 日

3. 确定最佳方案（见图 10 - 22）

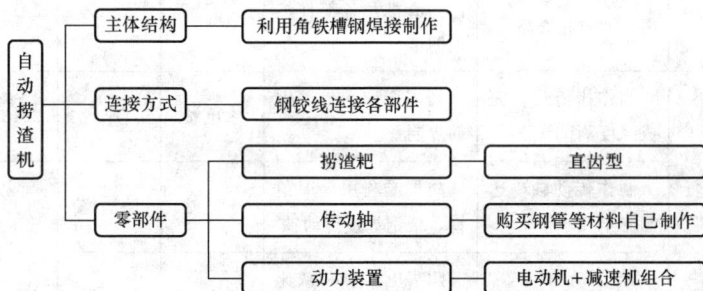

图 10　22

制图：宋辉　制图日期：2013 年 6 月 20 日

通过对"小型水电站自动捞渣机"这一课题各个环节的方案优化和分析，小组成员确定了最佳方案，见图10-23。

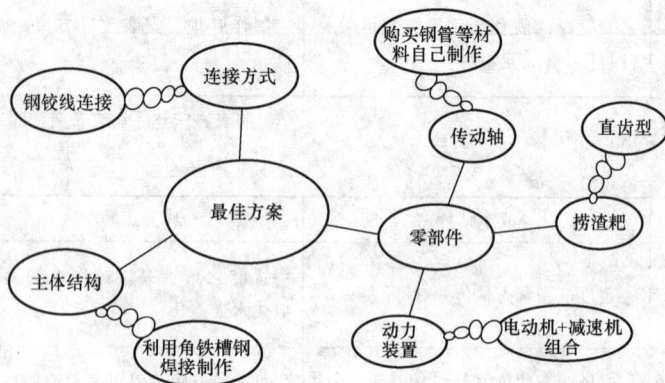

图 10 - 23

制图：宋辉　制图日期：2013 年 6 月 20 日

五、制订对策

选定最佳方案之后，小组成员制订了具体的对策实施计划表，见表10-19。

表 10 - 19　　　　　　　　　　对 策 实 施 计 划

序号	对策	目标	措施	地点	负责人	完成时间
1	设计图纸	绘制电路图设计，并审核合格	绘制捞渣机电路原理图	会议室	陈国栋	2013 年 7 月 13 日
		制作结构设计图，并审核合格	通过实地测量设计出捞渣机及各部件结构图纸	会议室	宋　辉	2013 年 7 月 15 日
2	材料购置及加工	制作捞渣耙，完成强度测试	利用废旧角铁、钢筋焊制	水电站	邢书理	2013 年 8 月 10 日
		制作传动轴，达到安全要求	购买或利用废旧角铁、槽钢焊接传动轴	水电站	陈国栋	2013 年 8 月 10 日
		组合动力装置，符合安全标准	购买电动机和减速机并将其连接组合	水电站	邢书理	2013 年 8 月 11 日
3	组装部件	组装捞渣机，完成强度测试	将捞渣机各个部件组装到位并进行测试	水电站	任东朝	2013 年 8 月 12 日

序号	对策	目标	措施	地点	负责人	完成时间
4	安装视频监控系统	实时监控前池及捞渣机运行情况，满足远控操作要求	在前池岸边安装摄像头，连接至主控室视频系统	水电站	张 捷	2013 年 8 月 15 日
5	调试应用	保证监控和远控的可靠性	在值班室内对捞渣机进行远动操作试验，通过视频监控装置观察捞渣机运行情况，进行改进	值班室	李 真	2013 年 8 月 17 日

制表：宋辉　制表日期：2013 年 7 月 12 日

六、对策实施

对策制订之后，我们做出对策实施流程图，严格按照设计图纸、材料购置及加工、组装部件，安装视频监控系统、调试应用五个步骤对对策进行了实施，见图 10 - 24。

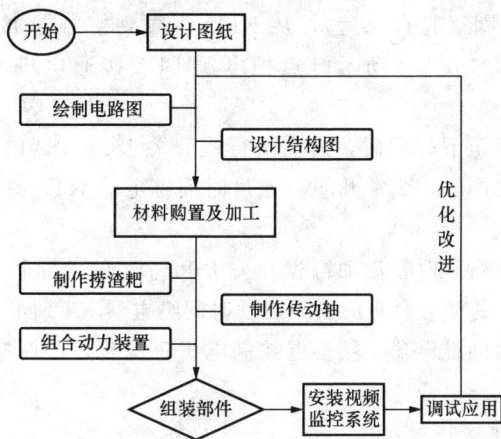

图 10 - 24

制图：宋辉　制图日期：2013 年 7 月 13 日

（一）设计图纸

1. 绘制电路图（见图 10 - 25）

电路图设计原理.

（1）从电源 FU1 到动断按钮开关利用按钮开关的常开触点。启动时间继电器 KT1（设置 3~5s），KT1 启动后，KT1 动合触点接通：一是保证时间继电器自保持；二是通

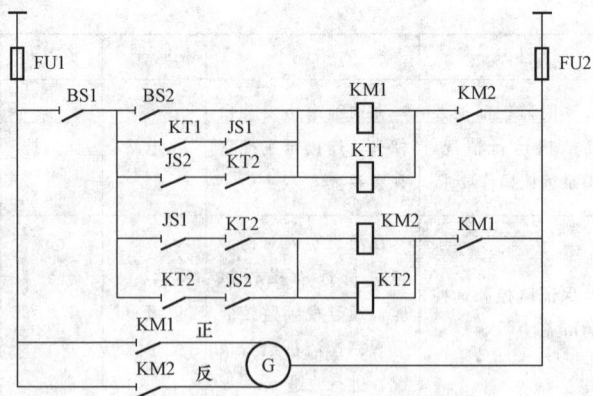

图 10-25 自动捞渣机电路原理

过行程开关动断触点 JS1 与接触器 KM1 线圈到接触器 KM2 动断触点至电源，启动接触器 KM1，KM1 动合触点闭合，接通电源到电机，电机开始启动（正转）。

（2）当捞渣耙上行时，启动行程开关 JS1 动断触点，把电源 FU1 至动断接触开关 BS1 经过本身动合触点（JS1）至时间继电器 KT2 的动断触点，连至接触器 KM2 线圈和时间继电器 KT2 线圈（起自保持），从 KM2 线圈到接触器 KM1 动断触点至电源 FU2，启动接触器 KM2，KM2 动断触点把电源 FU1 接通电机，电机开始启动（下反转）。

（3）当捞渣耙循环至下行程时，启动下行程开关 JS2，JS2 的动断触点断开，KT2 失去电源，停止工作。同时 JS2 常开闭合通过时间继电器 KT2 的动断触点，启动时间继电器 KT1 同（1）。

当捞渣耙循环至上行程时，启动行程开关 JS1，JS1 的动断触点断开，KT1 失去电源停止工作，同时 JS1 的动合触点闭合，启动时间继电器 KT2 同（2）。

利用行程开关、时间继电器、接触器控制电机正反转，从而控制捞渣耙上下运行，起到循环捞渣作用。

2. 设计捞渣机主体结构图

自动捞渣机主体结构见图 10-26。

我们将捞渣机电路原理图和主体结构图上报至生产技术部，得到了生技部领导的认可。

（二）材料购置及加工

2013 年 7 月 25 日，小组成员陈国栋、邢书理到市场上购买制作捞渣机所需型号的行程开关、电动机、变速机、电缆线；制作传动轴所需的轴承、钢管、钢绞线；以及监控所需的摄像头、视频设备等材料，见图 10-27。

本着节约的原则，我们又回收了一些废旧角铁、槽钢、钢筋，用来制作焊接拦污

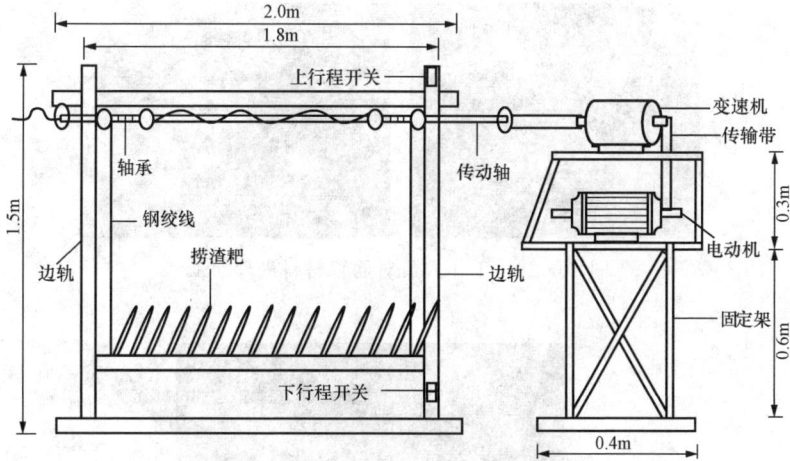

图 10-26 自动捞渣机主体结构

图 10-27 购置的自动捞渣机零部件

栅、固定架和捞渣耙，既降低了成本，又达到了物品的再利用。

8月2日，小组成员任东朝、宋辉按照设计图纸的要求，对购置材料进行加工组装（见图 10-28），加工组装结果牢固可靠并符合安全要求。

1. 制作捞渣耙

（1）利用废旧角铁和槽钢焊接拦污栅；用槽钢焊接边轨，附于拦污栅上，作为捞渣耙上下轨道，见图 10-29。

（2）利用废旧角铁、钢筋焊制捞渣耙（48 个耙齿，并在耙子下焊接约 100kg 重量的废铁作为辅重），见图 10-30。

图 10-28 工作人员对购置材料进行加工

图 10-29 拦污栅和边轨

图 10-30 捞渣耙和辐重

2. 制作传动轴

利用两个 205 轴承，一根 2m 钢管以及废旧钢筋焊接固定传动轴，见图 10-31。

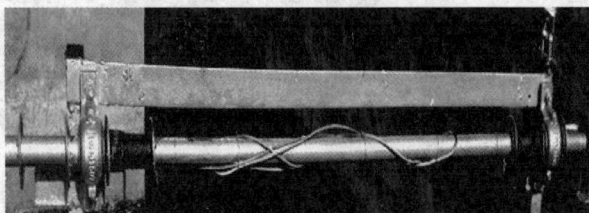

图 10-31 用钢管和轴承制成的传动轴

3. 组合动力装置

（1）焊接电动机和变速机（30∶1）固定铁架，将电动机和减速机固定组合，见图 10 -32。

图 10 - 32　电动机和变速机组合

（2）固定上下行程开关。将行程开关固定在边轨上下两端，安装弹簧与捞渣耙连接，见图 10 - 33。

图 10 - 33　安装上、下行程开关

（3）制作控制箱。控制箱内设两个 10A 接触器、两个时间继电器，通过电缆线连接至值班室，值班室端设按钮开关，见图 10 - 34。

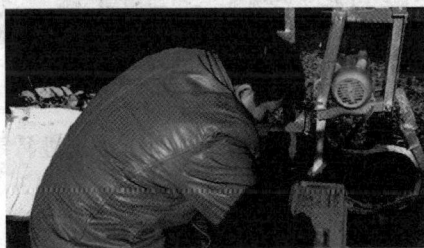

图 10 - 34　工作人员制作控制箱

（三）部件组装

（1）将传动轴与捞渣耙通过钢绞线（0.5cm）相连，见图10-35。

图10-35 连接传动轴与捞渣耙

（2）连接传动轴与动力装置，将减速机与传动轴进行焊接，见图10-36。

图10-36 连接变速机和传动轴

经过工作人员的不懈努力，自动捞渣机终于组装完成，见图10-37。

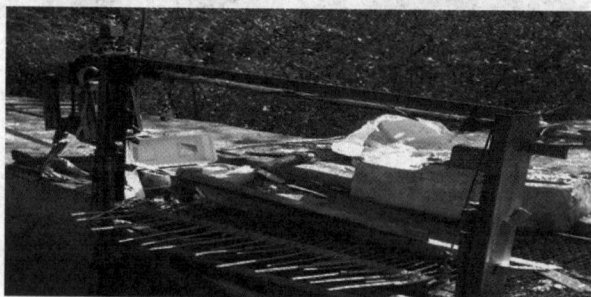

图10-37 自动捞渣机整体图

2013年8月9日，小组成员利用汛期对自动捞渣机进行了捞渣实验和强度测试，每次捞渣时间均可降低到10min左右，捞渣机运行情况良好，符合安全要求，达到强度目标。

（四） 安装视频监控系统

在前池拦污栅对面安装摄像头，并连接至值班室，值班室设视频监控系统。视频监控系统安装完毕，值班人员在值班室内通过视频即可对前池情况进行监控，画面清晰稳定，见图 10 - 38。

图 10 - 38　摄像头和视频监控系统

（五） 对捞渣机和视频监控系统进行调试试验

1. 安装调试

2013 年 8 月 16 日，软硬件设施安装到位后，小组成员对捞渣机和视频监控系统进行了综合性试验，在值班室通过监控系统对捞渣机进行远控操作，捞渣机和监控系统运行良好，见图 10 - 39 和图 10 - 40。

图 10 - 39　远控操作捞渣机进行捞渣作业

2. 试验改进

2013 年 8 月 18 日，小组成员利用汛期对自动捞渣机进行了重复捞渣作业实验，自

图 10-40　监控自动捞渣机捞渣作业情况

动捞渣机在捞渣量和捞渣效率等方面效果良好，但在试验过程中同时发现两个问题：

（1）电动机或减速机出现接触不良或其他问题不能运转时，传动轴无法传动，导致捞渣把不能升降进行捞渣作业。

（2）由于下行程开关安装在边轨下部，遇枯水期水位降低至下行程开关附近时，渣材废物会堵塞，阻隔下行程开关，使捞渣把不能有效触动下行开关，导致电机不能自动反转，捞渣把无法上升。

针对试验过程中发现的问题，小组成员对捞渣机进行了改进优化（见图 10-41）：

（1）在传动轴的一端焊接手动摇把；动力装置失灵时，可以用人力通过手动摇把升降捞渣把进行捞渣作业。

（2）将下行程开关安装在边轨上部，在边轨内安装连杆和弹簧，捞渣把通过弹簧和连杆触碰行程开关触点（见图 10-42）。

图 10-41　工作人员对捞渣机进行改进

改进后的自动捞渣机整体结构见图 10-43。改进后的自动捞渣机整体实物图，如图 10-44 所示。

图 10-42　焊接传动轴手动摇把和安装弹簧和连杆

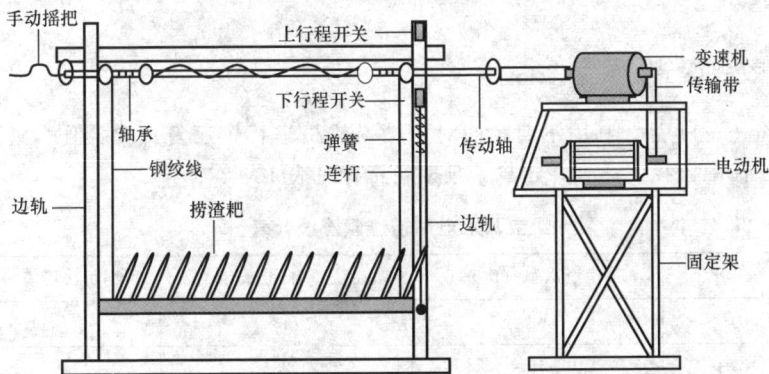

图 10-43　改进后的捞渣机结构

图 10-44　改进后的自动捞渣机

2013 年 8 月 20 日，小组成员对改进后的自动捞渣机进行了捞渣作业试验，捞渣机各部位运行状况良好，有效克服了改进前捞渣机存在的问题。

另外，宝源水电站有专门盛放渣材废物的垃圾池（见图 10-45），废渣经自动捞渣机打捞上岸，通过传送带倒入垃圾池，经沉降发酵可以作为化肥使用，为宝天曼自然保护区带来了生态肥料。

图 10-45　宝源水电站存渣垃圾池

七、效果检查

2013 年 9—11 月，利用汛期我们对自动捞渣机进行了反复试验操作，近三个月的使用效果反馈中，我们达到并超越了预期目标，见表 10-20。

表 10-20　　　　　　　　宝源水电站捞渣频次统计表

时间	捞渣次数（次）	捞渣总时间（min）	平均每次捞渣时间（min）
2013 年 9 月	62	713	11.5
2013 年 10 月	45	423	9.4
2013 年 11 月	30	291	9.7
合计	137	1427	10.4

制表：宋辉　制表日期：2013 年 11 月 26 日

活动前后捞渣效果统计情况见表 10-21。

表 10-21　　　　　　　　活动前后捞渣效果统计表

时间	需人员亲临现场（是/否）	捞渣效率（min/次）	效果对比
活动前	是	120	耗时费力，安全隐患大
活动后	否	10.4	省时省力，安全系数高

制表：宋辉　制表日期：2013 年 11 月 26 日

1. 捞渣效率分析

每次捞渣时间由原来的 2h 左右降低到 10.4min，自动捞渣机的应用，大幅度减低了作业时间，提高了捞渣效率。

对此，我们做出相应柱状图，如图 10-46 所示。

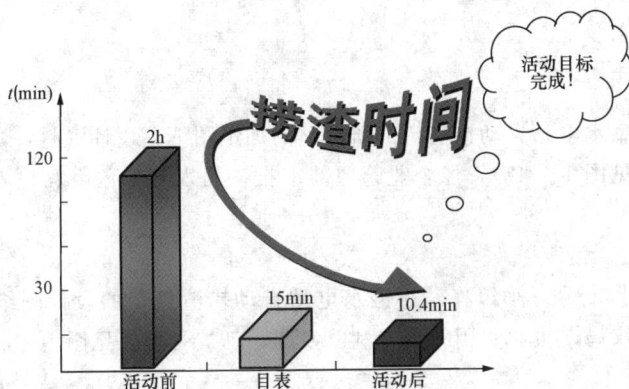

图 10 - 46

制图：宋辉　制图日期：2013 年 11 月 26 日

2. 安全性能分析

自动捞渣机实现了远控自动操作，无需人员亲临现场实行人工捞渣，降低了危险系数，杜绝了安全隐患。

3. 使用性能分析

自动捞渣机在实际应用中操作方便、简单、可控，能高效地收集前池内堆积的枯枝落叶及水面漂浮物，所有机械联动采用电力驱动，捞渣、排渣输送链可连续工作，并加装夜间作业照明和监控系统，能配合紧急任务的夜间作业要求，仅需一人操作。比原有的人工捞渣方法更有效、节能、可靠。

4. 效益分析（见表 10 - 22）

表 10 - 22

项目	角铁槽钢	电动机减速机	行程开关继电器	轴承钢管钢绞线	摄像头视频设备	其他
金额（元）	160	430	36	180	310	100
合计（元）	1216					

制表：宋辉　制表日期：2013 年 11 月 27 日

在本次 QC 活动中，本着节约的原则，我们采用废旧角铁、槽钢、钢筋等材料，既降低了成本，又达到了物品的再利用。只购买了电动机、变速机、轴承、钢管、电缆线、行程开关等材料，成本费用为 1216 元。

同时，自动捞渣机的研制降低了捞渣难度，在保证捞渣效率、安全等方面都起到了重要作用。

八、标准化

1. 成果巩固

我们将"小型水电站自动捞渣机的研制"的加工图纸，设计资料，试验数据和施工步骤整理归档（见图 10 - 47），经企业管理部审批，列入到《内乡县电业局历年 QC 成果汇编》中。

2. 专利申报

2013 年 10 月 20 号，小组将"小型水电站自动捞渣机"的设计图纸原理和相关资料向国家知识产权局申报"实用新型专利"发明，已被受理，见图 10 - 48。

图 10 - 47　整理资料

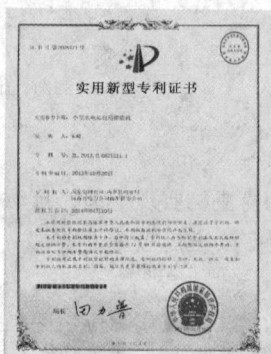

图 10 - 48　实用新型专利证书

3. 推广应用

内乡县地处山区，水利资源丰富，小型水电站较多，本着优质服务进企业的原则，2013 年 10 月 25 号，我们将该成果推广至其他小型水电站，达到成果共享的目的，见图 10 - 49、图 10 - 50。

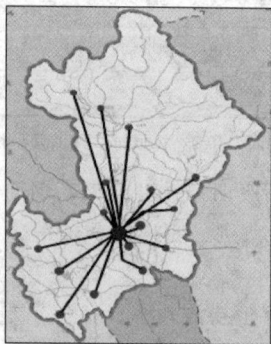

图 10 - 49　创新成果推广应用覆盖区域

图 10 - 50　创新成果推广应用

九、总结及今后打算

(一) 活动总结

通过本次活动，小组成员分工协作，各展所长，充分发挥了各自的主观能动性，提高了成员团队协同作战的能力；增强了小组成员的质量意识；提高了大家解决实际问题的信心。根据小组成员的表现，我们进行了自我综合评定（见表 10 - 23），并制作出雷达图，见图 10 - 51。

表 10 - 23

序号	项目	活动前	活动后
1	QC 知识	70	90
2	技术水平	80	98
3	工作态度	80	90
4	质量意识	95	97
5	团队精神	65	95
6	创新精神	60	85
7	个人能力	60	80

制表：宋辉　制表日期：2013 年 11 月 29 日

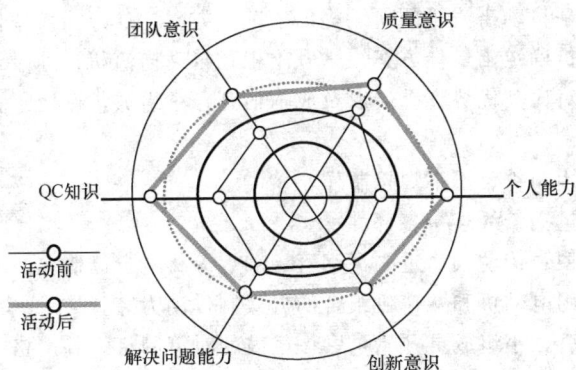

图 10 - 51

制图：宋辉　制图日期：2013 年 11 月 29 日

(二) 今后打算

本次活动的成功及成果推广，解决了国内小型水电站普遍存在的捞渣难的问题。今后，我们 QC 小组将继续努力，吸取经验教训，坚持从生产实际出发，更加深入地开展 QC 知识方法的宣传和学习，选好课题，搞好活动，开展好职工培训工作，不断提高小组成员的团队精神、创新意识和管理水平。

下一步，本 QC 小组把"提高 10kV 电压合格率"作为 2014 年的研究课题。

十、成果总结报告

清理枯枝落叶等渣材废物是小水电站须直面的问题，而现在普遍使用的人工捞渣方法极为耗时费力，并存在着严重的安全隐患。

受各方面条件限制，人工捞渣的方法无法避免耗时费力和安全系数低的问题。目前国内也没有现成的适用于小型水电站的自动捞渣设备，而用于大中型水电站的捞渣机成本太高，不适合在小型水电站使用。这就要求我们必须研制出一种能够自动进行捞渣作业的机器来替代现有的人工捞渣法。

本 QC 小组成员从这一事实出发，秉着对施工人员生命负责、对电力系统财产负责的态度，针对该局宝源水电站实际情况，深入作业现场进行调查，经过严肃认真的讨论后，确定了本次 QC 活动的研究课题，即"小型水电站自动捞渣机"的研制。

课题确定后，本小组在站长任东朝的领导和企管部宋主任的指导下，严格按照PDCA 循环步骤开展活动。

首先，针对目前小水电站普遍存在的问题和制约因素，小组成员本着"节约资源，降低成本，简单实用，高效可靠"的原则，确定了这次课题活动的目标：缩短作业时间，提高捞渣效率；实现远控操作，降低安全隐患。

然后，小组成员运用头脑风暴法，围绕实现小组活动目标，结合宝源水电站自身情况，针对小型水电站自动捞渣机的研制提出了三种方案，通过对效率性、安全性、经济性等方便的对比分析确定出最佳方案——升降耙式自动捞渣机。通过对最佳方案进一步分解、细化，通过对比其优势、弊端以及成本估算，小组成员确定了自动捞渣机结构的具体方案：

主体结构：选用角铁、槽钢焊接制作；

连接方式：通过钢绞线连接各部件；

捞渣耙：直齿型；传动轴通过购买钢管、轴承等材料自己制作；

动力装置：采用电动机和减速机组合的方式制作动力装置。

最佳方案确定后，小组成员开始了紧锣密鼓的对策制订，并严格按照"设计主体结构、材料购置、部件加工、组装试验，调试应用"五个步骤对对策进行了实施。

最后，小组对成果进行了效果检查。经过为期三个月的效果检查，发现捞渣时间由原来的 2h 左右缩短至 10min，这个数据是对小组成员半年来辛苦付出的最大肯定。同时，自动捞渣机的研制实现了远控操作，降低了捞渣难度，在保证捞渣效率、安全等方面都起到了重要作用。

为了巩固来之不易的胜利果实，小组将此成果标准化备档，并在周边其他小型水电站进行推广应用，充分发挥了研发效果。最后小组将"小型水电站自动捞渣机"的设计图纸原理和相关资料向国家知识产权局申报"实用新型专利"，已被受理。

通过本次活动，小组成员分工协作，各展所长，综合能力均有很大的提高。今后我站 QC 小组将继续努力，秉承国网公司"努力超越，追求卓越"的企业精神，精益求精，开启 QC 小组质量管理的新局面。

内乡县电业局勤行精进 QC 小组

2014 年 5 月 4 日

成果评价

(一) 总体评价

勤行精进 QC 小组针对宝源水电站捞渣耗时费力的问题，选择"小型水电站自动捞渣机的研制"开展活动，课题类型：创新型。自动捞渣机的研制，解决了人工捞渣费时费力的问题，使捞渣用时由活动前的 2h，降低到 10.4min，实现并达到预期目标，大幅度减低了劳动强度和作业时间，提高了捞渣效率，杜绝了安全隐患。

(二) 存在的问题

该成果在程序方法方面还存在以下不足：

1. 程序方面

(1) 选题理由多，不直接。用大量篇幅描述选题理由，如电站所处位置，宝源水电站前池等无意义。选题理由应简明扼要，用数据把问题交代清楚，没有更好的办法解决这一问题，从而萌发了小组人员创新的思路即可。

(2) 目标值分析依据不足，从"小组实力、技术优势、管理机制"等提供目标依据，无数据，也无法证明目标能否达成。应用实验、分析取得数据，证明从 2h 降为 15min 是可行的。

(3) 提出方案并确定最佳方案存在的问题如下：

1) 提出的三个总体方案不具有创新的特征，如撒网式捞渣机、抓耙式捞渣机、升降式捞渣机，均不具有创新的特征。

2) 总体方案选择无数据，仅在效率、安全、成本等方面进行理论分析，而无数据验证，就选择了"升降式耙式捞渣机"。

3) 总体方案分解不全面，如传动轴、动力装置等捞渣机的主要部分在方案分解中看不到，而在分解方案选择中又进行选择。

4) 分解方案选择只进行成本的估算，而没有关注质量特性值数据，如捞渣的质量、是否能够实现自动运行、能否把渣捞起来等质量特性值数据。

5) 方案选择不彻底，如实施五行程开关安装在圬轨下部，遇枯水期水位降低至下行程开关附近时，渣材废物会堵塞阻隔下行程开关，使捞渣耙不能有效触动下行开关，导致电机不能自动反转，捞渣耙无法上升。实施中又进行改进选择。

（4）整理的最佳方案与对策表中的对策不吻合。

（5）对策表中的对策目标未量化，也不能检查。

（6）有的对策实施完成后没有用对策目标检查实施情况，如实施一、二、三等。

（7）标准化中的专利申请不是标准化内容。

2. 方法方面

（1）亲和图没有将每一分解方案的结构、实现的功能、可能出现的问题都亲和出来。

（2）流程图错误，把"组装部件"的一个环节作为判断环节，"调试应用"后又返回"绘制电路图"中，流程图的开始、结束，判断概念不清晰。

中国质量协会　陈秀云

11 缩短10kV高压设备工作票办理时间

国网焦作供电公司
运维检修部变电运维三站QC小组

运维检修部变电运维三站QC小组成立于2013年，现有小组成员7名，曾获得"全国质量信得过班组"等荣誉称号，是焦作供电公司"五小"活动和科技创新活动的年青力量。

☆名词解释

工作票：是检修人员在高压设备上工作时必须持有的书面凭证，其中包括工作时间、检修内容、安全措施等项目。

工作票办理：是指运行人员根据票面要求，将工作现场进行完善的安全措施布置后，对工作票进行许可和终结的行为。

在日常工作实践中，小组成员发现10kV高压设备工作票办理时间过长，影响设备停电检修进度，导致无法及时恢复供电。小组成员围绕如何缩短10kV高压设备工作票办理时间开展活动，通过PDCA循环，开展了一系列QC活动，取得了明显的应用效果和经济效益。

一、小组简介

小组情况见表11-1，小组成员情况见表11-2。

表11-1　　　　　　　　　　　小 组 情 况

小组名称	运维检修部变电运维三站QC小组		
成立时间	2013年1月		
课题名称	缩短10kV高压设备工作票办理时间		
课题类型	现场型	活动时间	2013.4.10—12.31
注册编号	JZGD-2013015	小组人数	7人
活动频次	≥1次/月	课题注册	2013.3.15
出勤率	100%	TQC受教育时间	60小时以上
主要荣誉	2013年度　全国质量信得过班组 河南省电力公司优秀QC小组成果二等奖 焦作市"卓立"杯优秀QC成果一等奖		

制表：刘杰　2013年4月12日

261

表 11 - 2   小 组 成 员 情 况

序号	姓名	性别	组内职务	课题分工
1	刘 杰	男	组长	策划、组织协调、方案制订
2	魏华南	男	副组长	组织协调、方案制订
3	高 展	女	组员	数据收集、方案实施和验证
4	朱 岩	男	组员	数据收集、方案实施、统计分析
5	孙发超	男	组员	数据收集、方案实施
6	吕树河	男	组员	数据收集、统计分析
7	任思远	女	组员	方案实施、统计分析
8	周雪瑾	男	组员	方案细化、方案实施
9	龙 洁	女	组员	数据收集、方案细化
10	杨艳萍	女	组员	方案细化、方案实施

制表：孙发超 2013 年 4 月 12 日

二、选择课题

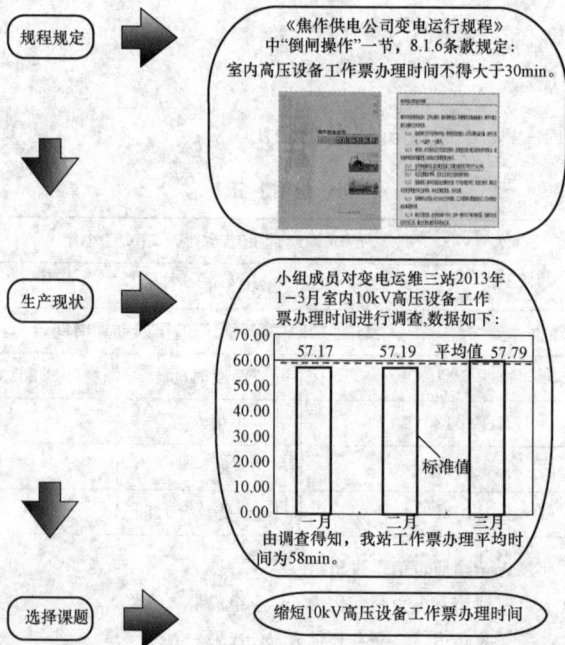

规程规定

《焦作供电公司变电运行规程》中"倒闸操作"一节，8.1.6条款规定：室内高压设备工作票办理时间不得大于30min。

生产现状

小组成员对变电运维三站2013年1~3月室内10kV高压设备工作票办理时间进行调查，数据如下：

平均值 57.79
57.17   57.19
标准值

由调查得知，我站工作票办理平均时间为58min。

选择课题

缩短10kV高压设备工作票办理时间

三、确定目标

小组成员将变电运维三站 10kV 高压设备工作票办理时间的目标值设定为从平均 58min 缩短至 30min 以下。

10kV 工作票办理时间目标值见图 11-1。

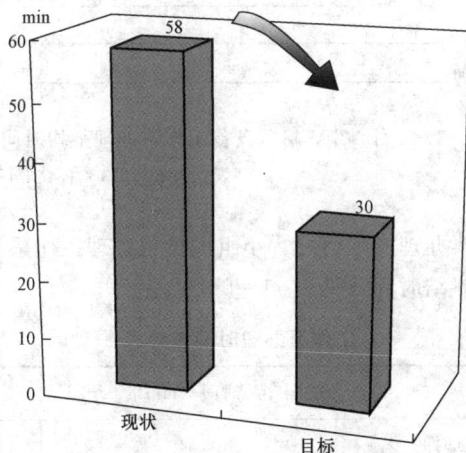

图 11-1 10kV 工作票办理时间目标值
制图：刘杰 2013 年 4 月 12 日

四、目标可行性分析

（1）小组成员对变电运维三站 2013 年 1—3 月 10kV 设备工作票办理时间进行全面统计，见表 11-3，柱状图见图 11-2。

表 11-3　　　　　1—3 月 10kV 高压设备工作票办理时间统计表　　　　　min

工作票份数	1	2	3	4	5	6	7	8	9	10	11	12	13	14	15	16	平均时间	总平均时间
一月	53	57	52	61	60	56	53	64	51	62	60	57					57.17	
二月	59	61	52	55	64	52	61	58	65	58	52	60	53	54	53	58	57.19	58
三月	66	59	64	57	53	57	59	54	59	63	68	58	57	63			59.79	

制表：周雪瑾 2013 年 4 月 16 日

结论：2013 年 1—3 月共办理工作票 43 份，平均用时 58min。从 1—3 月平均装设时间来看没有明显差距。

263

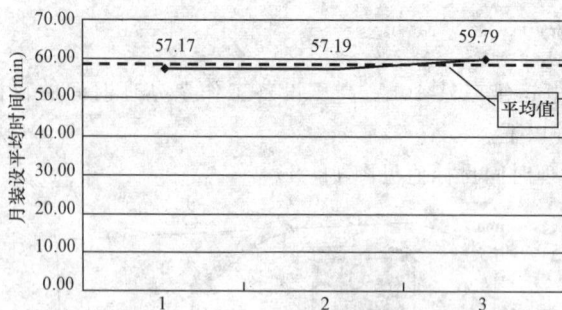

图 11-2 1—3 月 10kV 高压设备工作票办理平均时间柱状图

制表：高展 2013 年 4 月 17 日

（2）根据日常工作票办理实际情况，小组成员将办理工作票其分为两个部分，即工作票许可时间和工作票终结时间，见表 11-4。

表 11-4 工作票办理时间统计表

序号	项目	时间（min）	占百分比
1	工作票许可时间	54	93.1%
2	工作票终结时间	4	6.9%
合　　计		58	100%

制表：任思远 2013 年 4 月 28 日

根据表 11-4 制作出饼分图，见图 11-3。

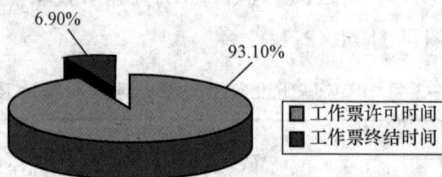

图 11-3 工作票办理时间饼分图

制图：任思远 2013 年 4 月 28 日

结论：从图 11-3 中可以看出，日常工作中，工作票终结均在 4min 之内完成，而许可则在 54min 完成，因此我们把工作票许可时间的 54min 作为分析对象。

（3）针对工作票许可时间长的问题，小组绘制出工作票许可流程图，见图 11-4。

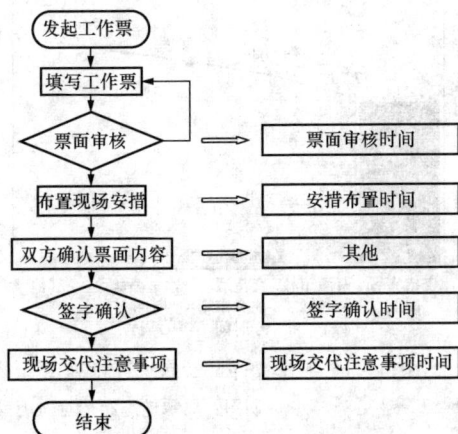

图 11-4 工作票许可流程图

制图：任思远　2013 年 4 月 28 日

根据图 11-4，小组成员对工作票许可时间进行分类统计，见表 11-5。

表 11-5　　　　　　　　　工作票许可时间统计表

序号	类型	时间（min）	所占比例	累计比例
1	安措布置时间	42	77.78%	77.78%
2	票面审核时间	5	9.26%	87.04%
3	现场交代注意事项时间	3	5.56%	92.59%
4	签字确认时间	2	3.70%	96.30%
5	其他	2	3.70%	100.00%
	合计	54	100%	—

制表：周雪瑾　2013 年 4 月 28 日

根据表 11-5 绘制排列图，见表 11-5。

由以上调查得知，安措布置时间占据了工作票许可时间的绝大部分。我们再作进一步的分析，根据布置安全措施的种类不同，安措布置时间又可分为主要安措布置时间和辅助安措布置时间，见表 11-6，饼分图见图 11-6。

表 11-6　　　　　　　　　安全措施布置时间统计

序号	项目	时间（min）	所占百分比
1	辅助安措布置时间	39	93%
2	主要安措布置时间	3	7%
	合计	42	100%

制表：高展　2013 年 4 月 29 日

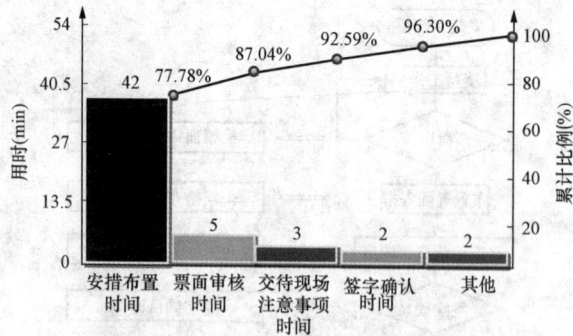

图 11-5　工作票许可时间统计排列图

制图：周雪瑾　2013 年 4 月 29 日

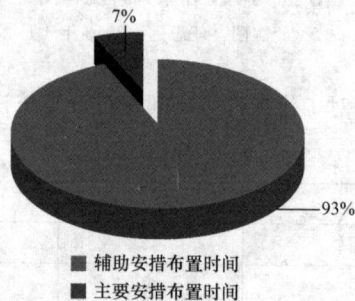

图 11-6　安全措施布置时间饼分图

制图：高展　2013 年 4 月 29 日

结论：从以上分析可以看出，辅助安措布置时间长从而导致了工作票办理时间长，是问题的主要症结所在。

（4）小组成员针对与本站运维规模相近的其他 5 座运维站进行调查，统计出各站工作票办理时间，对比数据见表 11-7。

表 11-7　　　　　　　　　各运维站工作票办理时间统计

统计项目	变电运维一站	变电运维二站	变电运维三站	变电运维四站	变电运维五站	变电运维六站
1—3 月 10kV 工作票办理份数	61	48	43	37	33	42
工作票办理平均时间（min）	51	28	58	34	29	53

制表：高展　2013 年 4 月 23 日

根据统计表绘制柱状图，见图 11-7。

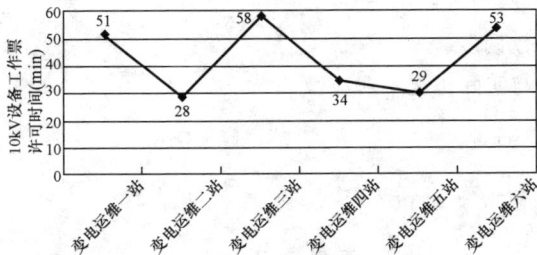

图 11-7　各运维站工作票办理时间柱状图

制图：高展　2013 年 4 月 20 日

结论：由调查得知，变电运维二站办理时间最短为 28min。经过小组讨论，变电运维三站与二站人员技术水平相当，管辖站区设备类型一致，且安全工具配置相同，我们有能力将工作票的办理时间缩短到 30min 以下，目标可行。

五、原因分析

小组成员积极开展头脑风暴集体讨论，展开问题原因分析，通过树图整理（见图 11-8），共得到 7 个末端原因，分别如下：

（1）未持有相关技能等级证书。

（2）不熟悉《安规》。

（3）未经过"两票"考核。

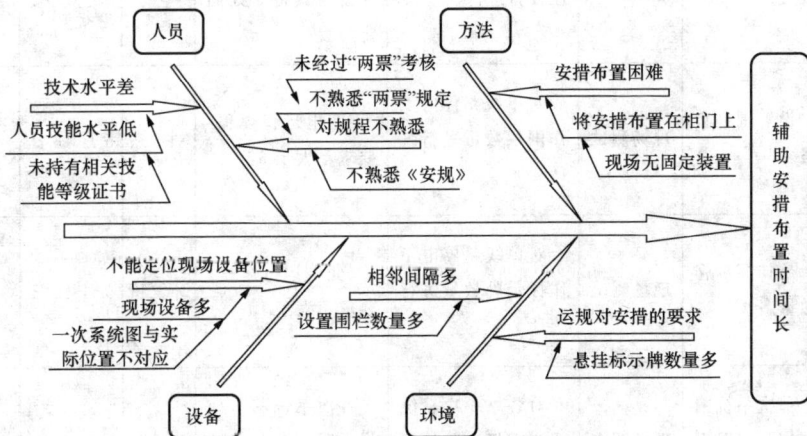

图 11-8　原因分析因果图

制图：刘杰　2013 年 4 月 30 日

（4）现场无固定装置。

（5）设置围栏数量多。

（6）悬挂标示牌数量多。

（7）一次系统图与实际工况不对应。

六、要因确认

1. 要因确认计划表（见表 11 - 8）

表 11 - 8 要 因 确 认 计 划

序号	末端因素	确认方式	确认内容	确认标准	确认人	确认时间	确认地点
1	未持有相关技能等级证书	现场调查	核查正值及以上岗位证书持有情况	人资部要求持有高级工及以上证书	朱 岩	5月3日	修武变
2	不熟悉《安规》	现场调查	查阅往年人员参加考试次数及成绩	部门规定每年2次考试，并且成绩不低于90分	周雪瑾	5月6日	工区资料室
3	未经过"两票"考核	现场调查	组织全站人员进行"两票"考核	部门要求考核成绩不低于90分	肖 刚	5月8日	修武变会议室
4	现场无固定装置	现场调查	对全站10kV高压设备进行检查	《变电运行规程》要求单台10kV高压设备具备5处固定装置	高 展	5月13日	所辖各110kV变电站
5	设置围栏数量多	现场测试	对单线路停电工作围栏数量进行统计	《变电运行规程》要求不大于6个	刘 杰	5月16日	丰收变
6	悬挂标示牌数量多	现场测试	对单线路停电工作标示牌数量进行统计	《变电运行规程》要求不大于10个	孙发超	5月18日	群应变
7	一次系统图与实际工况不对应	现场调查	对各站一次系统图与现场实际位置进行核查对照	一次系统图与现场实际工况对应度达到100%	任思远	5月20日	所辖各110kV变电站

制表：朱岩 2013年5月2日

2. 确认过程

小组成员根据要因确认计划表依次开展要因确认，确认过程见表 11 - 9～表 11 - 15。

表 11 - 9   **未持有相关技能等级证书**

验证标准	人资部要求持有高级工及以上证书		
验证人	朱岩	时间	2013.5.3
确认情况	公司人资部要求，正值班员应持有高级工及以上证书，小组成员对运维三站人员持证情况进行调查，结果如下： **变电运维三站人员持证情况统计表** <table><tr><td>序号</td><td>技能等级</td><td>人数</td><td>是否符合岗位基本要求</td></tr><tr><td>1</td><td>高级工</td><td>13</td><td>符合岗位基本要求</td></tr><tr><td>2</td><td>技师</td><td>2</td><td>高于岗位基本要求</td></tr><tr><td>合计</td><td></td><td>15</td><td></td></tr></table> 变电运维三站人员持证情况柱状图			
验证结果	符合标准要求		
结论	非要因		

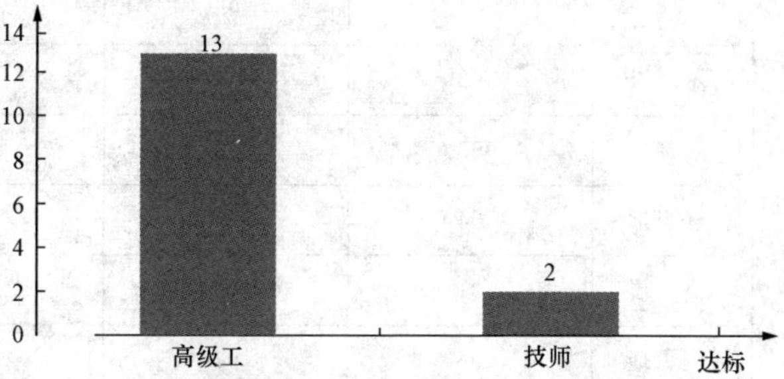

制表：朱岩　 2013 年 5 月 3 日

表 11 - 10　　　　　　　　　　　　　不熟悉《安规》

验证标准	部门规定每年 2 次考试，并且成绩不低于 90 分		
验证人	周雪瑾	时间	2013.5.6

小组成员对近两年的《安规》试卷进行查阅，将考试次数和成绩统计如下：

变电运维三站人员《安规》考试成绩统计表

姓名	2011 年下半年	2012 年上半年	2012 年下半年	2013 年上半年
任冬生	92	93	93	91
孙发超	95	97	94	95
肖　刚	94	94	92	96
王泽毅	95	96	94	93
宋卫国	92	96	95	95
马继松	94	97	93	95
朱　岩	93	97	96	98
刘　杰	96	100	96	100
原四清	93	95	97	96
陈　岚	92	100	99	95
孟春生	96	98	99	91
任思远	94	99	95	94
高　展	91	100	97	96
周雪瑾	96	97	100	96
李顺生	95	94	97	93
平均分数	95.4 分			

确认情况（此列为左侧表头）

验证结果	全员每年参加 2 次考试，并且考试成绩全部在 90 分以上，符合标准要求
结论	非要因

制表：周雪瑾　2013 年 5 月 6 日

表 11 - 11　　　　　　　　　　　未经过"两票"考核

验证标准	部门规定考核成绩不低于90分		
验证人	吕树河	时间	2013.5.8

确认情况	小组成员组织全站人员进行"两票"考核，考核结果统计如下： **变电运维三站人员《"两票"填写规定》考试成绩统计**

<table>
<tr><th>姓名</th><th>分数</th><th>姓名</th><th>分数</th></tr>
<tr><td>任冬生</td><td>92</td><td>原四清</td><td>95</td></tr>
<tr><td>孙发超</td><td>93</td><td>陈　岚</td><td>97</td></tr>
<tr><td>肖　刚</td><td>91</td><td>孟春生</td><td>93</td></tr>
<tr><td>王泽毅</td><td>95</td><td>任思远</td><td>96</td></tr>
<tr><td>宋卫国</td><td>96</td><td>高　展</td><td>92</td></tr>
<tr><td>马继松</td><td>97</td><td>周雪瑾</td><td>97</td></tr>
<tr><td>朱　岩</td><td>96</td><td>李顺生</td><td>95</td></tr>
<tr><td>刘　杰</td><td>98</td><td>平均成绩</td><td>95.0分</td></tr>
</table>

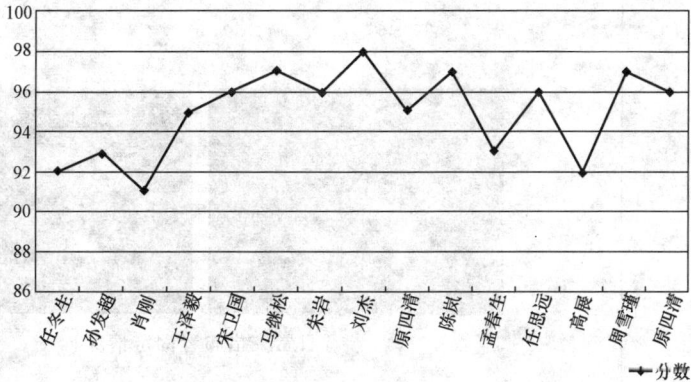

变电运维三站人员《"两票"填写规定》考试成绩折线图

验证结果	考试成绩均高于90分，符合标准要求
结论	非要因

制表：吕树河　2013 年 5 月 8 日

表 11 - 12 现场无固定装置

验证标准	《变电运行规程》要求单台 10kV 高压设备具备 5 处固定装置		
验证人	高展	时间	2013.5.13

小组成员对各站 10kV 高压设备现场固定装置数量进行调查，调查情况如下：

10kV 高压设备固定装置统计表

序号	变电站	10kV 高压设备数量	固定装置数量	日常固定位置
1	群英变	26	0	锁具、其他
2	建业变	21	0	锁具、螺栓
3	丰收变	10	0	锁具、其他
4	东郊变	13	0	锁具、螺栓
5	修武变	7	0	锁具、柜门
6	武陟变	6	0	螺栓、柜门
	合计	83	0	

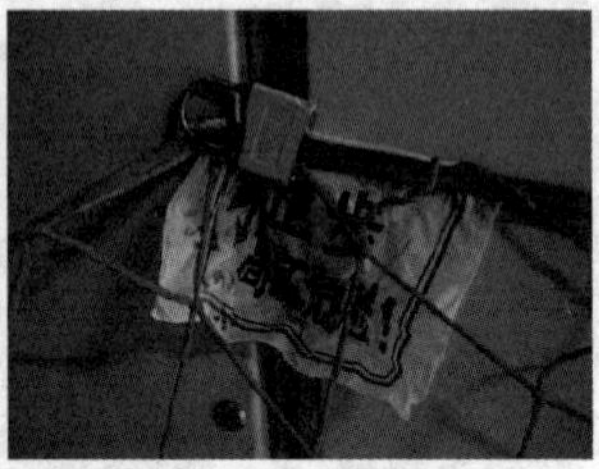

（确认情况）

日常安措布置固定情况

验证结果	10kV 高压设备均未具备固定装置，不符合标准要求。
结论	要因

制表：高展 2013 年 5 月 13 日

表 11 - 13　　　　　　　　　　　　　设置围栏数量多

验证标准	《变电运行规程》要求围栏数量不大于 6 个		
验证人	刘杰	时间	2013.5.16

确认情况

　　小组成员对 10kV 高压设备工作现场进行了 7 次抽查，统计设置围栏数量情况，结果如下：

设置围栏数量统计

序号	工作内容	设置围栏数量（个）
1	建 61 开关预试	6
2	修 302 开关预试	5
3	东 71 开关预试	4
4	东 78 开关预试	6
5	丰 42 开关预试	5
6	群 63 开关预试	5
7	群 75 开关预试	5
平均数量		5.1

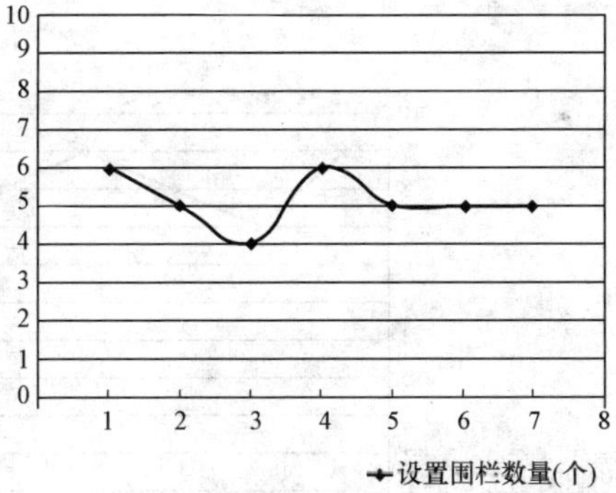

设置围栏数量折线图

验证结果	设置围栏数量平均为 5.1 个，符合标准要求
结论	非要因

制表：刘杰　2013 年 5 月 16 日

表 11 - 14   悬挂标示牌数量多

验证标准	《变电运行规程》要求悬挂标示牌数量不大于 10 个		
验证人	孙发超	时间	2013.5.18

小组成员对 10kV 高压设备工作现场进行 7 次抽查，统计了悬挂标示牌数量情况，结果如下：

悬挂标示牌数量统计表

序号	工作内容	悬挂标示牌数量（个）
1	建 61 开关预试	9
2	修 302 开关预试	7
3	东 71 开关预试	8
4	东 78 开关预试	9
5	丰 42 开关预试	8
6	群 63 开关预试	7
7	群 75 开关预试	8
平均数量		8

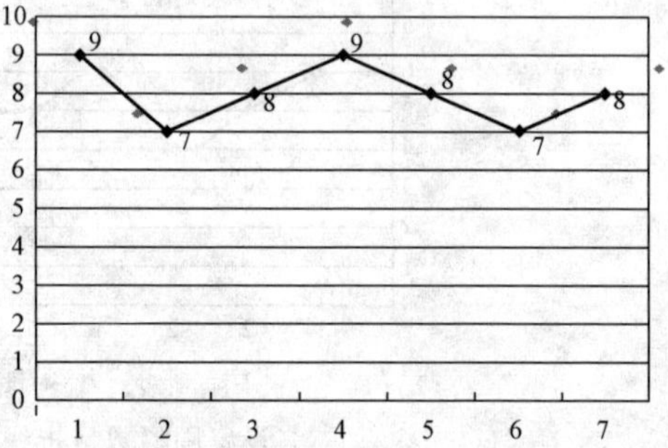

确认情况

悬挂标示牌数量折线图

验证结果	悬挂标示牌数量平均为 8 个，符合标准要求
结论	非要因

制表：孙发超   2013 年 5 月 18 日

274

表 11 - 15   一次系统图与实际工况不对应

验证标准	一次系统图与现场实际工况对应度达到100%				
验证人	任思远		时间	2013.5.20	

小组成员针对10kV高压设备一次系统图与实际工况进行对比，结果如下：

一次系统图与实际工况对照度统计表

序号	变电站	对侧设备运行工况	左侧设备运行工况	右侧设备运行工况	对照度
1	群英变	30%	80%	80%	63%
2	建业变	20%	75%	75%	57%
3	丰收变	26%	78%	78%	61%
4	东郊变	43%	82%	82%	69%
5	修武变	39%	95%	95%	76%
6	武陟变	62%	94%	93%	83%
合计					68%

(验证结果与结论)

验证结果	10kV高压设备一次系统图与实际工况对应度仅为68%，不符合标准要求
结论	要因

制表：任思远   2013 年 5 月 20 日

通过分析，最终我们找到了两条要因：①现场无固定装置；②一次系统图与实际工况不对应。

七、制订对策

1. 要因一   对策评价和选择

小组成员提出三个方案，并使用价值工程法进行评价和选择，见表 11 - 16 和表 11 - 17。

表 11 - 16　　　　　　　　　　　候选方案工作原理

候选方案	设计示意图	工作原理
方案 1 制作磁性夹子		在夹子的背部安装磁铁或磁石,使用时用夹子先固定住安全网和标示牌,在将夹子吸附在设备表面;也可先将夹子吸附在设备表面,再将安措固定在夹子上
方案 2 制作移动支架		在支架的顶部安装固定夹和伸缩带,不仅可以固定安全网,还可以起到隔离带电区域的作用。底部安装轮子,便于搬运,可保存于现场
方案 3 制作折叠挂钩		加工制作折叠型挂钩,将其固定安装在设备外壳,使用时将安全网或标示牌挂在折叠挂钩上,使用后折叠即可

制表:孙发超　2013 年 5 月 22 日

表 11 - 17 　　　　　　　　　　　　方 案 评 选 表

候选方案		方案 1 制作磁性夹子		方案 2 制作移动支架		方案 3 制作折叠挂钩	
	参数	评价	分值	评价	分值	评价	分值
功能指标 F	有效性	4N＜承受拉力≤8N	3	承受拉力≥12N	5	承受拉力≥12N	5
	安全性	微弱影响	4	微弱影响	4	完全不影响	5
	便利性	2min＜合计用时≤3min	3	合计用时＞5min	1	1min＜合计用时≤2min	4
	可靠性	使用次数≤1000	1	使用次数≤3000	3	使用次数≤4000	4
	合计	11		13		18	
价值指标 C	经济性	每套≤50 元	2	每套≤300 元	5	每套≤50 元	2
工程价值 $V=F/C$		5.5		2.6		9	
结论		不采用		不采用		采用	
选择方法		通过调查分析和模拟实验，从有效性、便利性、可靠性、安全性四个方面计算功能 F，然后结合价值指标 C，利用交织工程理论，最终确定最佳方案					

制表：孙发超　2013 年 5 月 22 日

2. 要因二　对策评价和选择

小组成员根据对要因二存在问题的分析，通过讨论，提出解决方案见表 11 - 18 和表 11 - 19。

表 11 - 18 　　　　　　　　　　　　候选方案原理表

项目	方案名称	方案原理
方案一	修改一次系统图	对后台机和五防机的一次系统图进行修改，将设备间隔实际位置与现场对应
方案二	绘制现场设备对照图	将现场设备对应位置关系及运行状态绘制成图纸，结合一次系统图对照使用

制表：孙发超　2013 年 5 月 23 日

表 11 - 19 　　　　　　　　　　　　 方 案 评 选 表

候选方案		方案一 修改一次系统图		方案二 绘制现场设备对照图	
	参数	评价	分值	评价	分值
功能指标 F	依赖性	需与外单位合作	1	小组能自行解决	3
	安全性	监控系统中断≤5h	1	监控系统中断≤1h	5
	时间性	≤25 天	3	≤7 天	5
	可靠性	维护周期≤800 天	5	维护周期≤500 天	3
	合计	12		16	
价值指标 C	经济性	≤1000 元	5	≤300 元	3
工程价值 $V＝F/C$		2.4		5.3	
结论		不采用		采用	

制表：孙发超　2013 年 5 月 23 日

3. 制定对策表

小组成员根据"5W1H"原则制定了详细的对策表，落实了每条要因的对策、目标、具体措施以及完成时间和相应责任人，见表 11 - 20。

表 11 - 20 　　　　　　　　　　　　 对 　 策 　 表

序号	要因	对策	目标	措施	地点	完成时间	负责人
1	现场无固定装置	制作折叠挂钩	单台 10kV 高压设备具备 5 处固定装置	1. 绘制设计图纸	修武变会议室	6 月 3 日—5 日	刘　杰
				2. 加工制作。依照制作方案采购材料，按照设计图纸进行加工制作	修武变会议室	6 月 5 日—7 日	任思远
				3. 现场安装。制作完成后，对 10kV 高压设备进行现场安装	金具加工厂	6 月 7 日—10 日	朱　岩
				4. 对策目标确认	10kV 高压室	6 月 10 日—13 日	周雪瑾

序号	要因	对策	目标	措施	地点	完成时间	负责人
2	一次系统图与实际工况不对应	绘制现场设备对照图	一次系统图与现场实际工况对应度达到100%	1. 确认对照图展示内容	工区会议室	6月15日	吕树河
				2. 统计10kV高压设备现场运行工况 3. 绘制对现场设备对照图	10kV高压室	6月16日—19日	高 展
				4. 对策目标确认	修武变	6月25日	孙发超

制表：吕树河 2013年5月26日

八、对策实施

（一）制作折叠挂钩

措施1 绘制设计图纸

小组成员依据最终设计方案，绘制出对开式折叠挂钩设计图纸，见图11-9。

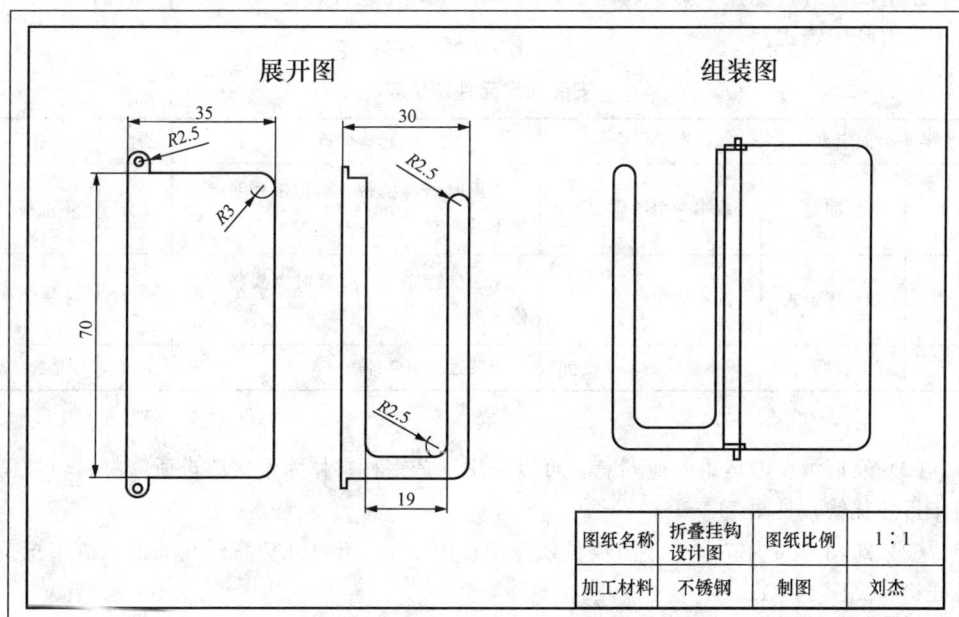

图 11-9 折叠挂钩设计图

制图：刘杰 2013年6月4日

措施2 加工制作

（1）按照设计方案，小组成员经过讨论，针对不同材料进行了市场调查，提供所选材料综合评价表（见表11-21），最终选择：不锈钢材质。

表11-21   所选材料综合评价表

序号	材料	所需资金	选择分析	得分	选择
1	有机玻璃	成本费用约需18元	成本费用高，便于使用，但易老化损坏	2分	不选择
2	铝件	成本费用约需12元	成本费用低，便于制作，但物理特性较差，易损坏	1分	不选择
3	不锈钢	成本费用约需10元	成本费用虽不是最低，但牢固可靠，不易损坏生锈，使用时间长	4分	选择
4	合金	成本费用约需8元	成本费用最低，便于制作，但强度较差	3分	不选择

制表：刘杰 2013年6月5日

小组成员对折叠挂钩的安装固定方式提出方案并进行选择（见表11-22），最终选择：强力胶固定式。

表11-22   安装固定元件评价表

序号	固定方式	所需资金	选择分析	得分	选择
1	磁铁固定式	成本费用约需3元	使用时随身携带，增加工作量，承重不足	1分	不选择
2	螺栓固定式	成本费用约需2元	无法自行完成，安装时需要将设备停电	2分	不选择
3	强力胶固定式	成本费用约需0.5元	安装过程中会掉胶	3分	选择

制表：高展 2013年6月5日

（2）经请示变电运维专业同意，可以采用不锈钢材料作为本次改进所需材料，加工制作折叠挂钩，见图11-10。

（3）2013年6月7日，小组成员依照设计图纸加工出10kV高压开关柜安措布置折叠挂钩，见图11-11。

措施3 现场安装

2013年6月8日—10日，小组成员根据日常安全措施布置需要，确定在10kV高压开关柜单个柜体的四周框架及前柜门处共安装5只折叠挂钩，见图11-12。

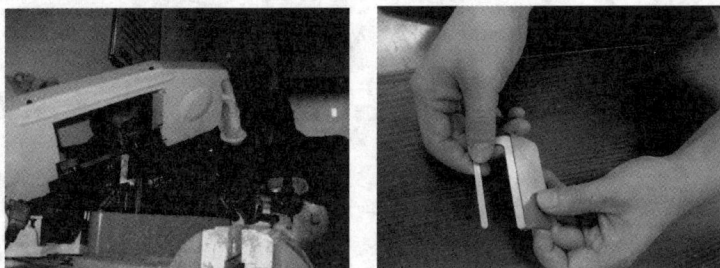

图 11 - 10

组图：孙发超　2013 年 6 月 5 日

图 11 - 11

组图：朱岩　2013 年 6 月 7 日

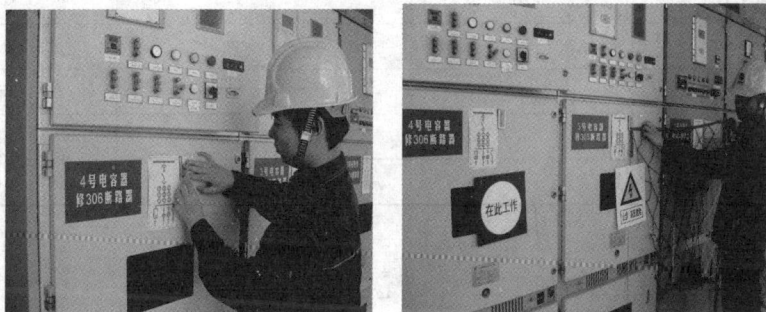

图 11 - 12

组图：朱岩　2013 年 6 月 10 日

措施 4　对策目标确认

6 月 13 日，小组成员对 10kV 高压设备安措固定装置安装情况进行现场检查，验证对策目标实现情况，见图 11 - 13。

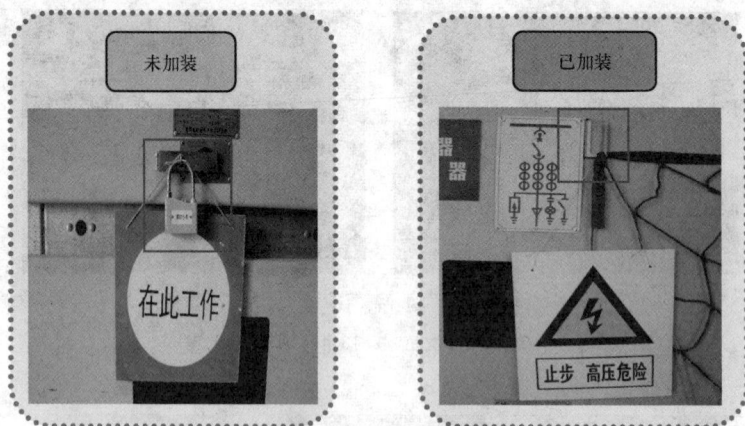

图 11 - 13　加装前后对照图
组图：吕树河　2013 年 6 月 13 日

结论：通过折叠挂钩安装，10kV 高压开关柜全部具有 5 处安全措施固定装置，我们的对策实施目标实现了，见表 11 - 23。

表 11 - 23　　　　　　　　　　10kV 高压设备固定装置统计表

序号	变电站	10kV 高压设备数量	单台高压设备固定装置数量	固定装置总数量
1	群英变	26	5	130
2	建业变	21	5	105
3	丰收变	10	5	50
4	东郊变	13	5	65
5	修武变	7	5	35
6	武陟变	6	5	30
	合计	83	5	415

制表：刘杰　2013 年 6 月 20 日

（二）绘制现场设备对照图

措施 1　确认对照图展示内容

6 月 14 日，经过小组成员讨论，决定根据日常工作需要，在对照图中主要展示 10kV 高压设备运行状态、相邻对应间隔名称及现场所处位置，见图 11 - 14。

措施 2　统计 10kV 高压设备现场运行工况

6 月 17 日，小组成员对各站 10kV 高压设备运行工况进行统计，汇总数据，见表 11 - 24。

间隔名称	10kV卓林线 建50断路器	10kV翰骏线 建52断路器	1号主变低压侧 建1011隔离开关	1号主变低压侧 建101断路器	10kV理工大线 建58断路器	备用
状态	运行	运行	运行	运行	运行	解备

10kVⅠ段母线

间隔名称	10kV瑞庆线 建57断路器	10kV2号接地变 建59断路器	备用 建61断路器	10kV光电Ⅰ线 建63断路器	备用 建65断路器
状态	解备	运行	解备	解备	解备

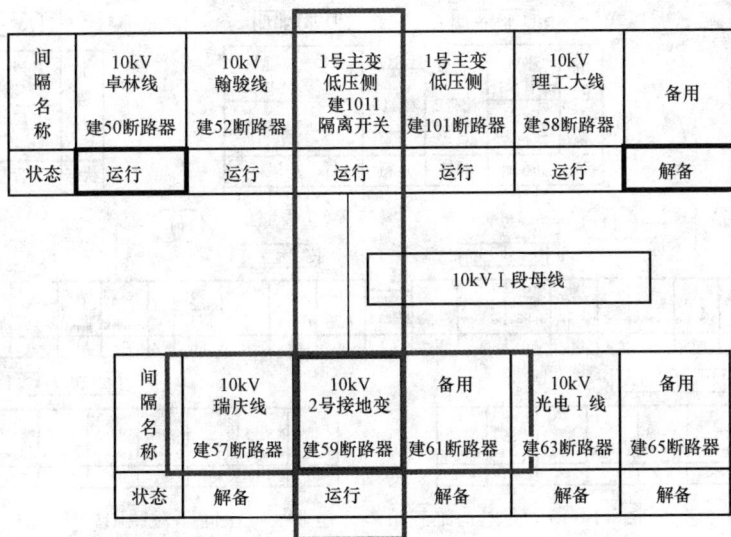

图 11-14 设备对照图展示内容示意

制图：吕树河 2013年6月14日

表 11-24　　　　　　　　　　　10kV高压设备运行工况统计表

序号	变电站	10kV高压设备数量	运行	停运备用	停运解备	备用
1	群英变	26	15	5	2	4
2	建业变	21	16	4	1	0
3	丰收变	10	9	0	0	1
4	东郊变	13	10	2	1	0
5	修武变	7	7	0	0	0
6	武陟变	6	5	1	0	0
合计		83	62	12	4	5

制表：周雪瑾 2013年6月17日

措施3　绘制现场设备对照图

6月19日，根据统计结果小组成员绘制出现场设备对照图（见图11-15），并导入一次系统图中共享使用。

措施4　对策目标确认

6月24日，小组成员对各站10kV高压设备一次系统图与实际工况进行对比，结果见表11-25。

	110kV南母			110kV北母			电容器室	
间隔名称	建11南表 建111南	修建2	建110	I罩于T	建11北表 建112北	间隔名称	II段电容器 II段电抗器	I段电容器 I段电抗器
状态	运行	解备	运行	运行	运行	状态	运行	运行

建1号主变　　建2号主变

| 间隔名称 | 10kV卓林线 建50断路器 | 10kV输油线 建52断路器 | 1号主变低压侧 建101断路器 | 1号主变理工大线 建101隔离开关 | 10kV 建58断路器 | 备用 | 10kV 建60断路器 | 10kV神州广州西线 建64断路器 | 10kV神州广州西线 建66断路器 | 10kV中华线 建68断路器 | 10kV 建120断路器 | 10kV分线 建1202隔离开关 | 备用 | II段电容器 建74断路器 | II段PT-BLQ 建10避II | 备用 | 10kV 建102断路器 | 2号主变 建1022隔离开关 | 2号主变 建88断路器 | 10kV德恩达线 建86断路器 | IV神州广州西线 建88断路器 | II神州广州西线 建90断路器 | 蒙牛II线 建92断路器 |
| 状态 | 运行 | 运行 | 运行 | 运行 | 解备 | | 运行 | 运行 | 运行 | 运行 | 备用 | 解备 | | 解备 | 运行 | | 运行 | 运行 | 运行 | 运行 | 运行 | 运行 | 运行 |

10kVI段母线

间隔名称	10kV瑞庆线 建57断路器	10kV2号接地变 建59断路器	备用 建61断路器	10kV光电1线 建6断路器	备用 建85断路器	蒙牛1线 建67断路器	南海左线 建69断路器	大宇1线 建71断路器
状态	解备	运行	解备	解备	解备	运行	运行	运行

10kVIII段母线

	10kV大宇II线 建73断路器	神州东左线 建75断路器	备用 建77断路器	厦工线 建79断路器	神州西线 建81断路器	神海右线 建83断路器	神州东右线 建85断路器	光电II线 建87断路器	2号接地变 建89断路器
	运行	运行	解备	运行	运行	运行	运行	运行	运行

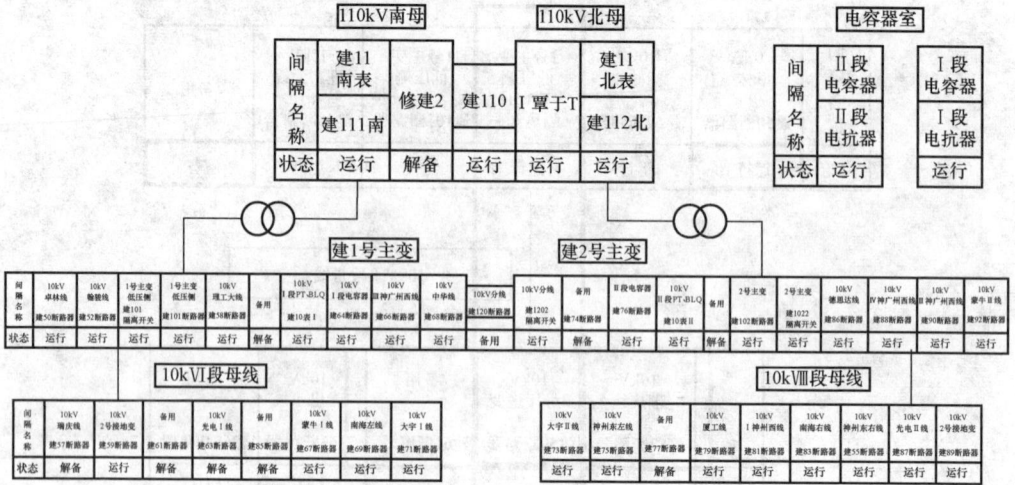

图 11-15　变电运维三站——建业变一次间隔对照图

制表：周雪瑾　2013 年 6 月 19 日

表 11-25　　　　　　　　一次系统图与实际工况对照度统计

序号	变电站	对侧设备运行工况	左侧设备运行工况	右侧设备运行工况	对照度
1	群英变	100%	100%	100%	100%
2	建业变	100%	100%	100%	100%
3	丰收变	100%	100%	100%	100%
4	东郊变	100%	100%	100%	100%
5	修武变	100%	100%	100%	100%
6	武陟变	100%	100%	100%	100%
	合计				100%

制表：周雪瑾　2013 年 6 月 24 日

结论：通过绘制现场设备对照图，一次系统图与实际工况对照度由前期的 68% 提高到 100%，我们的对策实施目标实现了。

九、效果检查

(1) 2013 年 10 月 3 日，小组成员对 7—9 月变电运维三站 10kV 高压设备工作票办理时间进行统计，见表 11-26，折线图见图 11-16。

表 11 - 26 **7—9 月 10kV 工作票办理时间统计表**

时间	1	2	3	4	5	6	7	8	9	10	11	12	13	14	15	16	平均时间	总平均时间
七月	16	17	21	21	20	21	21	23	20	22	21	21	24	21	18		25.58	
八月	19	21	21	22	22	23	23	21	20	20	21	20	18	19	20	21	20.69	22.30
九月	18	25	17	22	15	20	27	25	19	18	21	18	17	27	21		20.64	

制表：周雪瑾　2013 年 10 月 3 日

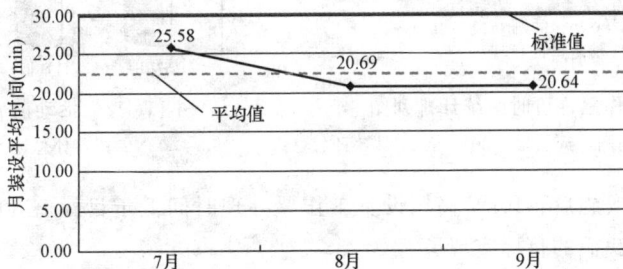

图 11 - 16　7—9 月 10kV 工作票办理时间折线图

制表：周雪瑾　2013 年 10 月 3 日

结论：对策实施后，10kV 高压设备工作票办理时间有了明显缩短，由活动前的平均 58min 已经缩短至活动后的 22.3min。

（2）两项对策实施后，小组成员对 7—9 月工作票许可时间进行了调查，见表 11 - 27。

表 11 - 27 **工作票许可时间统计表**

序号	类型	时间（min）	所占比例	累计比例
1	安措布置时间	7	36.84%	36.84%
2	票面审核时间	5	26.32%	63.16%
3	现场交代注意事项时间	3	15.79%	78.95%
4	填写工作票时间	2	10.53%	89.47%
5	其他	2	10.53%	100.00%
	合计	19	100%	—

制表：周雪瑾　2013 年 10 月 5 日

根据统计表绘制出排列图，见图 11 - 17。

结论：从图 11-17 中可以看出，安措布置时间虽然占了较大的比例，但较活动前已得到了很大的改善，因此，它已不是影响工作票办理时间长的主要问题。

（3）小组成员绘制出活动前后对比柱状图，见图 11-18。

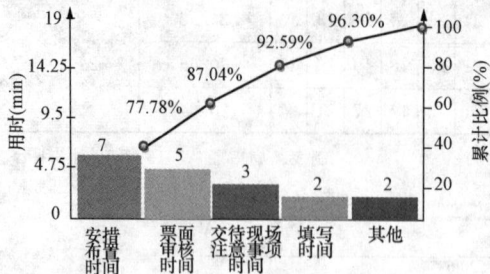

图 11-17　工作票许可时间统计排列图
制图：周雪瑾　2013 年 10 月 5 日

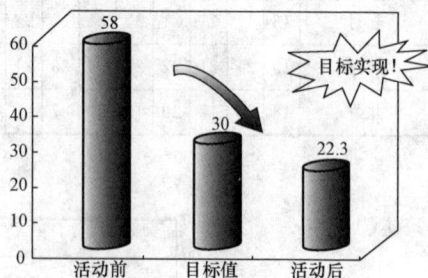

图 11-18　活动前后目标对比图
制图：任思远　2013 年 10 月 5 日

结论：对策实施后，10kV 高压设备工作票办理时间低于目标值 30min，完成了小组制订的目标，我们的目标实现了。

十、效益分析

1. 经济效益

经济效益分析见表 11-28。

表 11-28　　　　　　　　　　经济效益分析表

	制作成本花费		
项目	材料费（元）	加工费（元）	合计（元）
金额	5810	360	6170
	增加供电收益		
项目	成本计算		总额（元）
活动后增加收益	46×(58−22.3)/60×0.2×0.8		43 792
	经济效益		
项目	效益计算		总额（元）
总的经济效益	43 792−6170		37 622
备注	1. 线路平均负荷以 0.2MW 计算； 2. 电费均价以 0.8 元/(kW·h) 计算； 3. 折叠挂钩成本价以 14 元计算，共安装 415 个		

制表：周雪瑾　2013 年 10 月 7 日

2. 社会效益

（1）通过本次活动，使本站员工素质得以提升，在年度站际评比中综合排名上升2位。

（2）本次活动后，有力激发了运维三站员工持续改进和业务技能学习的热情，2013年度工作评比中，被焦作供电公司授予"文明班组标兵"荣誉称号（见图11-19）。

（3）本次 QC 活动，对 10kV 高压开关柜安全措施布置方式进行了改善，得到了公司运维检修部的认可，经现场查看验收合格。公司领导对该成果给予了充分的肯定，现已申请专利，取得申请号：201420137762.1（见图11-20）。

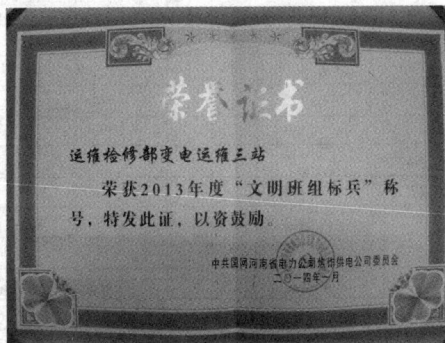

图 11-19　获得荣誉证书
制图：周雪瑾　2013 年 10 月 7 日

图 11-20　专利申请受理通知书
制图：周雪瑾　2013 年 10 月 7 日

3. 意外收获

（1）经公司运维检修部审核同意，将对开式折叠挂钩推广应用至变电运维一站、变电运维二和变电运维四站所辖的 11 座变电站，增加供电收益 10 余万元。

（2）在各站加装对开式折叠挂钩后，使焦作电网供电可靠性提高 2.6%，客户满意度提高 11%。

十一、巩固措施

1. 制订巩固措施

为巩固活动成果，我们将安措固定装置日常维护纳入《变电运维三站设备巡视记录》检查项目当中，并将使用规范编入《变电运行现场管理制度手册》，在全专业范围内推广使用，见图11-21和图11-22。

2. 巩固期效果检查

为了确保我们的效果确实是行之有效的，我们持续对检查期之后 3 个月的 10kV 工作票办理情况进行了统计，结果均达到了预期目标，见图11-23。

变电运维三站设备巡视记录			
序号	间隔名称	巡视项目	巡视结果
16	10kV建50间隔	无异音和焦糊味	
		仪表、信号、指示灯窗均与运行状况相符	
		开关储能正常，指示与实际运行一致	
		开关柜照明正常	
		保护装置运行正常	
		安措固定装置良好	
17	10kV建57间隔	无异音和焦糊味	
		仪表、信号、指示灯窗均与运行状况相符	
		开关储能正常，指示与实际运行一致	
		开关柜照明正常	
		保护装置运行正常	
		安措固定装置良好	
18	10kV建61间隔	无异音和焦糊味	
		仪表、信号、指示灯窗均与运行状况相符	
		开关储能正常，指示与实际运行一致	
		开关柜照明正常	
		保护装置运行正常	
		安措固定装置良好	

图 11 - 21　变电运维三站设备巡视记录

制图：周雪瑾　2013 年 10 月 10 日

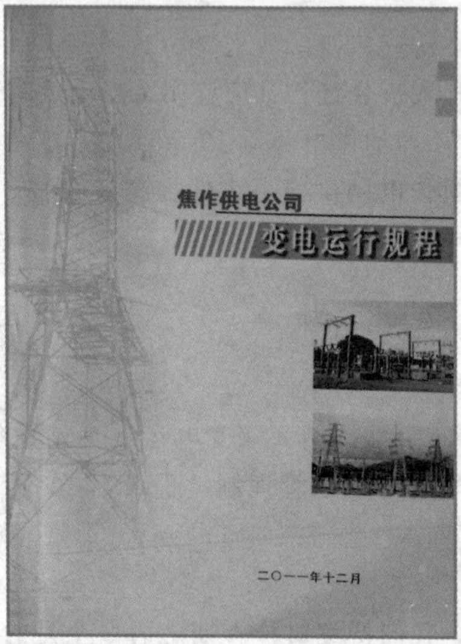

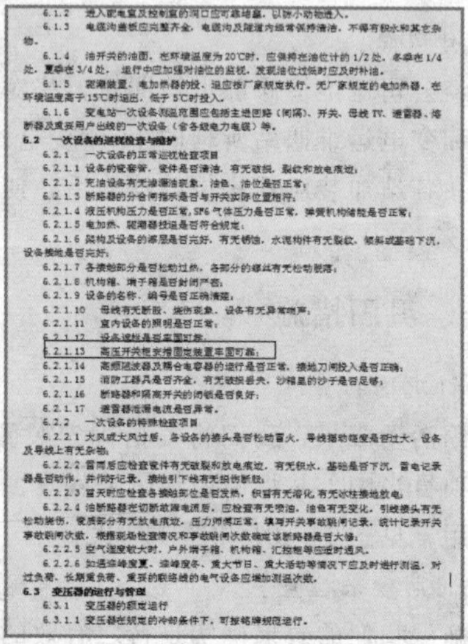

6.1.2　进入配电室及控制室的洞口应可靠堵塞，以防小动物进入。

6.1.3　电缆沟盖板应完整齐全，电缆沟及隧道内经常保持清洁，不得有积水和其它杂物。

6.1.4　油开关的油面，在环境温度为 20℃时，应保持在油位计的 1/2 处，冬季在 1/4 处，夏季在 3/4 处。运行中应加强对油位的监视，发现油位过低时应及时补油。

6.1.5　驱潮装置、电加热器的投、退应按厂家规定执行。无厂家规定的电加热器，在环境温度高于 15℃时退出，低于 5℃时投入。

6.1.6　变电站一次设备测温范围应包括主进回路（间隔）、开关、母线 TV、避雷器、熔断器及重要用户出线的一次设备（含各级电力电缆）等。

6.2　一次设备的巡视检查与维护

6.2.1　一次设备的正常巡视检查项目

6.2.1.1 设备的瓷套管、瓷件是否清洁，有无破损、裂纹和放电痕迹；

6.2.1.2 充油设备有无渗漏油现象，油色、油位是否正常；

6.2.1.3 断路器的分合闸指示是否与开关实际位置相符；

6.2.1.4 液压机构压力是否正常，SF6 气体压力是否正常，弹簧机构储能是否正常；

6.2.1.5 电加热、驱潮器投退是否符合规定；

6.2.1.6 架构及设备的漆层是否完好，有无锈蚀，水泥构件有无裂纹、倾斜或基础下沉，设备接地是否完好；

6.2.1.7 各接触部分是否松动过热，各部分的螺丝有无松动脱落；

6.2.1.8 机构箱、端子箱是否封闭严密；

6.2.1.9 设备的名称、编号是否正确清楚；

6.2.1.10　母线有无断股、烧伤现象，设备有无异常响声；

6.2.1.11　室内设备的照明是否正常；

6.2.1.12　设备遮栏是否牢固可靠；

6.2.1.13　高压开关柜安措固定装置牢固可靠；

6.2.1.14　高频阻波器及耦合电容器的运行是否正常，接地刀闸投入是否正确；

6.2.1.15　消防工器具是否齐全，有无破损丢失，沙箱里的沙子是否足够；

6.2.1.16　断路器和隔离开关的闭锁是否良好；

6.2.1.17　避雷器泄漏电流是否异常。

6.2.2　一次设备的特殊检查项目

6.2.2.1 大风或大风过后，各设备的接头是否松动冒火，导线摆动幅度是否过大，设备及导线上有无杂物；

6.2.2.2 雷雨后应检查瓷件有无破裂和放电痕迹，有无积水，基础是否下沉，雷电记录器是否动作，并作好记录，接地引下线有无损伤断股；

6.2.2.3 雪天时应检查各接触部位是否发热，积雪有无溶化，有无冰柱接地放电；

6.2.2.4 油断路器在切断故障电流后，应检查有无喷油，油色有无变化，引线接头有无松动烧伤，瓷质部分有无放电痕迹，压力指示正常，填写开关事故跳闸记录，统计记录开关事故跳闸次数，根据现场检查情况和事故跳闸次数确定该断路器是否大修；

6.2.2.5 空气湿度较大时，户外端子箱、机构箱、汇控柜等应适时通风。

6.2.2.6 如遇迎峰度夏、迎峰度冬、重大节日、重大活动等情况下应及时进行测温，对过负荷、长期重负荷、重要的联络线的电气设备应增加测温次数。

6.3　变压器的运行与管理

6.3.1　变压器的额定运行

6.3.1.1 变压器在规定的冷却条件下，可按铭牌规范运行。

图 11 - 22

制图：孙发超　2013 年 10 月 10 日

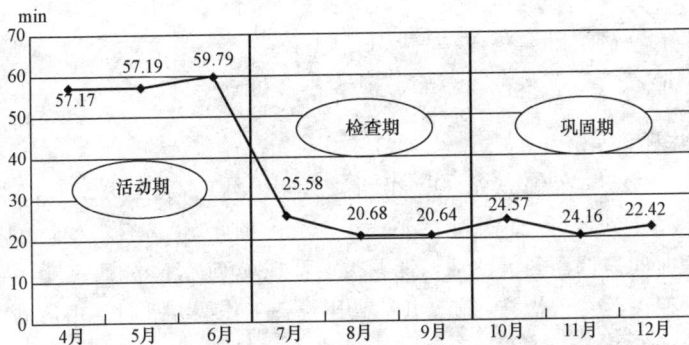

图 11-23　巩固期 10kV 高压设备工作票办理时间
制图：高展　2013 年 12 月 30 日

十二、总结和下一步打算

1. 本次活动总结

通过本次 QC 活动，一方面使我们解决了 10kV 高压设备工作票办理时间长的问题，我们继续在此基础上，扩大本成果，持续活动，继续运用全面质量管理的方法，完善上述成果，不断进行新型、高效、科学、满足现场实际生产要求的改进。

另一方面，强化了大家的团体合作意识，增强了团队凝聚力，在站内形成了一股锐意创新的良好风气。小组成员在质量意识、个人能力、QC 知识、解决问题决心等方面有了进一步的提高和认识，但是也存在一些不足，在活动中人员配合不够默契，意见统一的方式有待完善，对数学、统计学工具的应用有待提高。小组成员个人评价见图 11-24。

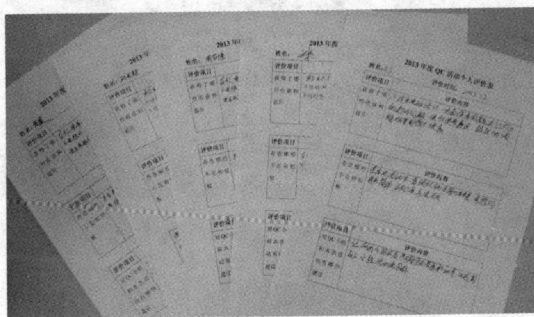

图 11-24　小组成员个人评价
制图：吕树河　2013 年 12 月 31 日

2. 今后打算

结合变电站的实际，2014 年我们 QC 小组将以"降低变电站照明灯损耗率"为课题开展活动。

成果评价

（一）总体评价

运维检修部变电运维三站 QC 小组，针对 10kV 高压设备工作票办理时间（58min）长，达不到运行规程规定的不大于 30min 的问题，选择"缩短 10kV 高压设备工作票办理时间"课题开展活动，课题类型：现场型。经过采取制作折叠挂钩，绘制设备现场对照图等对策措施，使 10kV 高压设备工作票办理时间由活动前的 58min，缩短至活动后的 22.3min，达到了预期目标。

该成果活动过程基本遵循 PDCA 循环程序，能够做到用事实、数据说话，制定对策中能够提出对策，评价选择对策，如"现场无固定装置"。分别提出三条对策方案；"一次系统图与实际工况不对应"提出两条对策方案，并从有效性、可靠性、时间性、经济性等方面，用数据进行评价选择，保证了对策的可实施性。

（二）存在的问题

该成果在程序方法方面还存在以下问题：

（1）目标值分析没有对主要问题症结"辅助安措布置时间长"的解决程度进行测算，仅以变电运维二站办理时长 28min 作为目标依据是不妥的，因为二站与其他站在资源配置、管理、人员等方面是不完全相同的，只能提供解决问题的思路。

（2）要因确认只和标准要求对比，未关注因素对问题的影响程度。

（3）对策选择中已用数据对便利性、费用、工期、承受拉力等进行了分析，没必要再进行评分；对策方案选择不彻底，实施中又进行选择，如安装固定元件及材料的选择。

（4）在方法方面的问题：①原因分析不到末端，如"不熟悉安规"；原因分析归类错误，如将"悬挂标示牌数量多"归为环境类。②效果检查主要问题症结的改进程度排列图样本数据少。

中国质量协会　陈秀云

12 提高电动汽车充电桩月利用率

国网商丘供电公司
营销部 QC 小组

一、小组概况

小组基本情况见表 12 - 1，小组成员情况见表 12 - 2。

表 12 - 1   小组基本情况

小组名称	商丘供电公司营销部 QC 小组		
课题名称	提高电动汽车充电桩月利用率		
课题类型	现场型	成立时间	2012 年 3 月
注册时间	2012 年 3 月	注册号	商供 QC-2012-012
活动次数	10 次	活动参加率	100%
本课题活动时间	2012 年 3 月—12 月		
小组接受 TQC 教育	人均 80h		

表 12 - 2   小组成员情况

序号	姓名	性别	年龄	职称	小组分工	QC 小组职务
1	刘须杰	男	48	高级工程师	组织安排	组长
2	丁卫华	女	37	高级工程师	方案编制	组员
3	周天祥	男	40	高级工程师	调查分析	组员
4	周文	男	34	工程师	调查分析	组员
5	朱海鑫	男	45	工程师	改进实施	组员
6	李光明	女	33	工程师	改进实施	组员
7	安乐	男	31	工程师	改进实施	组员
8	卢素红	女	36	工程师	改进实施	组员
9	于泓	男	34	工程师	资料收集	组员
10	李帅	女	34	工程师	资料收集	组员

制表：刘须杰   制表时间：2012 年 3 月 5 日

二、选题理由

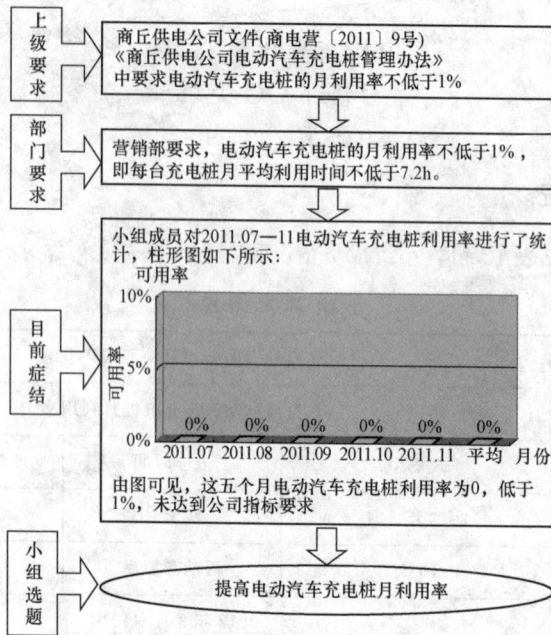

上级要求	商丘供电公司文件(商电营〔2011〕9号)《商丘供电公司电动汽车充电桩管理办法》中要求电动汽车充电桩的月利用率不低于1%
部门要求	营销部要求,电动汽车充电桩的月利用率不低于1%,即每台充电桩月平均利用时间不低于7.2h。
目前症结	小组成员对2011.07—11电动汽车充电桩利用率进行了统计,柱形图如下所示: 由图可见,这五个月电动汽车充电桩利用率为0,低于1%,未达到公司指标要求
小组选题	提高电动汽车充电桩月利用率

制图:丁卫华　制图时间:2012 年 3 月 6 日

为了更好地把握活动进展,小组成员做出 PDCA 活动计划表,见表 12 - 3。

表 12 - 3　　　　　　　　　　　　　活　动　计　划

	计划内容	3 月	4 月	5 月	6 月	7 月	8 月	9 月	10 月	11 月	12 月
P	选择课题	-->									
	设定目标		-->								
	目标可行性分析		-->								
	原因分析		-->								
	要因确认			-->							
	制定对策			-->							
D	对策实施				-->						
C	效果检查						-->				
A	巩固措施							-->		-->	
	今后打算										-->

注　------▶计划活动时间;　——▶实际活动时间。

制表:周天祥　制表日期:2012 年 3 月 7 日

三、设定目标

电动汽车充电桩月利用率由 0% 提高到 1%，见图 12-1。

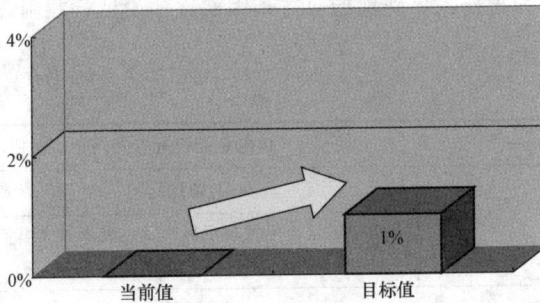

图 12-1　目标设定柱图

制图：周文　制图日期：2012 年 3 月 17 日

四、原因分析

QC 小组全体成员通过开会讨论，集思广益，在运用头脑风暴法展开分析的同时听取厂家专业人员的建议，分析归纳出影响商运公司台区低压线损率的若干因素，绘制出关联图，如图 12-2 所示。

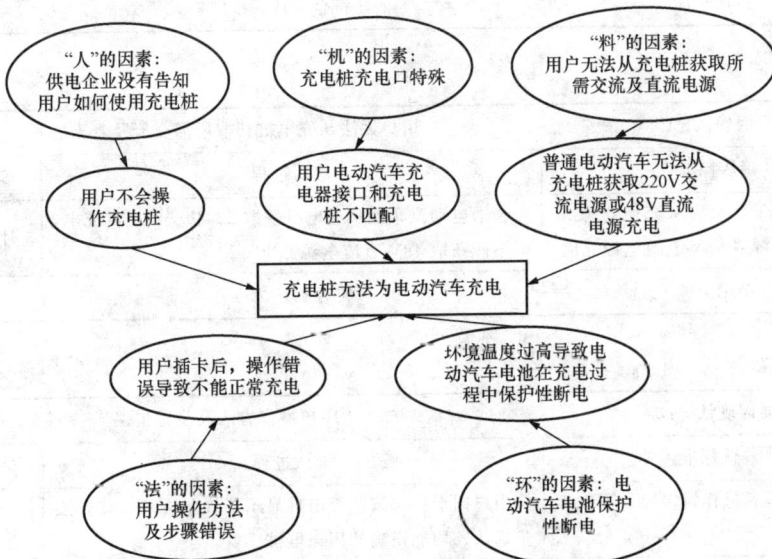

图 12-2　关联图

制图：朱海鑫　制图日期：2012 年 4 月 19 日

293

五、要因确认

为了找出导致低压线损率高的要因，我们针对所有末端因素根据标准明确了确认内容、确认方法、日期和责任人，到现场对每条因素逐一论证，并制订了要因确认表，见表12-4～表12-8。

表12-4

要因确认－A	供电企业没有告知用户如何使用充电桩	
确认标准	确认过程	确认日期
用户不会操作充电桩	用户通过充电桩显示屏提示，能够按步骤正确使用充电桩	5月9—10日
结论－A	不符合确认标准	非要因

表12-5

要因确认－B	充电桩充电口特殊	
确认标准	确认过程	确认日期
用户电动汽车充电器接口和充电桩不能匹配对接	带牌照电动汽车（例如：雪佛兰沃蓝达）和不带牌照电动汽车（例如：比德文）的充电器均不能和充电桩匹配对接	5月9—10日
结论－B	符合确认标准	要因

表12-6

要因确认－C	用户无法从充电桩获取所需交流及直流电源	
确认标准	确认过程	确认日期
普通电动汽车无法从充电桩获取220V交流电源或48V直流电源充电	普通电动汽车能从充电桩获取220V交流电源充电，但不能获取48V直流电源充电	5月9—11日
结论－C	符合确认标准	要因

表12-7

要因确认－D	用户操作方法及步骤错误	
确认标准	确认过程	确认日期
用户插卡后，操作错误导致不能正常充电	用户插卡后，按照充电桩显示屏提示逐步操作，逐步确认，均能正确使用充电桩	5月9—15日
结论－D	不符合确认标准	非要因

表 12 - 8

要因确认－E	电动汽车电池保护性断电	
确认标准	确认过程	确认日期
环境温度过高，导致电动汽车电池在充电过程中保护性断电	充电过程中，气温过高、电池寿命及本体温升状况会导致电池保护性断电，但与充电桩无关	5 月 9—23 日
结论－E	不符合确认标准	非要因

制表：李光明　制表时间：2012 年 5 月 23 日

通过以上分析，我们确认导致"充电桩无法为电动汽车充电"的要因：

(1) 充电桩充电口特殊。

(2) 用户无法从充电桩获取所需交流及直流电源。

充电桩原装充电口，见图 12 - 3。

六、制订对策

小组全体成员对两点要因进行了详细的分析，逐一制订对策，并绘制出切实可行的对策计划表，见表 12 - 9。

图 12 - 3　充电桩原装充电口

制图：安乐　制图日期：2012 年 5 月 25 日

表 12 - 9　　　　　　　　　　对 策 计 划 表

序号	要因	对策	目标	措施	地点	完成时间	负责人
1	充电桩充电口特殊	充电桩充电口普通化	充电桩充电口能和普通电动车辆对接	为充电桩加装普通充电接口	商丘供电公司文化路营业大厅门前	2012 年 6 月	刘须杰 周天祥 李光明 安 乐 李 帅
2	用户无法从充电桩获取所需交流及直流电源	增加充电桩供给电源种类	充电桩提供交直流电源	为充电桩加装整流装置	商丘供电公司文化路营业大厅门前	2012 年 6 月	丁卫华 周 文 朱海鑫 卢素红 于 泓

制表：卢素红　制表日期：2012 年 5 月 30 日

七、对策实施

1. 为充电桩加装普通充电接口

小组成员为文化路营业大厅门前的3台充电桩加装普通充电接口，从东向西分别为1号桩加装了"直流12V电源"接口、为2号桩加装了"直流48V电源"接口、为3号桩加装了"交流220V电源"接口，见图12-4～图12-7。

图12-4 为1号桩加装
"直流12V电源"接口

图12-5 为2号桩加装
"直流48V电源"接口

图12-6 为3号桩加装
"交流220V电源"接口

图12-7 3号桩实施效果图
制图：于泓 制图日期：2012年6月15日

结论：通过为文化路营业大厅门前的3台充电桩加装普通充电接口，用户电动汽车充电器接口和充电桩匹配对接的目标实现。

2. 为充电桩加装整流装置

小组成员为文化路营业大厅门前的1号和2号充电桩加装了专用整流装置，见图12-8和图12-9。

结论：为文化路营业大厅门前的1号和2号充电桩加装了专用整流装置后，用户方便从充电桩获取所需交直流电源的目标实现。

图 12-8　实施前
（充电桩内部结构图）

图 12-9　实施后
（加装整流装置，装置开盖展示）

制图：李帅　制图日期：2012 年 6 月 17 日

八、效果检查

1. 有形成果

小组成员安乐对 2011 年 7 月—8 月期间电动汽车充电桩月利用率进行统计，绘制出统计表 12-10 及效果对比图 12-10。

表 12-10　　　　　　对策实施后充电桩月利用率调查表

时间	2011.7	2011.8
QC 活动后充电桩月利用率	2.9%	3.1%
平均值	3.0%	

制表：安乐　制表日期：2012 年 9 月 2 日

可以看出，电动汽车充电桩月利用率达到 3.0%，目标已实现。公司营销部对我们的成果给予了充分的肯定。

2. 经济效益

（1）QC 活动投入费用。普通电源插口、整流装置购置投入为 2200 元；

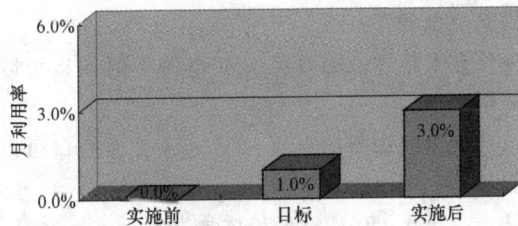

图 12-10　效果对比图

制图：李帅　制图日期：2012 年 9 月 2 日

297

（2）产生的效益。本次 QC 活动，文化路营业大厅门前的 3 台充电桩的通用性大大提高，充电桩显得更加"亲民"。QC 活动期间，累计售出 4 张面值为 100 元的充电卡。

用户使用"电动汽车充电卡"为电动车辆充电相关照片见图 12 - 11～图 12 - 14。

图 12 - 11　电动汽车充电卡

图 12 - 12　用户购买到的充电卡

图 12 - 13　用户插卡为电动车辆充电

图 12 - 14　正在充电中的电动车辆

制图：丁卫华　制图日期：2012 年 9 月 2 日

3. 社会服务效益

（1）充电桩原装国标 7 孔充电口不受任何改变，继续方便使用。

（2）充电桩加装的交流 220V 电源普通插口可以为普通百姓的微型电动车辆、手机等提供充电服务。

（3）充电桩加装的直流 48V 电源普通插口可以为普通百姓的微型电动车车载电池提供充电服务。

（4）充电桩加装的直流 12V 电源普通插口可以为普通燃油汽车车载电池提供应急充电服务。

结论：本次 QC 活动的投资额（2200 元）不大，但产生了很好的效应。QC 活动实施后，电动汽车充电桩的通用性大大提高，能满足常见电动车辆的充电服务项目。

九、巩固措施

我小组将活动成果提交营销部，得到了领导的充分肯定，并将相关内容纳入《商丘供电公司电动汽车充电桩运行维护规定》，并下发执行，从管理措施上保证了电动汽车充电桩的稳定运营。

巩固期效果：我们对 2012 年 9 月—11 月电动汽车充电桩月利用率进行了统计，见表 12-11 和图 12-15。

表 12-11 　　　　　　巩固期内电能表月平均可用率调查表

时间	2011.9	2011.10	2011.11
电动汽车充电桩月利用率	3.0%	3.2%	3.1%
平均值	3.1%		

制表：周文　制表日期：2012 年 12 月 1 日

由以上调查分析可以看出，在巩固期 9—11 月内，实施效果良好，电动汽车充电桩月利用率均在 1% 以上，目标达到。

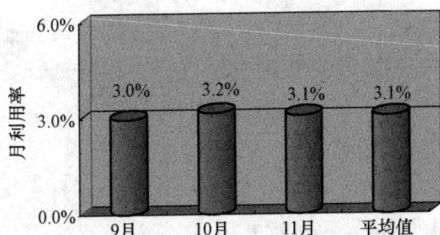

图 12-15 　巩固期内电表月平均可用率柱形图
制图：李光明　制图日期：2012 年 12 月 1 日

十、今后打算

(1) 通过本次 QC 活动，电动汽车充电桩的通用性能得到了优化，同时我们也积累了丰富的维护经验，为今后电动汽车充电桩的稳定运行提供了保证。

(2) 在 QC 小组活动过程中，小组成员集思广益、齐心协力解决问题，不仅个人综合能力得到提高，更加强了组员之间的团结和协作，为以后解决工作中的各种问题打下了坚实的基础。自我评价雷达图见图 12-16。

(3) 提高电动汽车充电桩的通用性，遵循了"以客户和市场为导向"的大营销体系建设重点。我们 QC 小组把下一阶段研究的课题暂定为"提高电动汽车充电桩市场占有率"。

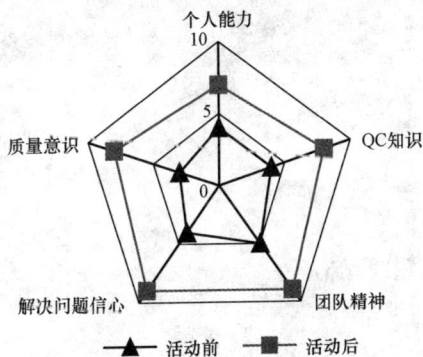

图 12-16 　自我评价雷达图
制图：李光明　制图时间：2012 年 12 月 21 日

成果评价

（一）总体评价

营销部 QC 小组选择现场型课题"提高电动汽车充电桩月利用率"开展活动，以解决电动汽车充电桩利用率为零的问题。经过活动，使电动汽车充电桩利用率由活动前的月利用率为零，提高到活动后的 3.0%，达到了预期目标。

（二）存在的问题

该成果在程序及方法方面存在以下问题：

（1）小组依据上级要求：电动汽车充电桩的月利用率不低于 1%，开展活动，课题目标为指令性目标值，确定目标值后没有进行目标值可行性分析，无法证明目标值能否达成。

（2）由于没有进行目标值可行性分析，导致逻辑关系的错误，即原因分析的问题症结"充电桩无法为电动汽车充电"从何而来不清楚。

（3）原因分析选择工具错误，因素之间无关联，用关联图分析原因。

（4）用分析论证的方法进行要因确认，要因确认无数据，也未关注因素对问题的影响程度；确认标准错误，如确认三的标准"用户插卡后，操作错误导致不能正常充电"等。

（5）对策表中的对策措施不分，如对策一的对策"充电桩充电口普通化"，措施"为充电桩加装普通充电接口"；对策目标未量化也不能检查。

（6）巩固措施中，经过实施证明的有效措施纳入标准化内容描述笼统、不具体。

（7）方法方面的问题是几个因素作一个因素分析，如"用户插卡后，操作错误导致不能正常充电"等；因果关系颠倒，如"环境温度过高"和"电动汽车电池保护性断电"等。

中国质量协会　陈秀云

参 考 文 献

[1] 中国质量协会 . 质量管理小组基础知识 . 北京：中国计量出版社，2011.
[2] 中国质量协会 . 质量管理小组理论与方法 . 北京：中国计量出版社，2013.